AF581617

CHARLES SANDERS PEIRCE

Vorlesungen über Pragmatismus

Mit Einleitung und Anmerkungen
neu herausgegeben von

ELISABETH WALTHER

FELIX MEINER VERLAG
HAMBURG

PHILOSOPHISCHE BIBLIOTHEK BAND 435

Im Digitaldruck »on demand« hergestelltes, inhaltlich mit der ursprünglichen Ausgabe identisches Exemplar. Wir bitten um Verständnis für unvermeidliche Abweichungen in der Ausstattung, die der Einzelfertigung geschuldet sind.

Bibliographische Information der Deutschen Nationalbibliothek

Die Deutsche Nationalbibliothek verzeichnet diese Publikation in der Deutschen Nationalbibliographie; detaillierte bibliographische Daten sind im Internet abrufbar über ‹http://portal.dnb.de›.

ISBN 978-3-7873-4313-3

ISBN eBook 978-3-7873-2323-4

www.meiner.de

Gesamtherstellung: BoD, Norderstedt. Gedruckt auf alterungsbeständigem Werkdruckpapier. Printed in Germany.

INHALT

ABKÜRZUNGEN

CSP	Charles Sanders Peirce
CP	Collected Papers of C. S. Peirce. Hinweise auf Stellen in den CP werden durch die international gebräuchliche Angabe von Band und Paragraph, z.B. 2.35 (Band 2, Paragraph 35) gekennzeichnet.
CSPS	C. S. Peirce-Society
TCSP	Transactions of the C. S. Peirce-Society
Editoren	Editoren der CP: Bd. I–VI Hartshorne und Weiss, Bd. VII und VIII Burks.
Katalog	R. S. Robin, Annotated Catalogue of the Papers of Ch. S. Peirce, University of Massachusetts Press, Amherst 1967. (Es ist der Katalog der auf Mikrofilm erfaßten Schriften von Peirce der Houghton Library der Harvard Universität.)
Sup. Katalog	R. S. Robin, The Peirce Papers. A Supplementary Catalogue, TCSPS, VII,1 (1971) 37–57.
Bibl. 1	Bibliography of the works of CSP in CP 8.
Bibl. 2	Bibliography of the works of CSP in Studies 2.
Studies 1	Studies in the philosophy of CSP, ed. Wiener and Young, 1952.
Studies 2	Studies in the philosophy of CSP, second series, ed. Moore and Robin, 1964.
(A_1)	CSP, Schriften I, ed. Karl-Otto Apel, Frankfurt 1967.
(A_2)	CSP, Schriften II, ed. Karl-Otto Apel, Frankfurt 1970.
(Oe)	CSP, Über die Klarheit unserer Gedanken, ed. Klaus Oehler, Frankfurt 1968.

(W)	CPS, Die Festigung der Überzeugung und andere Schriften, ed. Elisabeth Walther, Baden-Baden 1967.
Perry	Ralph Barton Perry, The Thought and Character of William James, 2. Auflage, Cambridge/Mass. 1948.
AJM	American Journal of Mathematics
MAA	Memoirs of the American Academy
PAAAS	Proceedings of the American Academy of Arts and Sciences
JSP	Journal of Speculative Philosophy

VORWORT

Seitdem die zweisprachige Ausgabe der *Pragmatismus-Vorlesungen* von Charles Sanders Peirce erschien (Philosophische Bibliothek 281, Hamburg 1973), hat die Peirce-Forschung in der ganzen Welt durch die Publikation vieler seiner Schriften, die größtenteils in den *Collected Papers of Charles Sanders Peirce* noch nicht enthalten waren, große Fortschritte gemacht. Insbesondere ist hier die neue chronologische Ausgabe zu nennen, die auf dreißig Bände geplant ist und von denen nunmehr vier Bände vorliegen. Aber auch Übersetzungen wichtiger Arbeiten und Schriften über Peirce haben zur weiteren Verbreitung seiner Ideen beigetragen. Weltweit haben vor allem seine semiotischen und allgemeinen methodologischen Konzeptionen seit den sechziger Jahren Aufnahme und Weiterentwicklung erfahren. Die erste Biographie, eine Darstellung von Leben und Werk, konnte ich 1989 publizieren.

Da Peirce die *Vorlesungen über Pragmatismus* nicht selbst veröffentlichen konnte, haben die Herausgeber der *Collected Papers* eine Auswahl aus den hinterlassenen Manuskripten, die etwa den doppelten Umfang des publizierten Materials ausmachen, getroffen, die auch dieser Ausgabe zugrundeliegt. Es handelt sich dabei um die Manuskripte 301 bis 316, die verschiedene Fassungen der sechs geplanten und der zusätzlich gehaltenen siebenten Vorlesung darstellen, die Charles Peirce vom 26. März bis 14. Mai 1903 in der philosophischen Fakultät der Harvard-Universität gegeben hat. Hinsichtlich weiterer Einzelheiten zur Geschichte der Vorlesungen und der relevanten Mansukripte verweise ich auf die oben genannte Biographie.

Diese Ausgabe der Pragmatismus-Vorlesungen bietet zwar nicht das englische Original (*Collected Papers of Charles Sanders Peirce*, Band V (5.14 bis 5.212)), hat aber den Vorteil, daß der interessierte Leser ein handliches und preiswertes Buch zur Verfügung hat. Möge es zur weiteren Verbreitung der gerade heute so wichtigen Gedanken und Methoden von Charles Peirce beitragen.

Stuttgart, Juli 1990 Elisabeth Walther

EINLEITUNG

Charles Sanders Peirce wurde am 10. September 1839 in Cambridge/Mass. geboren. Er studierte an der Harvard-Universität in Cambridge, wo er 1862 den Master of Arts und 1864 den Bachelor in Science im Fach Chemie „summa cum laude" bestanden hat. Bereits im Winter 1864/65 hielt er als Lehrbeauftragter seine ersten Vorlesungen über Logik und Geschichte der Logik mit ersten Ansätzen zu einer neuen Kategorienlehre und Semiotik an der Harvard-Universität und 1866 auch am Lowell Institut in Boston.

Als Sohn des berühmten Harvard-Professors für Mathematik und Astronomie, Benjamin Peirce (1809–1880), der ihn weitgehend selbst in Mathematik unterrichtet hatte und zeit seines Lebens förderte, schien ihm eine glänzende akademische Karriere sicher zu sein. Doch trotz seiner hervorragenden Arbeiten in Mathematik, Logik und verschiedenen Naturwissenschaften, trotz der Unterstützung durch seinen Vater und viele Freunde, vor allem durch William James, erhielt er nie einen Lehrstuhl an einer amerikanischen Universität, sondern war lediglich von 1879 bis 1885 *half-time lecturer* für Logik an der 1876 gegründeten Johns-Hopkins-Universität in Baltimore. Dort veröffentlichte er als Herausgeber mit seinen Studenten sein einziges philosophisches Buch, die *Studies in Logic by members of the Johns Hopkins University*. Man hat sich oft gefragt, warum der „größte amerikanische Philosoph" nicht in das akademische Leben Amerikas, das zu seiner Zeit einen ungeheuren Aufschwung nahm, integriert werden konnte. Lag es wirklich nur an seinem „heftigen Temperament", seiner Aggressivität, seinen unabhängigen, unorthodoxen Ideen oder lag es daran, daß die Universitäten von Theologen geleitet wurden, die einen freien Geist nicht dulden konnten? Oder war die Scheidung von seiner ersten Frau und die zweite Eheschließung mit einer Frau, deren Identität nicht bekannt werden durfte, ausschlaggebend? Alle genannten Punkte mögen dafür verantwortlich sein, aber die wahren Ursachen werden wohl nie völlig aufgedeckt werden können.

Wenn man von Benjamin Franklin, der in erster Linie Politiker war, und von Ralph Waldo Emerson, der als Dichter und Schriftsteller mehr denn als Philosoph gilt, absieht, gab es vor Peirce keinen amerikanischen Philosophen von mehr als regionaler Bedeutung. „Philosophie in Amerika beginnt mit Ch. S. Peirce" oder eine Formulierung wie „Charles Peirce ist der Vater der wissenschaftlichen Philosophie in den Vereinigten Staaten", wie Gustav Müller schon 1931 schrieb, drücken dies aus. Unbestritten gilt Peirce heute als Begründer der ersten originalen philosophischen Richtung Amerikas, die unter dem Namen „Pragmatismus" bekannt geworden ist. Er hatte, ohne den Titel „Pragmatismus" zu verwenden, die ersten diesbezüglichen Ideen einer Gruppe von Freunden, zu denen auch William James zählte, zu Beginn der siebziger Jahre des vorigen Jahrhunderts im sogenannten „Metaphysical Club" in Cambridge vorgetragen, aber erst nach 1898 hat er seine Philosophie explizit unter den Begriff „Pragmatismus" gestellt. Leider gelang es ihm nicht, ein Buch dieses Titels zu veröffentlichen. Für die hier vorgelegten Vorlesungen fand er keinen Verleger, so daß William James, der 1907 ein Buch mit dem Titel *Pragmatism* herausbrachte, etwa bis 1950 als Begründer dieser philosophischen Richtung gegolten hat. Seine Version von Pragmatismus wurde daher auch in Europa wirkungsvoll. An dieser ersten, psychologistischen, behavioristischen, lebensphilosophischen Pragmatismus-Welle, die von William James, John Dewey, F. C. S. Schiller u.a. getragen und von den exakten Philosophen mit Recht bekämpft wurde, hatte Charles Peirce nicht nur keinen Anteil, er setzte sich auch mündlich und schriftlich vehement von ihr ab.

Peirce verstand nämlich unter Philosophie vor allem Methodologie oder allgemeine Methodenlehre, und demnach war für ihn auch der Pragmatismus nichts anderes als ein Instrumentarium, das Erkenntnistheorie, Ontologie bzw. Phänomenologie, Normative Wissenschaften (Ästhetik, Ethik und Logik) und Metaphysik zusammenfaßte und ihre verschiedenen Begriffe auf eine neue Grundlage stellte. Philosophie fungierte daher für ihn immer auch als Inbegriff von Vorentscheidungen für theoretische und praktische, wissenschaftliche und „lebenswichtige“ Handlungsweisen, das heißt als eine „heuristische Grundlagenforschung“, die nicht in einer universal-mathematischen Methodologie aufgeht, sondern auf die intelligible, normative und vitale Daseinssphäre des Menschen bezogen bleibt und normative und teleologische Gesichtspunkte geistiger Arbeit berücksichtigt. Mit der Betonung des Experiments als der heuristischen Methode überhaupt, verweist Peirce auf einen Weltzusammenhang, auf ein Universum, in welchem jede anthropologische, intellektuelle und existentielle Lage realistisch, nicht nominalistisch gesehen wird. Verständlich wird dieser Ansatz, wenn man sich vergegenwärtigt, daß Peirce in erster Linie Mathematiker, Chemiker, Geodät und Astronom war. Seine Arbeiten auf den Gebieten der Pendelmessung zur Erdschwere und Erdgestaltbestimmung sowie der Photometrie, die er für die Unitetd States Coast and Geodetic Survey durchführte, haben ihn neben seinen rein logischen Arbeiten schon zu Lebzeiten berühmt gemacht. Gerade die Arbeit des experimentellen Naturwissenschaftlers, die ihn Theorie und Verifikation, Satz und Sachverhalt zu unterscheiden lehrte, machte ihm auch die Unterschiede zwischen den theoretischen und praktischen Wissenschaften deutlich und veranlaßte ihn, die Philosophie als theoretisch-positive Wissenschaft von der Mathematik als theoretisch-hypothetischer Wissenschaft auf der einen Seite und den praktischen Wissenschaften auf der anderen Seite zu trennen. Da die Psychologie für ihn eine experimentelle Wissenschaft war, konnte die Logik als theoretisch-positive Wissenschaft zum Beispiel nicht auf Psychologie begründet werden, was im vorigen Jahrhundert häufig gemacht wurde. Mit Nachdruck setzt er sich stets gegen die Verquickung von Logik und Psychologie ein. Seine Arbeiten zur Logik, das heißt zur logischen Algebra und Logik der Relative, die seit 1867 erschienen, machten ihn sowohl in Amerika als auch in Europa, insbesondere in Deutschland bekannt, wo Ernst Schröder in Karlsruhe seine *Vorlesungen über die Algebra der Logik* (1890, 1891, 1905) auf Anregungen von Peirce zurückführte. Neben Russell, Whitehead, Peano und Frege gehört er zu den wichtigsten Vertretern der modernen mathematischen oder symbolischen Logik. Allerdings wurde immer wieder übersehen, daß sich seine Auffassung von derjenigen der genannten Logiker insbesondere dadurch unterscheidet, daß er sie in den größeren Rahmen der von ihm neubegründeten SEMIOTIK oder allgemeinen Zeichenlehre spannte, was die anderen nicht für erforderlich hielten oder nur ansatzweise bearbeiteten. Einige Logiker des „Wiener Kreises" wie z.B. Rudolf Carnap übernahmen zwar später die Begriffe Syntaktik, Semantik und Pragmatik von Charles Morris; diese stammen jedoch nicht von Peirce, wenn Morris sie auch aus dessen Vorstellungen gewonnen hat. Morris entwickelte eine behavioristische Zeichenlehre, ohne die grundlegende Peircesche Definition des Zeichens als „triadische Relation" vorauszusetzen. Einzig und allein die Peirceschen Begriffe Icon, Index und Symbol wurden von ihm, allerdings ohne Definitionen und ohne die Berücksichtigung ihres Zusammenhangs mit anderen hierfür relevanten Begriffen, verwendet. Bekanntlich haben sie in der modernen Wissenschaftstheoretik, Logik und Linguistik Eingang gefunden, sind aber nur selten auf ihre Wurzeln bei Peirce untersucht worden.

Charles Peirce hat seine Semiotik – was von seinen Interpreten immer deutlicher gesehen wird – nicht nur als eine wissenschaftliche Methode unter anderen verstanden, sondern sie als METHODE DER METHODEN bezeichnet, das heißt als allgemeinste, grundlegendste Methode überhaupt. Da er seinen Pragmatismus als eine philosophische Lehre entwickelte, die gleichermaßen auf theoretische wie praktische Fragen bezogen ist, also eine umfassende Methodenlehre darstellt, lag die Identifizierung von Semiotik und Pragmatismus natürlich nahe. In den nur auszugsweise publizierten Manuskripten dieser Vorlesungen von 1903 wird der Zusammenhang zwischen Semiotik und Pragmatismus leider nicht sehr deutlich aufgezeigt; denn viele Passagen zur Semiotik, die in den Manuskripten enthalten sind, wurden von den Herausgebern der *Collected Papers* nicht publiziert, weil sie sie wahrscheinlich für unwichtig hielten. Ausführlich berücksichtigt wurden hingegen die Ausführungen zu Relationen und Kategorien, die Peirce zum Aufbau der Semiotik voraussetzte.

Um dies zu verdeutlichen, möchte ich auf folgendes hinweisen: Peirce hatte bereits 1867 in seinem Aufsatz *On a New List of Categories* eine Kategorientafel vorgestellt, in der, entgegen den Auffassungen von Aristoteles, Kant und Hegel – um nur diese zu nennen – nur noch DREI Kategorien enthalten sind, die er mit „Erstheit", „Zweiheit" und „Drittheit" bezeichnete und als einstellige (monadische), zweistellige (dyadische) und dreistellige (triadische) Relation definierte. Diese numerische Charakteristik sollte eine allgemeine Anwendung der Kategorien erleichtern, aber gleichzeitig ihre Anordnung – entsprechend der Zahlenreihe – festlegen. Da Kategorien seit Aristoteles als „höchste Begriffe" oder „Oberbegriffe" in der Ontologie bzw. Phänomenologie aufgestellt werden, hängt mit ihnen auch die Frage nach der Beschreibung der Gegenstände und des Universums zusammen, die damit dreifach gegliedert werden kann. Man stellt die Eigenschaften eines Gegenstandes fest (Erstheit), man unterscheidet den singulären Gegenstand von anderen (Zweitheit) und man ordnet ihn in eine Kollektion von Gegenständen ein (Drittheit). Zum Beispiel wird ein „Baum" durch seine Eigenschaften beschrieben, durch sein Auftreten „hier und jetzt" als „dieser" besondere Baum von anderen unterschieden und durch das Wort „Baum" unter einen Allgemeinbegriff subsumiert. Mit den Kategorien hängt nach Peirce aber auch ein anderes wichtiges philosophisches Problem zusammen: die Realität: Peirce setzt Realität nicht mit „Wirklichkeit" gleich, sondern versteht unter Realität eine dreifach gegliederte Beschreibungsmodalität; denn die Realität der Erstheit ist für ihn die „Möglichkeit", die Realität der Zweitheit die „Wirklichkeit" und die Realität der „Drittheit" die Notwendigkeit. Damit hat er die in der Antike unterschiedenen Modi seinen Kategorien zugeordnet, sie aber gleichzeitig als unterschiedliche Realitätsstufen charakterisiert. Selbstverständlich lassen sich die einzelnen fundamentalen Universalkategorien wiederum dreifach unterteilen, wenn differenzierte Angaben erforderlich sind. Keine Kategorie und damit keine Realität ist unabhängig von den beiden anderen. Sie drücken ihre Stufe und damit ihre Abhängigkeit von den jeweils anderen durch ihre numerische Bestimmung aus, durch ihre „Wohlordnung", worauf nach Peirce vor allem Max Bense in vielen Schriften, insbesondere in *Vermittlung der Realitäten* von 1976, nachdrücklich aufmerksam gemacht hat.

Unter der Voraussetzung seiner Kategorien- und Realitätenkonzeption hat Peirce das „Zeichen" – den Hauptbegriff der Semiotik – als eine triadische Relation definiert. Diese Definition besagt, daß das Zeichen unterteilt werden kann in: 1) die Erstheit des Zeichens oder den „Mittelbezug", 2) die Zweitheit oder den „Objektbezug" und 3) die Drittheit oder den „Interpretantenbezug". Umgangssprachlich ausgedrückt heißt das: ein Zeichen muß etwas Wahrnehmbares, nicht nur Gedachtes sein, es muß zweitens ein Anderes, sein Objekt, repräsentieren, und es muß drittens eine Interpretation erlauben, die in einem Gefühl einer Handlung oder im Denken besteht. Daß Denken nicht ohne Zeichen möglich ist, hat er immer wieder betont, ja, er hat Denken mit Zeichen gleichgesetzt. Mit anderen Worten, Zeichen werden sehr oft durch andere Zeichen interpretiert, und es gibt daher auch nicht die Annahme, man könne von einem einzigen Zeichen ausgehen, da die Interpretation ja bereits zur Definition des Zeichens gehört. Wie die Kategorien sind auch die einzelnen Zeichenbezüge dreifach unterteilbar. Ohne auf die einzelnen Unterteilungen einzugehen, verweise ich noch einmal auf Icon, Index und Symbol, die Morris hervorhob und die die Unterteilung des Objektbezugs darstellen.

Seit der Antike ist zwar bekannt, daß die Zeichen die Grundlage aller Wissenschaften und Künste bilden, man hat aber oft übersehen, daß sie auch im täglichen Leben die entscheidende Rolle spielen. Peirce hat der Zeichenproblematik die moderne Wendung gegeben, indem er ihre Funktionen als „Formation" (Zeichenbildung eines Zeichenmachers), „Information" (über einen Gegenstand oder Ereignis) und „Kommunikation" (zwischen Sender und Empfänger) bestimmte. Damit ist die Peircesche Semiotik nicht nur irgendein Teil, sondern derjenige Teil seines Werkes, dessen Weiterentwicklung heute ganz besonders wichtig geworden ist und nach Max Bense vorrangig bearbeitet werden muß.

Was haben nun aber Kategorien, Relationen, Realitäten und Zeichen mit dem Pragmatismus zu tun, den Peirce in diesen Vorlesungen dargelegt hat?

Peirce hatte die Absicht, ein umfassendes, exaktes philosophisches System zu entwerfen, das alle Teilgebiete „wohlgeordnet" enthalten sollte. Er war sich der Schwierigkeiten durchaus bewußt, die vor allem darin begründet sind, daß es auch unkontrollierbare Bereiche (Gefühle, Wahrnehmungen, Wahrnehmungsurteile) unseres Denken gibt, daneben Bereiche, die trotz mancher Übereinstimmung vieler Denker nur zur Wahrheit „auf lange Sicht" *(in the long run)* tendieren, ohne sie wohl je ganz zu erreichen, und nur einen Bereich, der zwar die Gewinnung wahrer Sätze ermöglicht, aber nur die Theorie, nicht die Praxis betrifft. Die Verbindung aller drei Bereiche zu einem geschlossenen Ganzen mit einer rationalen Struktur ist das Problem der Peirceschen pragmatischen Philosophie. Oder mit anderen Worten: die pragmatische Methode muß die Verbindung der Teile gestatten. Peirce faßt daher am Schluß der Vorlesung diese Methode in folgender MAXIME zusammen:

> *„Die Elemente eines jeden Begriffs treten in das logische Denken durch das Tor der Wahrnehmung ein und verlassen es durch das Tor zweckvoller Handlung; und was seinen Paß an diesen beiden Toren nicht vorzeigen kann, wird von der Vernunft als nicht autorisiert festgenommen."*

Wahrnehmung, Erfahrung und Vernunft entsprechen selbstverständlich den Kategorien der Erstheit, Zweitheit und Drittheit. Sie sind für das philosophische System als Ganzes ebenso verbindlich wie für die Teile. Mit ihrer Hilfe lassen sich die Normativen Wissenschaften, die Ontologie, die Semiotik oder die Metaphysik strukturieren. Da nun aber alles, was überhaupt gesagt oder gedacht werden kann, in Zeichen gesagt wird, sind sie die Grundlage aller anderen Bereiche. Den prinzipiell nicht abschließbaren Zeichenprozessen (Semiosen) entspricht bei Peirce auch die Vorstellung eines sich ständig entwickelnden Universums, dessen Anfang und Ende in Raum und Zeit nicht feststellbar ist.

Die Idee einer „exakten Philosophie" ist bei Peirce nicht wie im klassischen Rationalismus der Descartes, Pascal und Leibniz mit der *mathesis universalis* verbunden, sondern mit der pragmatischen, und das heißt mit der semiotischen Methode. Der Begriff des Seins wird von ihm durch den Begriff des „Repräsentiert-Seins" ersetzt, so daß es berechtigt erscheint, die Peircesche Metaphysik, die er – wie später Heinrich Scholz – als „strenge Wissenschaft" konzipiert, als „semiotische Metaphysik" zu bezeichnen und von der klassischen ontologischen wie auch von der „funktionalen" (Whitehead) Metaphysik zu unterscheiden. Selbstverständlich entsprechen die Teile der Metaphysik bei Peirce: „Tychismus" oder die Lehre vom Zufall, „Agapismus" oder die Lehre von den Anziehungs- und Abstoßungskräften und „Synechismus" oder die Lehre vom logischen bzw. notwendigen Zusammenhang, ebenfalls seinen Universalkategorien. Wenn Peirce in seiner Jugend die (spekulative) Metaphysik noch als „Unsinn" bezeichnete, erkannte er später jedoch, daß Metaphysik, wenn auch unbewußt, immer schon vorausgesetzt wird, wenn man philosophiert oder Wissenschaft treibt, und die metaphysischen Probleme daher nicht vernachlässigt werden dürfen. Die pragmatische Metaphysik unterscheidet sich seiner Meinung nach von sensualistischen, positivistischen, idealistischen u.a. Systemen durch die Zulassung und Verbindung aller drei Stufen und stellt somit ein vollständiges, umfassendes System dar.

Charles Peirce hat seine philosophischen Ergebnisse zu Lebzeiten nur in Zeitschriften oder mündlich mitteilen können. Als er am 19. April 1914 starb, hinterließ er Tausende von Manuskriptseiten neben den relativ wenigen gedruckten Abhandlungen. Seine wichtigsten Vorstellungen sind nunmehr möglicherweise in den posthum publizierten Materialien enthalten, die heute zugänglich sind. Einzelne entscheidende Punkte seiner pragmatischen Philosophie hat er schon in diesen Vorlesungen von 1903, wenn auch nicht ausführlich, dargelegt. Wahrscheinlich wird sein Gesamtwerk das gleiche Schicksal wie das von Leibniz erfahren, das heißt, es wird nie vollständig veröffentlich werden können, doch seine grundlegenden Ideen haben bereits gewirkt und werden weiter erforscht und entwickelt werden. Und sollten sich Verbesserungen oder Korrekturen ergeben, so wäre das ganz im Sinne von Peirce, dem in Wissenschaft und Philosophie nichts so verdächtig war wie „Unfehlbarkeit" oder Dogmatismus. Sowohl die Wissenschaft wie auch die Philosophie hat er „fallibilistisch“ genannt, was eben nicht nur ergänzbar, sondern korrigierbar heißt. Denn jede Wahrheit gilt nur so lange, bis an ihr gezweifelt wird und sie durch neue Wahrheiten, die zu neuer Überzeugung führen, ersetzt wird.

CHARLES SANDERS PEIRCE

Vorlesungen über Pragmatismus

VORLESUNG I

Pragmatismus: Die normativen Wissenschaften

1. Zwei Darlegungen der pragmatischen Maxime

14. Eine gewisse Maxime der Logik,[1]) die ich *Pragmatismus* genannt habe, bot sich mir aus verschiedenen Gründen und aus mannigfaltigen Überlegungen an. Nachdem ich sie zur Richtschnur für den größten Teil meines Denkens nahm, stelle ich fest, daß ich, je länger ich sie kenne, von ihrer Wichtigkeit mehr und mehr beeindruckt bin. Falls sie wahr ist, ist sie sicher ein wunderbar wirksames Instrument. Sie ist nicht nur auf Philosophie allein anwendbar. Ich fand sie für jeden Zweig der Wissenschaften, den ich studierte, von beachtlicher Tauglichkeit. Mein Mangel an Geschicklichkeit in praktischen Angelegenheiten hindert mich nicht daran, den Vorteil, in der Lebensführung[2]) vom Pragmatismus durchdrungen zu sein, wahrzunehmen.

15. Doch bekenne ich freimütig, daß sich mir Einwände gegen diese Denkweise aufgedrängt haben, die ich um so gewichtiger fand, je tiefer mein Senkblei in den Abgrund der Philosophie fiel, und je genauer meine Fragen bei jedem neuen Versuch, ihre Tiefen zu ergründen, waren.

Ich schlage also vor, Ihrem Urteil in einem halben Dutzend Vorlesungen eine Untersuchung der *Pros* und *Contras* des Pragmatismus zu unterbreiten, durch die ich Ihnen das Ergebnis zu zeigen hoffe, das man erhält, wenn man beiden, den *Pros* und *Contras*, ihren vollen legitimen Wert zugesteht. Bei mehr Zeit würde ich gern dem so angenommenen Leitfaden folgen und fortfahren, die wahren Konklusionen oder zumindest die Gattungen wahrer Konklusionen, zu denen ein sorgfältig verbesserter Pragmatismus wirklich führen wird, zu ermitteln. Wenn Sie meine Ausführungen annehmbar finden, haben Sie etwas gelernt, das der Mühe wert ist. Wenn Sie mich widerlegen können, wird der Gewinn hauptsächlich auf meiner Seite liegen; aber selbst dabei setze ich voraus, daß Sie, wenn ich Sie verlasse, anerkennen werden, daß die Diskussion nicht nutzlos gewesen ist; und ich vertraue darauf, daß Sie in späteren Jahren zu diesen Gedanken zurückkehren und finden werden, daß Sie mir mehr dafür zu danken haben, als Sie zunächst verstehen konnten.

16. Ich nehme an, daß Sie sicherlich alle wissen, was *Pragmatismus* ist. Ich habe in letzter Zeit eine Anzahl von Definitionen für ihn gefunden, und ich habe gegen keine von ihnen starke Einwände zu machen. Doch um eine genaue Definition dessen, was Pragmatismus ist, müssen wir uns gemeinsam bemühen.

Wir müssen mit einer groben Annäherung beginnen, und ich neige zu der Meinung, daß die Form, in der ich [ihn] zuerst darlegte, die nützlichste ist, die man wählen kann, um damit zu arbeiten, weil sie vor allem die Form ist, die Ihrem Dozenten am besten liegt und die er aus diesem Grunde am gescheitesten behandeln kann. Außerdem sind Pragmatismus und Persönlichkeit mehr oder weniger vom selben Schlag.

17. Ich veröffentlichte meine Darstellung im Januar 1878[3]) und hörte etwa zwanzig Jahre nichts mehr davon. Ich ließ meine Taube fliegen, und diese Taube ist bis zum heutigen Tag nicht wieder zu mir zurückgekommen. Aber in der letzten Zeit flatterte eine ganze Brut von Jungen umher, an deren Federn ich erkannte, daß meine Taube eine Sippe gefunden hatte. Offengestanden hat eine beträchtliche Anzahl von Philosophen in letzter Zeit so geschrieben, wie sie in dem Fall geschrieben hätten, wenn sie entweder das, was ich schrieb, gelesen hätten, aber sich schämten, es einzugestehen, oder etwas gelesen hätten, das einer meiner Leser gelesen hatte. Denn sie scheinen ganz geneigt zu sein, meinen Terminus *Pragmatismus* zu übernehmen. Ich würde mich nicht wundern, wenn sie sich meiner schämten. Was könnte demütigender sein, als zu gestehen, daß man von einem Logiker etwas gelernt hat? Ich meinerseits freue mich jedoch, daß ich die Meinungen

einer so glänzenden Gesellschaft teile. Die neuen Pragmatisten scheinen an ihrem prägnanten, lebhaften und konkreten Ausdrucksstil, verbunden mit einer gewissen Frische des Tons, als wären sie sich bewußt, den Hauptschlüssel zu allen Geheimnissen der Metaphysik bei sich zu tragen, erkennbar zu sein.

Von jedem Metaphysiker wird angenommen, daß er bei jedem anderen einen grundlegenden Fehler findet, und ich kann keinen schlimmeren Fehler bei den neuen Pragmatisten finden, als daß sie *lebhaft* sind. Um tief zu sein, ist es erforderlich, träge zu sein.

18. Einer der Fehler, den sie ihrerseits, glaube ich, bei mir finden, ist der, daß ich den Pragmatismus bloß zu einer Maxime der Logik, statt zu einem erhabenen Prinzip der spekulativen Philosophie mache. Um ein besseres philosophisches Ansehen zu erlangen, habe ich mich bemüht, den Pragmatismus, wie ich ihn verstehe, in die Form eines philosophischen Theorems zu bringen. Es gelang mir nichts Besseres als folgendes:

Pragmatismus ist das Prinzip, daß jedes theoretische Urteil, das in einem Indikativsatz ausdrückbar ist, eine unklare Form des Denkens ist, deren einzige Bedeutung, wenn sie eine besitzt, in der Tendenz liegt, eine korrespondierende praktische Maxime zu verstärken, die als ein Konditionalsatz, dessen Nachsatz im Imperativ steht, ausdrückbar ist.

Aber die Maxime des Pragmatismus, die ich ursprünglich in der *Revue philosophique* VII dargelegt habe, ist folgende:

Überlege, welches die praktischen Wirkungen sind, die unserer Meinung nach vom Objekt unserer Vorstellung erzeugt werden können. Die Vorstellung aller dieser Wirkungen ist die vollständige Vorstellung des Objektes.

Um den Sinn eines Gedankens zu entwickeln, muß man einfach die Gewohnheiten, die ihn erzeugten, bestimmen, denn der Sinn einer Sache besteht einfach in den Gewohnheiten, die sie impliziert. Das Merkmal einer Gewohnheit hängt von der Art ab, wie sie uns zum Handeln bringen kann, nicht nur in den wahrscheinlichen Umständen, sondern in allen möglichen Umständen, so unwahrscheinlich sie auch sein mögen. Eine Gewohnheit hängt von folgenden zwei Punkten ab: wann und wie bringt sie uns zum Handeln. Zum ersten Punkt: wann? alles, was zur Aktion reizt, kommt aus der Wahrnehmung; zum zweiten Punkt: wie? Ziel jeder Aktion ist es, zu einem wahrnehmbaren Resultat zu führen. Wir erreichen so das Greifbare und Praktische als Grundlage aller Verschiedenheit des Denkens, so fein es auch sein mag.[4])

2. Die Bedeutung von Wahrscheinlichkeit

19. Die Nützlichkeit der Maxime, vorausgesetzt, daß sie wahr ist, erscheint in dem ursprünglichen Aufsatz in ausreichendem Licht. Ich will hier ein paar Beispiele hinzufügen, die in jenem Aufsatz nicht gegeben wurden.

Es gibt viele mit der Wahrscheinlichkeit[5]) verbundene Probleme, die Gegenstand des Zweifels sind. Eines von ihnen ist zum Beispiel folgendes: Nehmen wir an, eine unendlich große Gesellschaft unendlich reicher Leute sitzt und spielt gegen eine unendlich reiche Bank ein Glücksspiel, bei dem keine Seite irgendeinen Vorteil hat, da jeder bei jeder Wette einen Franken gegen einen Franken wettet. Nehmen wir an, daß jeder Spieler solange spielt, bis er einen Gewinn von einem Franken gemacht hat und sich dann zurückzieht, indem er seinen Platz einem neuen Spieler überläßt.

Die Chance, daß ein Spieler zuletzt einen Gewinn von einem Franken hat, kann folgendermaßen berechnet werden:

X_L soll die Chance eines Spielers sein, einen Franken zu gewinnen, wenn er unendlich lange weiterspielen würde.

Aber nachdem er einen Franken gewonnen hat, ist er, da seine Chance dafür X_1 ist, nicht reicher als vorher, da er unendlich reich ist. Folglich ist seine Chance, den zweiten Franken zu gewinnen, nachdem er den ersten gewonnen hat, dieselbe wie die Chance beim Gewinn des ersten Franken. Das heißt, sie ist X_1, und seine Chance, beide zu gewinnen, ist $X_2=(X_1)^2$. Und allgemein: $X_L=(X_1)^L$.

Seine Chance für den Gewinn eines Franken, X_1, ist nun die Summe der Chancen der beiden Arten, in denen sie entstehen können, nämlich indem er zuerst die erste Wette gewinnt, deren Wahrscheinlichkeit $1/2$ ist, und indem er zuerst die erste Wette verliert, und dann einen Gewinn von zwei Franken macht, dessen Wahrscheinlichkeit $1/2X_1^2$ ist.

Daher ist

$$X_1 = 1/2 + 1/2X_1^2$$

oder

$$X_1^2 - 2X_1 + 1 = 0$$

oder

$$(X_1-1)^2=0$$

Aber wenn das Quadrat einer Zahl Null ist, ist die Zahl selbst Null. Daher ist

$$X_1 - 1 = 0$$

oder

$$X_1 = 1.$$

Folglich würden die Lehrbücher sagen, es sei todsicher, daß ein Spieler zuletzt einen Franken gewinnt und sich dann zurückzieht. Wenn das so ist, muß es sicher sein, daß *jeder* Spieler seinen Franken gewinnen und sich dann zurückziehen würde.

Folglich würde ein fortwährender Abfluß des Geldes aus der Bank entstehen. Und doch würde der Bankhalter, da das Spiel unentschieden ist, keinen Verlust verzeichnen. Wie kann dieses Paradoxon erklärt werden?

20. Die Wahrscheinlichkeitstheorie ist voller Paradoxien und Rätsel. Wir wollen nun die Maxime des Pragmatismus zu ihrer Lösung verwenden.

Um das zu tun, müssen wir fragen: *Was ist gemeint, wenn man sagt, daß die Wahrscheinlichkeit eines Ereignisses einen bestimmten Wert p hat?* Wir müssen dann in Übereinstimmung mit der Maxime des Pragmatismus fragen, welchen praktischen Unterschied es machen kann, ob der Wert *p* oder ein anderer ist. Dann müssen wir fragen, wie Wahrscheinlichkeiten auf praktische Angelegenheiten angewendet werden. Die Antwort lautet, daß das große Versicherungsgeschäft davon abhängt. Wahrscheinlichkeit wird im Versicherungsgeschäft benutzt, um zu bestimmen, wieviel bei einem bestimmten Risiko gezahlt werden muß, damit gesichert ist, daß, wenn das Ereignis, gegen das versichert wurde, eintreten sollte, eine bestimmte Summe gezahlt wird. Dann müssen wir fragen, wie es gesichert werden kann, daß beim Eintritt eines unbestimmten Ereignisses die Garantie für die Zahlung einer großen Summe übernommen wird. Die Antwort lautet, daß die Versicherungsgesellschaft ein sehr großes Geschäft betreibt und imstande ist, bei tausend Risiken einer gegebenen Art ziemlich genau zu bestimmen, wieviele Verluste es in jedem beliebigen Jahr geben wird. Dies ist das Geschäftsproblem. Die Anzahl der Policen einer bestimmten Art, die in einem Jahr verkauft werden kann, hängt von ihrem Preis ab. Nehmen wir nun an, daß p dieser Preis ist und n die Anzahl, die zu diesem Preis verkauft werden kann, so daß je größer p ist, desto kleiner n sein wird. Da nun n eine große Zahl ist, wird ein bestimmter Anteil q dieser Policen, im ganzen qn, während eines Jahres ein Verlust sein, und wenn l der Verlust einer jeden ist, dann wird qnl der Totalverlust sein. Dann muß die Versicherungsgesellschaft p bei einer solchen Zahl festsetzen, daß $pn - qln$ oder $(p - ql)n$ ihren maximalen Wert erreicht.

Die Lösung dieser Gleichung ist:

$$p = ql + \frac{\delta p}{\delta n}(n)$$

wobei $\frac{\delta p}{\delta n}$ der Betrag ist, um den der Preis gesenkt werden müßte, um eine Police mehr zu verkaufen. Wenn der Preis erhöht, statt gesenkt würde, würde natürlich genau eine Police weniger verkauft.

Denn durch das Senken würde der Ertrag von

$$(p - ql)n$$

geändert in

$$\left(p - ql - \frac{\delta p}{\delta n}\right)(n+1)$$

das heißt in

$$(p - ql)n + p - ql - \frac{\delta p}{\delta n}(n+1)$$

und da das weniger ist als vorher $ql + \frac{\delta p}{\delta n}(n+1) > p$

und da beim Erhöhen die Veränderung

$$\left(p - ql + \frac{\delta p}{\delta n}\right)(n-1)$$

wäre, das heißt

$$(p-ql)n - p + ql + \frac{\delta p}{\delta n}(n-1)$$

und da das weniger ist als vorher

$$p > ql + \frac{\delta p}{\delta n}(n-1),$$

so muß, da p Zwischenglied ist zwischen

$$ql + \frac{\delta p}{\delta n} n + \frac{\delta p}{\delta n} \text{ und } ql + \frac{\delta p}{\delta n} n - \frac{\delta p}{\delta n}$$

und $\frac{\delta p}{\delta n}$ sehr klein ist, es nahe an der Wahrheit sein, zu schreiben

$$p = ql + \frac{\delta p}{\delta n}(n).$$

21. Das ist das Versicherungsproblem. Damit Wahrscheinlichkeit nun irgendwie auf dieses Problem bezogen werden kann, muß sie offensichtlich von der Natur einer *realen Tatsache* sein und nicht bloß ein *Geisteszustand*. Denn bei der Lösung des Versicherungsproblems treten nur Tatsachen auf. Und diese Tatsache muß offensichtlich eine Tatsache der Statistik sein.

Ohne nun auf gewisse Einzelgründe einzugehen, auf die ich eingehen sollte, wenn ich über Wahrscheinlichkeit läse, muß es feststehen, daß Wahrscheinlichkeit ein *statistisches Verhältnis* ist, und um noch weitere besondere Bedingungen zu erfüllen, ist es weiterhin für die Klasse der Probleme, zu denen die Versicherung gehört, vorteilhaft, sie zu dem statistischen Verhältnis der Zahl der erfahrungsgemäßen Vorkommen einer spezifischen Art zu der Zahl der erfahrungsgemäßen Vorkommen einer allgemeinen Gattung auf lange Sicht zu machen.[a])

Damit Wahrscheinlichkeit etwas bedeutet, muß man spezifizieren, auf welche *Art* von Ereignissen und auch auf welche *Gattung* von Ereignissen sie sich bezieht.

Sie bezieht sich somit auch auf eine *lange Sicht*, das heißt, auf eine unendlich lange Reihe von Vorkommen, die in der Reihenfolge ihres Vorkommens innerhalb möglicher Erfahrung zusammengefaßt werden.

In dieser Hinsicht bemerken wir zu Beginn, daß eine gegebene Art von Ereignis, die als zu einer gegebenen Gattung von Ereignissen gehörend betrachtet wird, nicht notwendigerweise eine bestimmte Wahrscheinlichkeit hat. Weil (es kann der Fall sein, daß) die Wahrscheinlichkeit das Verhältnis einer unendlichen Menge zu einer anderen ist. Nun ist Unendlichkeit geteilt durch Unendlichkeit, außer in Sonderfällen, gänzlich unbestimmt.

22. Man kann sehr leicht Beispiele für Ereignisse, die keine bestimmte Wahrscheinlichkeit haben, angeben. Wenn jemand einwilligt, einen Cent immer wieder bis in alle Ewigkeit hochzuwerfen, und, sobald die erste Zahl erscheint, einerlei ob zwei Zahlen durch eine ungerade Anzahl von Wappen beim Werfen getrennt sind, beginnt, 2 Cent an das Cent-Vermögen zu zahlen, vorausgesetzt, daß, einerlei ob die zwei aufeinanderfolgenden Zahlen durch eine gerade Anzahl von Würfen getrennt sind, er 2 zu dem Cent-Vermögen*) dazubekommt, dann ist es unmöglich zu sagen, welches die Wahrscheinlichkeit dafür sein wird, daß er gewinnt. In der Hälfte der Fälle nach der ersten Zahl wird der nächste Wurf eine Zahl sein und er erhält $(-2)^0 = 1$ Cent. Was, da es in der Hälfte der Fälle geschieht, auf lange Sicht der Gewinn von $^1/_2$ Cent pro geworfener Zahl sein wird.

Aber bei der Hälfte der anderen Hälfte der Fälle, das heißt bei einem Viertel aller Fälle, wird ein Wappen dazwischenkommen, und er muß $(-2)^1 = -2$ Cents erhalten, daß heißt er muß zwei Cents zahlen, was, wenn es bei einem Viertel aller Fälle geschieht, einen durchschnittlichen Verlust von $^1/_2$ Cent pro geworfener Zahl ausmacht.

Aber in der Hälfte des verbleibenden Viertels der Fälle, *das heißt* aller Fälle, werden zwei Wappen dazwischenkommen und er wird $(-2)^2=4$ Cents erhalten, was, wenn es einmal alle acht Fälle geschieht, $^1/_2$ Cent pro geworfener Zahl wert ist, und so weiter; so daß sein Betrag auf lange Sicht $^1/_2-{}^1/_2+{}^1/_2-{}^1/_2+{}^1/_2-{}^1/_2+{}^1/_2-{}^1/_2$ *ad infinitum* sein wird, deren Summe $^1/_2$ oder *Null* sein kann. Oder besser, er ist ganz unbestimmt.

Wenn ihm anstatt $(-2)^n$, wobei n die Zahl der dazwischenkommenden Wappen ist, $(-2)^{n^2}$ gezahlt würden, würde sich ergeben, daß er wahrscheinlich entweder ungeheuer gewinnt oder ungeheuer verliert, ohne daß es irgendeine bestimmte Wahrscheinlichkeit dafür gibt, daß es eher ein Gewinnen als ein Verlieren ist.

Ich glaube, ich kann dieses Spiel Spielern im Vertrauen als den schrecklichsten Ruin empfehlen, der bisher erfunden wurde; und ein bißchen Betrügen würde dazu noch beitragen.

23. Jetzt wollen wir zu unserem ursprünglichen Problem[b]) zurückkehren und den Stand der Dinge nach jeder anderen Wette betrachten. Nach der zweiten wird ein Viertel der Spieler gewonnen haben, ausgeschieden und dann von Spielern ersetzt worden sein, die gewonnen hatten und ausgeschieden waren, so daß eine Anzahl von Franken gleich der Hälfte der Anzahl der Plätze von der Bank ausbezahlt wurde; ein Viertel der Spieler wird gewonnen haben und ausgeschieden sein und von Spielern, die verloren haben, ersetzt worden sein, was die Bank ausgleicht; ein Viertel wird verloren und dann gewonnen haben, was die Bank und die Spieler ausgleicht; ein Viertel der Spieler wird zweimal verloren haben und bringt der Bank damit einen Gewinn von halb so vielen Franken wie es Plätze am Tisch gibt. Die Bank ist dann, wo sie war. So viele Spieler wie drei Viertel der Plätze werden alle ihren Franken Reingewinn haben; aber Spieler der Anzahl von einem Viertel der Plätze werden jeder zwei Franken verloren haben und ebenso viele jeder einen Franken, womit sie die Gewinne derer, die sich zurückzogen, bezahlen.

Auf diese Weise wird es jedesmal gehen.

Kurz vor der fünften Wette der Spieler am Tisch werden $^3/_8$ nichts verloren haben, $^1/_4$ einen Franken, $^1/_4$ zwei Franken, $^1/_{16}$ drei Franken und $^1/_{16}$ vier Franken. So werden immer einige eine ganze Menge verloren haben. Diejenigen, die am Tisch sitzen, werden untereinander immer genau das zahlen, was diejenigen, die ausschieden, mitnahmen.

24. Man wird sich jedoch fragen: Wie kann es geschehen, daß *alle* gewinnen? Ich antworte, daß ich nie sagte, daß alle gewinnen würden, ich sagte nur, daß die Wahrscheinlichkeit dafür, daß jeder letzten Endes einen Franken gewinnen würde, 1 war. Aber bedeutet die Wahrscheinlichkeit 1 nicht Gewißheit? Durchaus nicht, sie bedeutet nur, daß das Verhältnis der Anzahl derjenigen, die letzten Endes gewinnen, zu der Gesamtzahl gleich 1 ist. Da die Anzahl der Plätze am Tisch unendlich ist, kann das Verhältnis der Anzahl derjenigen, die nie gewinnen, zu der Anzahl der Plätze Null sein, und doch können sie unendlich zahlreich sein. So daß die Wahrscheinlichkeiten 1 und 0 sehr weit davon entfernt sind, mit der Gewißheit des *Pro* und *Contra* übereinzustimmen.[c])

3. Die Bedeutung von „praktischen" Folgen

25. Wenn ich auf das Praktische einginge, würde der Vorteil des Pragmatismus, der Berücksichtigung des wesentlich praktischen Problems, noch einleuchtender sein. Aber hier wird der Pragmatismus allgemein von erfolgreichen Menschen praktiziert. Tatsächlich unterscheiden sich die Tüchtigen hauptsächlich genau dadurch von den Untüchtigen.

26. Zweifellos öffnet der Pragmatismus also einen sehr einfachen Weg zur Lösung einer ungeheuren Mannigfaltigkeit von Fragen. Aber daraus folgt durchaus nicht, daß er wahr ist. Im Gegenteil kann man ganz mit Recht gegen eine Methode, die die schwierigsten Fragen auf diese Weise in leichte Probleme auflöst, einen Verdacht hegen. Zweifellos ist Ockhams Rasiermesser logisch gültig. Eine Hypothese sollte von jedem Zug entkleidet sein, der in keiner

Weise herangezogen werden kann, um eine Erklärung beobachteter Tatsachen zu liefern. *Entia non sunt multiplicanda praeter necessitatem;*[6]) wir können nur gründlich bezweifeln, ob eine einfache Hypothese jeden notwendigen Faktor enthalten kann. Es ist sicher, daß die meisten Hypothesen, die zuerst große Einfachheit mit völliger Zulänglichkeit zu verbinden schienen, beim weiteren Fortschritt der Wissenschaft sehr viel komplizierter werden mußten.

27. Was ist der *Beweis* dafür, daß die möglichen praktischen Folgen eines Begriffes die Gesamtsumme des Begriffs konstituieren? Das Argument, auf dem die Maxime meiner ursprünglichen Schrift[d]) beruhte, war, daß *Überzeugung*[7]) vor allem darin besteht, daß man bewußt bereit ist, die Formel, an die geglaubt wird, als den Führer zur Handlung zu wählen. Wenn das in Wahrheit die Natur der Überzeugung ist, dann kann zweifellos der geglaubte Satz selbst nichts anderes als eine Maxime der Lebensführung sein. Das ist, glaube ich, ganz evident.

28. Aber wie wissen wir, daß Überzeugung nichts anderes als die bewußte Bereitschaft ist, gemäß der geglaubten Formel zu handeln?

Mein ursprünglicher Aufsatz führte das auf ein psychologisches Prinzip zurück. Die Vorstellung der Wahrheit war meiner Meinung nach aus einem ursprünglichen Impuls, folgerichtig zu handeln, eine bestimmte Intention zu haben, entwickelt worden. Aber das war erstens nicht klar genug herausgearbeitet worden und zweitens halte ich es nicht für befriedigend, so fundamentale Dinge auf Tatsachen der Psychologie zu reduzieren. Denn der Mensch könnte seine Natur ändern, oder seine Umgebung würde sie ändern, falls er es nicht freiwillig tut, wenn der Impuls nicht das eigentlich Vorteilhafte oder Passende wäre. Warum hat die Evolution den menschlichen Geist auf diese Weise geformt? Das ist die Frage, die wir heute stellen müssen, und alle Versuche, die Fundamente der Logik auf Psychologie[8]) zu gründen, werden als im wesentlichen belanglos angesehen.

29. Die Frage nach der Natur der Überzeugung oder, in anderen Worten, die Frage nach der wahren logischen Analyse des Urteilsaktes, ist die Frage, auf die die Logiker in

den letzten Jahren ihre Energien hauptsächlich konzentriert haben. Ist die pragmatische Antwort befriedigend?

Verstehen wir nicht alle, daß *Urteil* und *Behauptung*[e]) eng verwandt sind? Das ist die Auffassung der Umgangssprache. Man hört überall die Redensart „ich sage zu mir selbst". Das heißt, das *Urteil* wird entweder für nicht mehr gehalten als eine *Behauptung zu sich selbst* oder auf jeden Fall für etwas sehr Ähnliches.

30. Es ist jetzt ein ganz leichtes Problem, die Natur der *Behauptung*[f]) zu analysieren. Um ein übersichtlich gegliedertes Beispiel zu finden, sollten wir natürlich einen Fall nehmen, wo das assertorische Element verstärkt ist – eine sehr formale Behauptung, so wie eine eidesstattliche Erklärung. Jemand geht zum Notar oder Friedensrichter und handelt so, daß, wenn, was er sagt, nicht wahr ist, ihn üble Folgen strafen werden, und das tut er in der Absicht, dadurch andere Menschen zu veranlassen, daß sie so betroffen sind, wie sie es sein würden, wenn der beschworene Satz sich ihnen selbst als eine wahrnehmbare Tatsache dargestellt hätte.

Wir sehen also, daß der Akt der Behauptung vollkommen verschieden vom Akt des Erfassens der Bedeutung des Satzes ist, und wir können nicht erwarten, daß irgendeine Analyse dessen, was Behauptung ist (oder irgendeine Analyse dessen, was *Urteil* oder *Überzeugung* ist, wenn dieser Akt überhaupt mit der Behauptung verbunden ist) überhaupt Licht auf die ganz andere Frage, was das Erfassen der Bedeutung eines Satzes sei, werfen müßte.

31. Was ist der Unterschied zwischen dem Aufstellen einer *Behauptung* und dem *Eingehen einer Wette?* Beides sind Akte, bei denen sich der Handelnde freiwillig üblen Folgen unterwirft, wenn ein bestimmter Satz nicht wahr ist. Allein wenn er eine Wette anbietet, hofft er, daß der andere sich selbst auf dieselbe Weise für die Wahrheit des konträren Satzes verantwortlich macht; wenn er dagegen eine *Behauptung* aufstellt, wünscht er immer (oder fast immer), daß der andere, dem gegenüber er sie aufstellt, dazu gebracht wird, dasselbe wie er zu tun. Demgemäß drückt in unserer Muttersprache die Redensart „ich wette,

daß ..." eine Privatmeinung aus, von der man nicht erwartet, daß sie andere teilen, während „du kannst darauf wetten" die Form einer Behauptung ist, die einen anderen veranlassen möchte, dasselbe zu tun.

32. Das scheint, wenigstens bei einem vorläufigen Blick auf die Sache, eine befriedigende Erklärung der Behauptung zu sein. Wir wollen jetzt zu Urteil und Überzeugung übergehen. Es kann natürlich nicht fraglich sein, daß jemand in Übereinstimmung mit seiner Überzeugung handelt, so weit seine Überzeugung irgendwelche praktischen Folgen hat. Der einzige Zweifel besteht darin, ob das *alles* ist, was die Überzeugung ist oder ob die Überzeugung, sofern sie keinen Einfluß auf die Lebensführung hat, ein reines Nichts ist. Welche mögliche Wirkung kann es zum Beispiel auf das Verhalten haben zu glauben, daß die Diagonale eines Quadrates mit der Seite inkommensurabel ist? Nennt man eine Verschiedenheit, gleichgültig wie klein, *e*, so unterscheidet sich die Diagonale von einer rationalen Größe um viel weniger als dies. Professor Newcomb[9]) in seinem Kalkül sowie alle Mathematiker seiner ziemlich überholten Art meinen, sie hätten bewiesen, daß zwei Größen gleich sind, wenn sie bewiesen haben, daß sie sich um weniger als eine angebbare Größe unterscheiden. Ich versuchte einmal hartnäckig, Newcomb zu veranlassen zu sagen, ob sich die Diagonale des Quadrates von einem rationalen Bruch der Seite unterscheidet oder nicht; er sah aber, worauf ich abzielte und wollte nicht antworten. Der Satz, daß die Diagonale inkommensurabel ist, steht seit undenklichen Zeiten in den Lehrbüchern, ohne je angegriffen worden zu sein, und ich bin sicher, daß auch der modernste Typ des Mathematikers ganz entschieden an ihm festhält. Und doch erscheint es ganz absurd zu sagen, daß es einen objektiv praktischen Unterschied zwischen kommensurabel und inkommensurabel gibt.[8])

33. Natürlich können Sie, wenn Sie wollen, sagen, daß der Akt, eine Größe als einen rationalen Bruch auszudrükken, ein Stück Lebensführung ist und daß es an sich ein praktischer Unterschied ist, daß eine Größenart so ausgedrückt werden kann und die andere nicht. Aber ein Denker muß wirklich flach sein, wenn er nicht sieht, daß das Zu-

geben einer Art praktischer Anwendbarkeit, das im Verhalten gegenüber den Wörtern und Ausdrucksweisen besteht, sofort heißt, alle Schranken gegen den Unsinn niederzureißen, den der Pragmatismus ausschließen soll.

Der Pragmatist hat seinen Pragmatismus dafür, daß er sagen kann: hier ist eine Definition, und sie unterscheidet sich überhaupt nicht von eurer verworren erfaßten Vorstellung, weil es keinen *praktischen* Unterschied gibt. Aber was hindert seinen Gegner zu antworten, daß es einen praktischen Unterschied gibt, der darin besteht, daß er die eine als seine Vorstellung anerkennt und die andere nicht? Das heißt, die eine ist auf eine Art ausdrückbar, auf welche die andere es nicht ist.

Pragmatismus hat sich vollständig verflüchtigt, wenn man diese Art von praktischer Anwendbarkeit zuläßt.

4. Die Relationen der normativen Wissenschaften[h)]

34. Man muß verstehen, daß alles, was ich jetzt zu zeigen versuche, nur das ist, daß der Pragmatismus offenbar eine Sache von wahrscheinlich großer Wichtigkeit ist, aber gleichzeitig besteht soviel Zweifel an seiner Richtigkeit, daß es sicher unserer Mühe wert ist, eine methodische, wissenschaftliche und sorgfältige Untersuchung der ganzen Frage zu machen, um auf diese Weise unsere Grundlage zu sichern und eine sichere Methode für eine einleitende Filtrierung der Fragen zu erhalten, die der Pragmatismus zu liefern verspricht.

Wir wollen nun mit der Untersuchung beginnen. Aber zuvor wollen wir ihren beabsichtigten Verlauf kennzeichnen. Das sollte in solchen Fällen immer getan werden, selbst wenn die Umstände nachträglich eine Änderung des Planes erforderlich machen, wie es gewöhnlich geschieht.

Obgleich unsere Untersuchung eine Untersuchung der Wahrheit sein soll, was auch immer sich als Wahrheit erweisen mag, und daher natürlich nicht durch ein Mögen des Pragmatismus oder durch einen Stolz auf ihn als eine amerikanische Lehre beeinflußt werden darf, kommen wir doch nicht zu dieser Untersuchung, ebenso wenig wie irgend jemand sonst zu einer Untersuchung kommt, in jenem unbeschriebenen Zustand, auf dem die Juristen angeblich als einem wünschenswerten bestehen, obwohl ich ihnen so viel gesunden Menschenverstand zutraue, es besser zu wissen.

35. Wir haben schon einigen Grund anzunehmen, daß es manche Wahrheit im Pragmatismus gibt, obwohl wir auch schon einigen Grund haben zu meinen, daß etwas Falsches daran ist. Denn falls nicht beide Zweige dieser Feststellung wahr wären, würden wir falsch handeln, wenn wir Zeit und Energie auf die Untersuchung, die wir machen, verschwenden würden.

Ich will daher voraussetzen, daß es genug Wahrheit in ihm gibt, daß sich ein vorläufiger Blick auf die Ethik zu werfen lohnt. Denn wenn, wie der Pragmatismus uns lehrt, das, was wir denken, in Termini desen interpretiert werden muß, was wir zu tun bereit sind, dann muß *Logik* oder die Lehre dessen, was wir denken sollten, sicher eine Anwendung der Lehre dessen sein, was wir bewußt zu tun wählen, und das ist Ethik.

36. Aber wir können den Schlüssel zum Geheimnis der Ethik – ein besonders anziehender, aber sehr schnell von Fallen durchsetzter Bereich des Denkens – nicht erhalten, ehe wir die Formel für das, was wir zu bewundern bereit sind, aufgestellt haben. Es ist mir gleichgültig, welche ethische Lehre angenommen wird, es wird immer folgendermaßen sein. Angenommen, unser ethischer Grundsatz wäre zum Beispiel der von Pearson,[*])[10]) daß all unser Handeln auf die Fortdauer der biologischen Art, zu der wir gehören, gerichtet sein soll. Dann erhebt sich die Frage: Nach welchem Prinzip sollte so etwas Hervorragendes wie das Überleben dieser Art – oder überhaupt etwas Hervorragendes – beurteilt werden? Gibt es nichts in der Welt oder *in posse*, das außer Paarung und Schwärmen *per se* bewundernswert ist? Ist Schwärmen überhaupt etwas Hervorragendes, abgesehen von irgendwelchen Ergebnissen, zu denen es führen kann? Der Gedankengang folgt einer Parallele, wenn wir Marshalls[11]) ethische Maxime betrachten: Handle so, daß die Impulse, die unmittelbare Reaktion verlangen, eingeschränkt

werden, damit die Impuls-Ordnung, die vom Bestehen von Impulsen geringerer Stärke, aber größerer Bedeutung bestimmt wird, volles Gewicht in der Lebensführung hat. Obwohl ich keine so klare Auffassung, wie ich es wünschte, von der Philosophie dieses sehr genauen, aber zu technischen Denkers habe, nehme ich doch an, daß er nicht zu denen gehören möchte, die Einwände gegen die Abhängigkeit der Ethik von der Ästhetik machen. Bestimmt setzt die Maxime, die ich Ihnen eben aus seinem neuesten Buch*) vorgelesen habe, voraus, daß es etwas Hervorragendes für einen Impuls ist, seinen Willen durchzusetzen, aber nichts gleicherweise Hervorragendes, wenn ein Impuls und ein anderer Impuls ihren Willen durchsetzen. Es gibt eine Präferenz, die von der *Bedeutung* von Impulsen abhängt, was immer das auch bedeuten mag. Sie setzt voraus, daß es einen Idealzustand der Dinge gibt, der ungeachtet dessen, wie er zustandegebracht werden soll, und unabhängig von jedem späteren Grund, für gut oder hervorragend gehalten wird. Kurz, Ethik muß auf einer Lehre beruhen, die, ohne überhaupt zu betrachten, was unser Verhalten sein soll, ideal mögliche Zustände von Dingen in zwei Klassen teilt, in jene, die bewundernswert wären, und jene, die nicht bewundernswert wären, und die Aufgabe übernimmt, genau zu definieren, was das Bewundernswerte eines Ideals konstituiert. Ihr Problem ist, durch die Analyse zu bestimmen, was man bewußt *per se* an sich bewundern soll, unabhängig davon, zu was es führt, und unabhängig von seinen Bezügen zur menschlichen Lebensführung. Ich nenne diese Untersuchung *Ästhetik*, weil allgemein gilt, daß die drei Normativen Wissenschaften Logik, Ethik und Ästhetik die drei Lehren sind, die gut und schlecht unterscheiden; *Logik* hinsichtlich der Darstellungen der Wahrheit, *Ethik* hinsichtlich der Willensanstrengungen und *Ästhetik* in Objekten, die nur in ihrer Präsentation betrachtet werden. Diese dritte normative Wissenschaft kann jetzt, so meine ich, keine andere sein als die, die ich beschrieben habe. Sie ist offensichtlich die normative Grundwissenschaft, auf die als Grundlage die Lehre der Ethik gestellt werden muß, die ihrerseits von der Lehre der Logik gekrönt wird.

37. Aber ehe wir eine normative Wissenschaft in Angriff nehmen können, irgendeine Wissenschaft, die beabsichtigt, die Schafe von den Böcken zu trennen, ist es offensichtlich, daß es eine einleitende Untersuchung geben muß, die den Versuch, einen solchen Dualismus aufzustellen, rechtfertigen soll. Das muß eine Wissenschaft sein, die überhaupt keinen Unterschied zwischen gut und schlecht macht, sondern die Phänomene genau so betrachtet, wie sie sind; die nur die Augen öffnet und beschreibt, was sie sieht; nicht, was sie in der Realität als von der Fiktion unterschieden sieht – überhaupt keine solche Dichotomie beachtend –, sondern einfach das Objekt als ein Phänomen beschreibt und darstellt, was sie Ähnliches in allen Phänomenen findet. Das ist die Wissenschaft, die Hegel unter dem Namen *Phänomenologie des Geistes*[12]) zu seinem Ausgangspunkt machte, obwohl er sie in einem verhängnisvoll engen Geiste sah, da er sich auf das beschränkte, was sich dem Geist *tatsächlich* selbst aufdrängt, und auf diese Weise seine ganze Philosophie mit der Ignorierung des Unterschieds von Essenz und Existenz färbte und ihr somit den nominalistischen und, ich möchte sagen, in einem gewissen Sinne den *pragmatoiden* Charakter gab, in dem die schlimmsten der Hegelschen Irrtümer ihren Ursprung haben. Ich werde Hegel, so weit ich diese Wissenschaft *Phänomenologie* nenne, folgen, obwohl ich sie nicht auf die Beobachtung und Analyse der *Erfahrung* beschränken will, sondern auf die Beschreibung aller Züge ausdehnen will, die allem, was je *erfahren* wurde oder denkbar erfahren werden könnte oder Gegenstand der Untersuchung auf direkte oder indirekte Weise werden könnte, gemeinsam sind.[i])

38. Hegel hatte ganz recht, wenn er behauptete, daß es die Aufgabe dieser Wissenschaft sei, die *Kategorien* oder fundamentalen Modi ans Licht zu bringen oder zu klären. Er hatte ebenso recht, wenn er behauptete, daß diese *Kategorien* von zweierlei Art seien; die Universalen Kategorien, die sich alle auf alles anwenden lassen und die Reihen von Kategorien, die aus Entwicklungsphasen bestehen.

Bezüglich der letzteren bin ich froh, daß Hegel keinen richtigen Katalog von ihnen zu erstellen vermochte. Es kann sein, daß er hier und da in den langen Abschweifungen seiner *Enzyklopädie*[13]) von der Wahrheit ein bißchen erwärmt wurde. Aber in allen Hauptzügen ist sein Katalog meiner Meinung nach ganz falsch. Ich habe langwierige und mühsame Untersuchungen dieser Sache gemacht, aber es war mir nicht möglich, einen Katalog, der mich befriedigte, aufzustellen. Meine Untersuchungen[j]), sollten sie je veröffentlicht werden, werden, glaube ich, von künftigen Erforschern dieses allerschwierigsten Problems nützlich gefunden werden, aber in diesen Vorlesungen kann ich zu diesem Thema wenig sagen. Der Fall liegt bei den drei Universalen Kategorien, die Hegel, nebenbei bemerkt, überhaupt nicht als Kategorien ansah oder die er wenigstens nicht so, sondern als drei Zustände des Denkens bezeichnete, ganz anders. Hinsichtlich dieser scheint es mir, daß Hegel der Richtigkeit so nahe kommt, daß meine eigene Lehre sehr wohl als eine Variante des Hegelianismus angesehen werden kann, obwohl sie tatsächlich in meinem Geist von Hegel ganz fremden Überlegungen bestimmt wurde, in einer Zeit, als meine Haltung gegenüber dem Hegelianismus eine Haltung der Verachtung[14]) war. Es gab keinen Einfluß Hegels auf mich, außer vielleicht so verborgener Art, daß er meinem Gesichtskreis ganz entzogen war; und wenn es einen solchen verborgenen Einfluß gab, so berührt er mich wie ein fast so gutes Argument für die wesentliche Wahrheit der Lehre, wie die Koinzidenz es ist, daß Hegel und ich auf ganz unabhängigen Wegen im wesentlichen zu demselben Ergebnis kamen.

39. Diese Wissenschaft der Phänomenologie muß dann als Grundlage, auf der die normativen Wissenschaften erstellt werden, genommen werden und muß daher unsere erste Aufmerksamkeit beanspruchen.

Diese Wissenschaft der Phänomenologie ist in meinen Augen die allererste aller positiven Wissenschaften. Das heißt, sie ruht hinsichtlich ihrer Prinzipien nicht auf irgendeiner anderen *positiven Wissenschaft*. Unter einer *positiven* Wissenschaft verstehe ich eine Untersuchung, die nach positiver Erkenntnis strebt; das heißt nach Erkenntnis, die in einem *kategorischen Satz* vorteilhaft ausgedrückt werden kann. Logik und die anderen normativen Wissenschaften, obwohl sie nicht fragen, was *ist,* sondern was *sein sollte,* sind dennoch positive Wissenschaften, da sie durch das Behaupten positiver kategorischer Wahrheit fähig sind zu zeigen, daß das, was sie gut nennen, wirklich gut ist; und die richtige Vernunft, das richtige Bestreben und das richtige Sein, von dem sie handeln, leiten diese Eigenschaft aus einer positiven, kategorischen Tatsache ab.

40. Vielleicht fragen Sie mich, ob es möglich ist, sich eine Wissenschaft vorzustellen, die nicht darauf abzielt zu erklären, daß etwas positiv oder kategorisch wahr ist. Ich antworte, daß es nicht nur möglich ist, sich eine solche Wissenschaft vorzustellen, sondern daß eine solche Wissenschaft existiert und blüht, und Phänomenologie, die nicht von irgendeiner anderen *positiven Wissenschaft* abhängt, muß dennoch, wenn sie fest begründet werden soll, von der Konditionalen oder Hypothetischen Wissenschaft der *Reinen Mathematik*[15]) abhängig gemacht werden, deren einziges Ziel es ist zu entdecken, nicht wie die Dinge tatsächlich sind, sondern wie angenommen werden kann, daß sie sein könnten, wenn nicht in unserem, so in einem anderen Universum.[k]) Eine Phänomenologie, die nicht mit reiner Mathematik rechnet, einer Wissenschaft, die kaum in ein Alter der Achtung gekommen war, als Hegel schrieb, wird dieselbe bemitleidenswerte, klumpfüßige Sache sein, die Hegel hervorbrachte.

VORLESUNG II[a])

Die universalen Kategorien

1. Gegenwärtigkeit[b])

41. ... Wohlverstanden besteht also das, was wir als Erforscher der Phänomenologie tun müssen, einfach darin, unsere geistigen Augen zu öffnen und das Phänomen genau zu betrachten und zu sagen, welches seine nie fehlenden Beschaffenheiten sind, ob das Phänomen nun etwas ist, das außerhalb unserer Erfahrung unsere Aufmerksamkeit erzwingt oder ob es der wildeste Traum ist oder ob es die abstrakteste und allgemeinste Konklusion der Wissenschaft ist.

42.[c]) Wir müssen uns bemühen, drei Fähigkeiten für diese Arbeit zu erwerben. Die allererste ist jene seltene Fähigkeit, das, was einem ins Auge springt, genau wie es sich selbst präsentiert, zu sehen, nicht durch eine Interpretation ersetzt, unverfälscht durch irgendeine Berücksichtigung dieses oder jenes vermeintlich modifizierenden Umstands. Das ist die Fähigkeit des Künstlers, der zum Beispiel die sichtbaren Farben der Natur so sieht, wie sie erscheinen. Ist der Boden mit Schnee bedeckt, auf den die Sonne strahlend scheint, außer dort, wo Schatten ist, und Sie fragen dann irgend jemanden, wie seine Farbe zu sein scheint, dann sagt er weiß, reines Weiß, in der Sonne weißer, ein bißchen grau im Schatten. Aber er beschreibt nicht das, was er vor Augen hat; es ist seine Theorie dessen, was gesehen werden *sollte*.

Der Künstler wird Ihnen sagen, daß die Schatten nicht grau, sondern von einem matten Blau sind und daß der Schnee in der Sonne von einem satten Gelb ist. Beim Studium der Phänomenologie ist das Wahrnehmungsvermögen des Künstlers äußerst wünschenswert. Die zweite Fähigkeit, mit der wir uns versehen sollten, ist ein entschlossenes Unterscheidungsvermögen, das sich wie eine Bulldogge an den besonderen Grundzug, den wir untersuchen, heftet, ihm überallhin folgt, wo er sich verstecken kann und ihn unter allen seinen Verkleidungen entdeckt. Die dritte Fähigkeit, die wir benötigen, ist das generalisierende Vermögen des Mathematikers, der die abstrakte Formel aufstellt, die genau das Wesen des zu untersuchenden Grundzugs erfaßt, der von allen Beimischungen unwesentlicher und nicht zur Sache gehörender Begleiterscheinungen gereinigt ist.

43. Eine ganz geringe Ausübung dieser dritten Fähigkeit genügt, um uns zu zeigen, daß das Wort *Kategorie* bei allen Philosophen im wesentlichen dieselbe Bedeutung hat. Für Aristoteles, für Kant und für Hegel ist die Kategorie ein Element der Phänomene von höchster Allgemeinheit. Natürlich folgt daraus, daß die Kategorien gering an Zahl sind, genau wie die chemischen Elemente. Die Aufgabe der Phänomenologie ist es, einen Katalog der Kategorien aufzustellen und zu beweisen, daß er ausreicht und frei von Überflüssigem ist, um die Beschaffenheit jeder Kategorie herauszufinden und die Beziehung jeder einzelnen zu den anderen aufzuzeigen. Ich finde, daß es wenigstens zwei unterschiedene Klassen von Kategorien gibt, die ich die partikulären und die universalen nenne. Die partikulären Kategorien bilden eine Reihe oder eine Menge von Reihen, von denen nur eine von jeder Reihe gegenwärtig oder wenigstens in irgendeinem Phänomen vorherrschend ist. Andererseits gehören die universalen Kategorien zu jedem Phänomen, wobei vielleicht die eine in einem Aspekt des Phänomens vorherrschender ist als eine andere, aber sie gehören alle zu jedem Phänomen. Ich bin mit dieser Beschreibung der zwei Kategorienklassen nicht ganz zufrieden, aber ich bin ganz zufrieden, daß es zwei Klassen gibt. Ich erkenne sie bei Aristoteles nicht, außer wenn die Prädikamente[16]) und die Prä-

dikabilien[16a]) diese zwei Klassen bilden. Aber bei Kant gibt es Einheit, Vielheit und Allheit, die nicht alle gleichzeitig gegenwärtig sind; Realität, Negation und Limitation, die nicht alle gleichzeitig gegenwärtig sind; Inhärenz, Kausalität und Reaktion, die nicht alle gleichzeitig gegenwärtig sind; Möglichkeit, Notwendigkeit und Dasein, die nicht alle gleichzeitig gegenwärtig sind. Auf der anderen Seite bilden Kants vier größere Kategorien, Quantität, Qualität, Relation und Modalität, das, was ich als Kants Universale Kategorien ansehen würde.[17]) Hegels lange Liste, die die Einteilungen seiner *Enzyklopädie* gibt, enthält seine partikulären Kategorien. Seine drei Stufen des Denkens sind, obwohl er auf sie nicht das Wort *Kategorie* anwendet, das, was ich Hegels Universale Kategorien nennen möchte. Meine Absicht für heute abend ist es, mich auf die universale oder kurze Liste der Kategorien zu beschränken, und ich kann gleich sagen, daß ich Hegels drei Stufen, grob gesprochen, als die richtige Liste der universalen Kategorien betrachte . . .

44. Wenn irgend etwas dem Geist gegenwärtig ist, was ist dann die allererste und einfachste Beschaffenheit, die dabei in jedem Fall, ungeachtet dessen, wie wenig das Objekt vielleicht hervorgehoben ist, bemerkt wird? Bestimmt ist es seine *Gegenwärtigkeit.* So weit hat Hegel ganz recht. Unmittelbarkeit ist sein Wort. Wenn er jedoch sagt, daß Gegenwärtigkeit, Gegenwärtigkeit, wie sie gegenwärtig ist, gegenwärtige Gegenwärtigkeit, *abstrakt,* reines Sein ist, so ist das eine so offenkundige Falschheit, daß man nur sagen kann, daß Hegels Theorie, daß das Abstrakte ursprünglicher ist als das Konkrete, seine Augen blind machte für das, was vor ihnen lag. Gehen Sie hinaus unter den blauen Himmelsdom und schauen Sie auf das, was gegenwärtig ist, so wie es dem Auge des Künstlers erscheint. Das Poetische nähert sich dem Zustand, in dem das Gegenwärtige so, wie es gegenwärtig ist, erscheint. Ist Poesie also abstrakt und farblos? Das Gegenwärtige ist genau das, was es ist, ohne Rücksicht auf das Abwesende, ohne Rücksicht auf Vergangenheit und Zukunft. Es ist so, wie es ist, und berücksichtigt überhaupt nichts anderes. Folglich kann es nicht *abstrahiert* sein (was Hegel unter abstrakt versteht); denn das Abstrahierte ist

das, was das Konkrete es sein läßt und das ihm das Sein gibt, das es selbst hat. Das Gegenwärtige, das so ist, wie es ist, indem es alles andere überhaupt nicht berücksichtigt, ist *positiv* so, wie es ist. Stellen Sie sich, wenn Sie wollen, ein Bewußtsein vor, in dem es keinen Vergleich, keine Relation, keine erkannte Vielfältigkeit (denn Teile wären etwas anderes als das Ganze), keine Veränderung, keine Vorstellung irgendeiner Modifikation dessen, was positiv da ist, keine Reflexion – nichts als eine einfache, positive Beschaffenheit gibt. Ein solches Bewußtsein könnte vielleicht ein Wohlgeruch sein, sagen wir der Duft einer Blumenessenz; oder es könnte ein unendlicher Todesschmerz sein; es könnte das Hören eines durchdringenden, unaufhörlichen Pfeiftons sein. Kurz, irgendeine einfache und positive Empfindungsqualität[18]) würde etwas sein, auf das unsere Beschreibung paßt, das so ist, wie es ist, ohne Rücksicht auf irgend etwas anderes. Die Empfindungsqualität ist der wahre psychische Repräsentant der ersten Kategorie des Unmittelbaren, wie es in seiner Unmittelbarkeit ist, des Gegenwärtigen in seiner direkten, positiven Gegenwärtigkeit. Empfindungsqualitäten weisen eine unzählige Vielfalt auf, weit über das hinaus, was der Psychologe zugibt. Diese Vielfalt ist jedoch nur insoweit in ihnen, als sie verglichen und in Kollektionen gesammelt wurden. Aber in ihrer Gegenwärtigkeit ist jede alleinig und einzig; und alle anderen sind absolutes Nichts für sie – oder noch weniger als Nichts, denn sie sollen nicht einmal als abwesende Dinge oder als Fiktionen erkennbar sein. Die erste Kategorie ist dann die Empfindungsqualität oder das, was positiv so ist, wie es ist, und ohne Rücksicht auf etwas anderes.

2. Kampf[d])

45. Der nächst einfachste Grundzug, der allem gemeinsam ist, was vor dem Geist erscheint, und folglich die zweite Kategorie, ist das Element des *Kampfes*. Es ist ganz zweckmäßig, obwohl keineswegs notwendig, dieses zuerst an einem psychologischen Beispiel zu untersuchen. Stellen Sie

sich vor, Sie machen eine starke Muskelanstrengung, Sie stemmen sich zum Beispiel mit aller Kraft gegen eine halboffene Tür. Offensichtlich gibt es ein Gefühl des Widerstands. Es könnte keine Anstrengung ohne einen entsprechenden Widerstand geben, ebenso wie es keinen Widerstand ohne eine entsprechende Anstrengung gibt, die ihm widersteht. Aktion und Reaktion sind gleich. Wenn Sie merken, daß die Tür Ihnen zum Trotz aufgestoßen wird, sagen Sie, daß die Person auf der anderen Seite tätig war und Sie Widerstand leisteten, und wenn es Ihnen gelingt, die Tür aufzustoßen, sagen Sie, daß Sie tätig waren und die andere Person Widerstand leistete. Wir nennen im allgemeinen den, der Erfolg mit seiner Anstrengung hat, den *Handelnden* und den, dem sie mißlingt, den *Leidenden*. Aber soweit das Element des Kampfes betroffen ist, gibt es keinen Unterschied zwischen Handelndem und Leidendem. Das Ergebnis entscheidet; aber das, was als das Ergebnis hinsichtlich dieser Unterscheidung betrachtet wird, ist eine Einzelheit, auf die wir nicht einzugehen brauchen. Wenn, während Sie auf dem Gehweg ruhig gehen, ein Mann, der eine Leiter trägt, Sie plötzlich heftig damit an den Hinterkopf stößt und weitergeht, ohne zu merken, was er getan hat, werden Sie wahrscheinlich den Eindruck haben, daß er Sie mit großer Heftigkeit gestoßen hat und Sie nicht den geringsten Widerstand leisteten; obwohl Sie tatsächlich mit einer Kraft gleich der des Stoßes widerstanden haben müssen. Es versteht sich natürlich, daß ich Kraft nicht in dem modernen Sinne einer bewegenden Kraft benutze, sondern im Sinne von Newtons *Actio*;*) aber ich möchte Sie darauf hinweisen, daß ich keine Zeit habe, solche Kleinigkeiten zu berücksichtigen. Sie sind auch bereit zuzugeben, daß Sie einen Schock erlitten haben und daß auf Sie eingewirkt wurde, wenn im Stockdunkeln ein sehr starker Blitz zuckt, aber Sie neigen vielleicht dazu zu leugnen, daß Sie reagierten. Sie taten es jedoch bestimmt, und Sie sind sich dessen auch bewußt. Die Empfindung des Schocks ist ebenso sehr eine Empfindung des Widerstands wie eine der Einwirkung. So ist es, wenn irgend etwas die Sinne berührt. Dem äußeren Reiz gelingt es, seine Wirkung auf Sie zu erzeugen, während Sie dagegen keine erkennbare Wirkung auf ihn hervorbringen und deshalb nennen Sie ihn den Handelnden und übersehen Ihre eigene Rolle bei der Reaktion. Andererseits fällt es beim Lesen einer geometrischen Beweisführung, wenn Sie die Figur anstatt auf dem Papier in Ihrer Vorstellung zeichnen, so leicht, dem Bild jede gewünschte Hilfslinie hinzuzufügen, daß es Ihnen scheint, als hätten Sie auf das Bild eingewirkt, ohne daß das Bild irgendeinen Widerstand geleistet hätte. Daß es jedoch nicht so ist, läßt sich leicht zeigen. Denn außer wenn das Bild eine bestimmte Kraft hätte, so zu beharren, wie es ist, und der Metamorphose zu widerstehen, und außer wenn Sie für die Stärke des Beharrungsvermögens nicht empfindlich wären, könnten Sie nie sicher sein, daß die Konstruktion, mit der Sie sich bei einem Zustand der Darstellung beschäftigen, dieselbe war, die Sie bei einem früheren Zustand vor Ihrem geistigen Auge hatten. Der Hauptunterschied zwischen der Inneren und Äußeren Welt ist der, daß die inneren Gegenstände sofort jede Modifikation, die wir wünschen, annehmen, während äußere Gegenstände harte Tatsachen sind, die niemand anders machen kann, als sie sind. Aber so ungeheuer groß dieser Unterschied ist, so ist er doch nur relativ. Innere Gegenstände leisten einen bestimmten Grad an Widerstand und äußere Gegenstände lassen es zu, in einem bestimmten Maße durch ausreichend intelligent geleitete Anstrengung modifiziert zu werden.[e])

46. Es erheben sich zwei sehr ernste Zweifel bezüglich dieser Kategorie des Kampfes, die ich mit nur etwas mehr Zeit vollkommen tilgen könnte, meine ich. Aber so, wie es ist, kann ich nur Reflexionslinien vorschlagen, die Sie, wenn Sie ihnen beharrlich folgen, zu denselben Ergebnissen bringen müßten, zu denen sie mich brachten. Der erste dieser Zweifel ist der, ob jenes Kampfelement irgend etwas anderes als eine ganz besondere Art des Phänomens ist und außerdem eine anthropomorphe Vorstellung und deshalb nicht wissenschaftlich wahr.

Der andere Zweifel ist der, ob die Idee des Kampfes ein einfaches und unauflösbares Element des Phänomens ist, und im Gegensatz zu seinem So-Sein treten zwei entgegengesetzte Parteien in eine Art [Allianz], ohne wahrzunehmen, wie tief sie untereinander uneinig sind. Eine dieser Parteien setzt sich aus jenen Philosophen zusammen, die sich selbst als die verstehen, die alles im Phänomen auf Empfindungsqualitäten reduzieren wollen. Sie erscheinen auf dem Schauplatz der Psychologie und erklären, daß es so etwas wie ein spezifisches Gefühl der Anstrengung absolut nicht gibt. Es gibt nichts, werden sie sagen, außer Empfindungen, die von Muskelkontraktionen hervorgerufen werden, Empfindungen, die, wie sie sagen oder auch nicht sagen können, ihre unmittelbare Erregung in den Muskeln haben. Die andere Partei wird sich aus jenen Philosophen zusammensetzen, die sagen, daß es nur ein absolutes und nur ein irreduzibles Element gibt, und weil *Nous* ein solches Element ist, ist *Nous*[20]) wirklich die einzige wahrhaft klare Idee, die es gibt. Diese Philosophen vertreten eine Art pragmatistischen Standpunkt. Sie werden behaupten, daß, wenn man sagt, daß ein Ding auf ein anderes einwirkt, damit nur gemeint sein kann, daß es ein *Gesetz* gibt, demgemäß sich unter allen Umständen einer bestimmten allgemeinen Art bestimmte Phänomene ergeben werden. Daher ist es einfach Unsinn, von einem Ding als auf ein anderes *hic et nunc* einwirkend zu sprechen, ohne die Gleichförmigkeit,[21]) ohne das, was bei allen Gelegenheiten geschehen wird, zu berücksichtigen.

47. Ich muß mich damit begnügen, einige Hinweise zu geben, wie ich diesem zweiten doppelköpfigen Einwand begegnen würde, indem ich den ersteren Ihren eigenen Überlegungen überlasse. Im Verlauf der Betrachtung des zweiten Einwandes wird die Universalität des Kampfelements ohne besondere Argumente zu diesem Zweck ans Licht kommen. Daß es unwissenschaftlich, weil anthropomorph sei, ist ein sehr fadenscheiniger Einwand, der aus Vorurteilen entsteht, die auf zu engstirnigen Überlegungen beruhen. „Anthropomorph" ist genau das, was allen Vorstellungen zugrunde liegt; sonst hätten andere als die alten indogermanischen Wurzeln für die Worte gefunden werden müssen, mit denen sie ausgedrückt werden. Hinsichtlich jeder Bevorzugung einer Art der Theorie vor einer anderen, ist es gut, sich zu

erinnern, daß jede einzelne Wahrheit der Wissenschaft der Ähnlichkeit der menschlichen Seele mit der Seele des Universums verdankt wird, so unvollkommen diese Ähnlichkeit zweifellos ist.[f]) Wenn man daher sagt, daß eine Vorstellung eine dem Menschen natürliche ist, was auf genau dasselbe hinausläuft, wie wenn man sagt, daß sie anthropomorph ist, so ist dies eine so große Empfehlung, wie man sie in den Augen eines Exakten Logikers*) nur geben könnte.

48. Ich will in bezug auf den doppelköpfigen Einwand zuerst jenen seiner Teile ins Auge fassen, der auf der Idee beruht, daß die Vorstellung der Aktion den Begriff des Gesetzes oder der Gleichförmigkeit involviert, so daß es Unsinn ist, von Reaktion ohne Rücksicht auf etwas anderes als die beiden individuellen reagierenden Objekte zu sprechen. Dazu muß ich sagen, daß ein Naturgesetz, das sich selbst überlassen ist, einem Gerichtshof ohne Sheriff sehr ähnelt.

---

*) Ich möchte nicht, daß jemand eine Lehre der Logik einfach deshalb annimmt, weil sorgfältige und strenge Kritik dazu geführt haben, daß ich mich ganz auf ihre Wahrheit verlasse. Aber diese Bedenken werden mich nicht hindern zu sagen, daß ich für meinen Teil – der in einigen Büchern als ein philosophischer Skeptiker charakterisiert wird und der sogar ein moderner Hume genannt worden ist [„David Hume Redivivus", Teil 1, von „Mr. Charles S. Peirce's Onslaught on the Doctrine of Necessity" von Paul Carus[22]) in *The Monist,* vol. 2, pp. 560 ff.] – mich nach langen Jahren genauester Überprüfung völlig überzeugt habe, daß unter sonst gleichen Umständen eine anthropomorphe Vorstellung, ob sie nun den besten Grundstoff für eine wissenschaftliche Arbeitshypothese liefert oder nicht, viel wahrscheinlicher der Wahrheit nahekommt als eine, die nicht anthropomorph ist. Nehmen wir z. B. an, es sei fraglich, ob man Telepathie oder Spiritualismus gelten lassen soll. Ich wage zu sagen, daß die erstere Arbeitshypothese vorzuziehen ist, weil sie der experimentellen Untersuchung leichter unterworfen werden kann. Aber solange es keinen Grund gibt, von ihr überzeugt zu sein, außer bei Phänomenen, die der Spiritualismus ebenso gültig erklären kann, meine ich, daß Spiritualismus viel wahrscheinlicher annähernd wahr ist, weil er die anthropomorphere und natürlichere Idee ist; und ebenso wie zwischen einem altmodischen Gott und einem modernen offenbaren Absoluten, neige ich, wenn es einen Zweifel gibt, welche Vorstellung hinsichtlich der Wahrheit die wahrscheinlichere ist, zu der anthropomorphen Vorstellung. [Vgl. Vol. 6, Buch II, Kap. 4 und 7.] ⟨6.494–519, Answers to Questions Concerning my Belief in God, Ms. 1906; 6.557–588 Logic and Spiritualism, Ms. 1905.⟩

Ein Gerichtshof kann in dieser mißlichen Lage wahrscheinlich einen Bürger veranlassen, als Sheriff zu handeln; aber bis er sich selbst so mit einem Beamten versorgt hätte, der, ungleich ihm selbst, nicht autoritativ sprechen, aber einen starken Arm erheben könnte, würde sein Gesetz, auch wenn es die Perfektion der menschlichen Vernunft wäre, doch reines Feuerwerk, *brutum fulmen,* bleiben. Genauso wird ein Naturgesetz – sagen wir das Gravitationsgesetz – eine bloße Gleichförmigkeit bleiben – eine bloße Formel, die eine Relation zwischen Termini herstellt–, und was in aller Welt sollte dann wohl einen Stein, der weder ein Terminus noch eine Vorstellung ist, sondern eben nur ein einfaches Ding, veranlassen, in Übereinstimmung mit dieser Gleichförmigkeit zu handeln? Alle anderen Steine können es so gemacht haben und auch dieser Stein bei früheren Gelegenheiten, und er würde die Gleichförmigkeit durchbrechen, wenn er es jetzt nicht so machte. Doch was liegt daran? Es ist nutzlos, einem Stein Vernunft zu predigen. Er ist taub und hat keine Vernunft. Ich sollte den Gegner fragen, ob er ein Nominalist oder ein scholastischer Realist ist. Wenn er ein Nominalist ist, behauptet er, daß Gesetze nur Allgemeinbegriffe sind, d. h. Formeln, die sich nur auf Termini beziehen; und gewöhnlicher gesunder Menschenverstand sollte ihn zwingen anzuerkennen, daß es reale Verbindungen zwischen individuellen Dingen ohne Rücksicht auf bloße Formeln gibt. Nun involviert jede beliebige reale Verbindung zwischen individuellen Dingen eine Reaktion zwischen ihnen im Sinne dieser Kategorie. Der Gegner kann jedoch einen etwas festeren Boden gewinnen, wenn er sich selbst einen scholastischen Realisten nennt und behauptet, daß Allgemeinbegriffe real sein können. Ein Naturgesetz wird dann von ihm angesehen, als habe es eine Art *esse in futuro.* Das heißt, sie werden eine gegenwärtige Realität haben, die in der Tatsache besteht, daß Ereignisse sich gemäß der Formulierung dieser Gesetze ereignen *werden.* Der Versuch zu antworten, daß, wenn ich z. B. eine große Anstrengung mache, um ein schweres Gewicht zu heben und wenn ich vielleicht unfähig bin, es von der Stelle zu bewegen, bei dieser Gelegenheit, ohne Rücksicht auf das, was bei anderen

Gelegenheiten geschieht, tatsächlich ein Kampf stattfindet, würde mir zwecklos erscheinen, weil der Gegner einfach zugeben würde, daß ich bei einer solchen Gelegenheit eine Empfindungsqualität habe, die ich eine Empfindung der Anstrengung nenne, aber darauf bestehen würde, daß das einzige, was diese Bezeichnung für die Empfindung angemessen macht, die Regelmäßigkeit der Verbindung zwischen dieser Empfindung und bestimmten Bewegungen der Materie ist.

49. Dieser gut gewählte Standpunkt verdient eine höfliche Antwort. Aber ehe ich mit der Antwort beginne, möchte ich dem unvoreingenommenen Gegner eine Beobachtung vorlegen. Ihr Argument gegen diese Kategorie des Kampfes besteht darin, daß ein Kampf ohne Berücksichtigung des Gesetzes nicht *intelligibel* ist. Doch haben Sie gerade zugegeben, daß mein sogenanntes Gefühl der Anstrengung eine besondere Empfindungsqualität einschließt. Aber eine Empfindungsqualität ist ebenfalls nicht intelligibel. Nichts kann es weniger sein. Man kann sie *empfinden*, aber sie zu verstehen oder sie in einer allgemeinen Formel auszudrücken, das steht außer Frage. So scheint es, daß Unverständlichkeit nicht genügt, um eine Kategorie zu zerstören oder zu widerlegen. Wenn Sie tatsächlich den scholastischen Realismus annehmen wollen, scheinen Sie zwangsläufig zuzulassen, daß *Nous* oder Verständlichkeit selbst eine Kategorie ist; und in diesem Fall, da Nicht-Verständlichkeit weit davon entfernt ist, eine Kategorie zu widerlegen, würde Verständlichkeit dies tun – das heißt würde beweisen, daß eine Vorstellung keine Kategorie, die von der Kategorie des *Nous* oder der Verständlichkeit verschieden ist, sein könnte. Wenn eingeworfen wird, daß die Unverständlichkeit einer Empfindungsqualität rein privativer Art, ganz verschieden von aggressiver und brutaler Anti-Verständlichkeit der das Gesetz nicht berücksichtigenden Aktion ist, so kann man erwidern, daß, wenn Verständlichkeit eine Kategorie ist, es nicht überraschend, sondern eher unvermeidlich ist, daß andere Kategorien in verschiedenen Relationen zu dieser einen Kategorie stehen sollten.

50. Aber ohne länger um die Sache herumzureden, wol-

len wir handgemein werden. Erfahrung ist unser einziger Lehrer. Es liegt mir fern, eine *tabula-rasa*-Lehre[23]) zu verkünden. Denn wie ich einige Minuten zuvor sagte, gibt es offenbar nicht einen Tropfen eines Prinzips in dem ganzen großen Reservoir der bestehenden wissenschaftlichen Theorie, der aus einer anderen Quelle als der Fähigkeit des menschlichen Geistes, Ideen *hervorzubringen*, die wahr sind, entsprang. Aber diese Fähigkeit ist trotz allem, was sie erreicht hat, so schwach, daß so wie Ideen aus ihren Quellen in der Seele strömen, die Wahrheiten fast in einer Flut falscher Begriffe ertränkt werden; und die Erfahrung filtert schrittweise und mit einer Art Brechung die falschen Ideen heraus, um sie zu eliminieren und die Wahrheit in ihrem mächtigen Strom fließen zu lassen.

51. Aber wie findet diese Aktion der Erfahrung genauer statt? Sie findet durch eine Reihe von Überraschungen statt. Es ist nicht nötig, ins Detail zu gehen. Einmal segelt ein Schiff bei ruhiger See im Gebiet der Passatwinde, der Steuermann rechnet nur mit der üblichen Monotonie einer solchen Reise, als es plötzlich auf einen Felsen aufläuft. Die Mehrheit der Entdeckungen war jedoch das Ergebnis des Experimentierens. Niemand macht nun ein Experiment, ohne mehr oder weniger daran zu denken, daß ein interessantes Ergebnis herauskommen wird, denn Experimente kosten viel zu viel physische und psychische Energie, um zufällig und planlos unternommen zu werden. Und natürlich kann möglicherweise nichts von einem Experiment gelernt werden, das genauso herauskommt, wie es erwartet wurde. Durch Überraschungen lehrt die Erfahrung, was sie uns zu lehren beliebt.

In keinem Buch über Pädagogik, das ich je las — und das waren viele, große und schwere — konnte ich finden, daß irgend jemand ein System des Lehrens, das in üblen, meist grausamen Streichen bestünde, befürwortete. Das beschreibt jedoch die Methode unseres großen Lehrers, der Erfahrung. Sie sagt

Öffne Deinen Mund und schließe Deine Augen,
und ich will Dir etwas geben, das Dich weise macht,

und daraufhin hält sie ihr Versprechen und scheint ihre Bezahlung in dem Spaß, uns zu quälen, entgegenzunehmen.

52. Das Phänomen der Überraschung an sich ist in bezug auf diese Kategorie sehr lehrreich wegen des Nachdrucks, den es auf einen Modus des Bewußtseins legt, der in jeder Wahrnehmung entdeckt werden kann, nämlich einem doppelten Bewußtsein von gleichzeitig einem *Ego* und einem *Non-Ego*, die direkt aufeinander einwirken.[g]) Verstehen Sie mich richtig. Mein Appell richtet sich an die Beobachtung – Beobachtung, die jeder von Ihnen für sich selbst machen muß.

53. Die Frage ist, was das *Phänomen*[24]) ist. Wir erheben keinen eitlen Anspruch darauf, in die Phänomene einzudringen. Wir fragen nur, was ist der Inhalt des *Perzepts?*[25]) Jeder sollte das für sich selbst beantworten können. Überprüfen Sie das Perzept in dem besonders gekennzeichneten Fall, in dem es als eine Überraschung auftritt. Ihren Geist erfüllte ein imaginäres Objekt, das erwartet wurde. Im Augenblick der Erwartung ist die Lebhaftigkeit der Repräsentation verstärkt, und wenn es kommen sollte, kommt statt dessen plötzlich etwas völlig Verschiedenes. Ich frage Sie, ob es nicht im Augenblick der Überraschung ein doppeltes Bewußtsein gibt, einerseits von einem Ego, das einfach die erwartete, plötzlich abgebrochene Idee ist, andererseits von einem Non-Ego,[26]) das der fremde Eindringling bei seinem plötzlichen Eintreten ist.

54. Die ganze Frage ist, was die *wahrnehmbaren Fakten* sind, wie sie in direkten Wahrnehmungsurteilen gegeben werden. Mit einem Wahrnehmungsurteil meine ich ein Urteil, das in der Aussageform behauptet, welche Beschaffenheit eines Perzepts dem Geist unmittelbar gegenwärtig ist.[h]) Das Perzept ist natürlich nicht selbst ein Urteil, noch kann ein Urteil einem Perzept in irgendeiner Weise ähneln. Es ist ihm so wenig ähnlich, wie die gedruckten Buchstaben in einem Buch, in dem die Madonna von Murillo beschrieben wird, dem Bild selbst ähnlich sind.

55. Hinsichtlich der psychologischen Operationen, durch die Wahrnehmungsurteile gebildet werden, können Sie jede beliebige Theorie übernehmen, die Ihnen annehmbar erscheint. Für unseren gegenwärtigen Zweck ist es gleichgültig, welche Theorie das ist. Ich bestehe nur darauf, daß

jene Operationen, was immer sie auch sein mögen, völlig unkontrollierbar sind und vor sich gehen, gleichgültig, ob sie uns gefallen oder nicht. Ich sage also, daß, wenn das Wort „kritisieren" in dem Sinne, den es in der Philosophie hat, gebraucht wird, nämlich des Verteilens von Lob und Tadel, es völlig unbegründet ist, etwas zu kritisieren, über das Sie keinerlei Kontrolle ausüben können. Sie können mit Recht ein Schließen kritisieren, weil der Urteilende im Licht Ihrer Kritik bestimmt sein Schließen noch einmal überdenken und verbessern wird, wenn Ihr Tadel berechtigt war. Aber eine unfreiwillige Operation des Geistes *gut* oder *schlecht* zu nennen, hat nicht mehr Sinn, als das Verhältnis der Gewichte, bei denen Wasserstoff und Chlor sich verbinden, nämlich von 1 zu 35,11, *gut* oder *schlecht* zu nennen. Ich sagte, es wäre unbegründet, aber tatsächlich wäre „sinnlos" ein geeigneteres Wort gewesen.

Wenn daher unsere sorgfältige, direkte Interpretation der Wahrnehmung, und noch betonter derjenigen Wahrnehmung, die Überraschung involviert, so aussieht, daß die Wahrnehmung zwei Objekte, die aufeinander einwirken, repräsentiert, ist das nicht nur eine Entscheidung in letzter Instanz, sondern es ist völliger Unsinn, die Tatsache zu erörtern, daß in der Wahrnehmung zwei Objekte wirklich so aufeinander einwirken.

56. Das ist natürlich die Lehre der Unmittelbaren Wahrnehmung, die von Reid, Kant und allen Dualisten, die die wahre Natur des Dualismus verstehen, vertreten wird, und deren Leugnung die Cartesianer zu der äußerst absurden Theorie der göttlichen Hilfe[27]) führte, wobei die prästabilierte Harmonie von Leibniz[28]) nur eine geringe Verbesserung ist. Jeder Philosoph, der die Lehre der unmittelbaren Wahrnehmung leugnet – eingeschlossen Idealisten aller Schattierungen – schneidet mit diesem Leugnen jede Möglichkeit ab, jemals eine *Relation* zu erkennen. Er verbessert seine Lage auch nicht, wenn er erklärt, daß alle Relationen trügerische Erscheinungen sind, da er nicht nur ihre wahre Erkenntnis, sondern jede Art ihrer kognitiven Repräsentation abgeschnitten hat.

57.[i]) Wenn jemand überrascht ist, weiß er, daß er überrascht ist. Jetzt entsteht ein Dilemma. Weiß er, daß er überrascht ist, durch direkte Wahrnehmung oder durch Folgerung? Erproben Sie zuerst die Hypothese, daß er es durch Folgerung ist. Diese Theorie würde bedeuten, daß eine Person (die alt genug angenommen werden muß, um Selbstbewußtsein erworben zu haben), wenn sie sich einer besonderen Empfindungsqualität bewußt wird, die fraglos zu jeder Überraschung gehört, aus manchen Gründen verleitet wird, diese Empfindung sich selbst zuzuschreiben. Es ist jedoch eine offenkundige Tatsache, daß wir *im ersten Augenblick* eine Empfindungsqualität nie uns selbst zuschreiben. Wir schreiben sie zuerst einem *Non-Ego* zu und schreiben sie uns selbst erst dann zu, wenn unwiderlegbare Gründe uns dazu zwingen. Deshalb müßte die Theorie darin bestehen, daß jemand das überraschende Objekt zuerst ein *Wunder* nennt und sich nach der Reflexion selbst überzeugt, daß es nur ein Wunder in dem Sinne ist, daß er *überrascht* ist. Derart müßte die Theorie sein. Aber sie steht mit den Tatsachen in Konflikt, daß jemand ein Ergebnis mehr oder weniger gelassen *erwartet* und plötzlich etwas im Gegensatz dazu findet, das sich seinem Erkennen aufdrängt. Somit wird ihm eine Dualität aufgedrängt: einerseits seine Erwartung, die er der Natur zugeschrieben hatte, die er aber jetzt einer nur inneren Welt zuzuschreiben gezwungen ist, und andererseits ein mächtiges, neues Phänomen, das diese Erwartung in den Hintergrund drängt und ihren Platz besetzt. Die alte Erwartung, mit der er vertraut war, ist seine innere Welt oder das *Ego*. Das neue Phänomen, das Fremde, ist aus der äußeren Welt oder dem *Non-Ego*. Er schließt nicht, daß er überrascht sein *muß*, weil das Objekt so *wunderbar* ist, sondern er [wird] im Gegenteil, weil die Dualität sich selbst so präsentiert, durch Verallgemeinerung zu einer Vorstellung einer Qualität des Wunderbaren geführt.

58. Erproben Sie dann die andere Alternative, daß nämlich jemand durch direkte Wahrnehmung, das heißt in einem direkten Wahrnehmungsurteil, weiß, daß er überrascht ist. Das Wahrnehmungsurteil bedeutet jedoch bestimmt nicht,

daß er sich selbst einen kleinen Streich spielte. Man kann sich nicht selbst verblüffen, wenn man mit dem Ausruf *Huh!* hochspringt. Noch könnte das Wahrnehmungsurteil irgend etwas repräsentiert haben, das so unnatürlich ist. Das Wahrnehmungsurteil kann dann nur darin bestehen, daß es das *Non-Ego* ist, etwas dem *Ego* Entgegengesetztes und es Unterdrückendes, das ihn überrascht hat. Aber wenn das so ist, präsentiert diese direkte Wahrnehmung ein *Ego*, zu dem die zertrümmerte Erwartung gehörte, und das *Non-Ego* den traurigeren und weiseren Mann, zu dem das neue Phänomen gehört . . .

3. Gesetze: Nominalismus[j])

59. Meine Herren, bis hierher bestand ich streng auf dem, dem der allergewöhnlichste Normalverstand[29]) zuzustimmen neigt, und nur erfinderische Philosophen waren fähig, sich darüber zu täuschen. Aber jetzt komme ich zu einer Kategorie, die nur eine verfeinerte Form des Normalverstandes anzuerkennen bereit ist, der Kategorie, die von den dreien der Hauptrefrain des Hegelschen Liedes ist, eine Kategorie, auf welche die Untersuchungen der neuen logischen Mathematiker, wie Georg Cantor, stets hinweisen, aber für die kein moderner Autor irgendeiner Richtung, außer es ist so ein unbekannter Forscher wie ich, irgend etwas ihr annähernd gerecht werdendes getan hat . . .

60. Nie gab es einen vernünftigeren logischen Grundsatz des wissenschaftlichen Verfahrens als Ockhams Rasiermesser: *Entia non sunt multiplicanda praeter necessitatem.* Das heißt, ehe Sie eine komplizierte Hypothese ausprobieren, sollten Sie sich vergewissern, daß keine ihrer Vereinfachungen die Tatsache ebenso gut erklären würde. Gleichgültig, ob fünfzig Generationen lang hart experimentiert werden muß, um die einfachere Hypothese zu verwerfen, und gleichgültig, wie unglaubwürdig es erscheinen mag, daß jene einfachere Hypothese genügen sollte, sind fünfzig Generationen dennoch nichts im Leben der Wissenschaft, die die ganze Zeit vor sich hat. Auf lange Sicht, sagen wir in

einigen Tausenden von Generationen, wird die Zeit ausgenützt, indem man ordnungsgemäß vorgeht und es zu einer unveränderlichen Regel macht, zuerst die einfachere Hypothese zu erproben. Man kann bei alledem wirklich nie sicher sein, daß die einfachere Hypothese nicht die wahre ist, bis ihre Sache bis zum bitteren Ende ausgefochten wurde. Aber Sie werden die Grenze meines Beweises von Ockhams Rasiermesser bemerken. Es ist eine gültige Maxime des *wissenschaftlichen Verfahrens.* Wenn die Frage lautet, was man *glauben* soll, muß die Logik der Situation andere Faktoren in Betracht ziehen. Genau gesagt, ist für *Überzeugung* in reiner, theoretischer Wissenschaft, der nichts näher liegt als die Festsetzung von Lehren und obendrein nur ihr vorläufiges Festsetzen, kein Platz.[k]) Verglichen mit lebendiger *Überzeugung* ist sie nur ein Gespenst. Wenn sich der Kapitän eines Dampfers, der im Schutz der Küste fährt, bei einem entsetzlichen Sturm in einer kritischen Lage befindet, in der er entweder sofort sein Steuerrad nach Backbord drehen muß und dabei nach einer Hypothese handelt, oder sein Steuer nach Steuerbord drehen muß und nach der entgegengesetzten Hypothese handelt, und sein Schiff unfehlbar in Stücke zerschmettert wird, wenn er die Frage falsch entscheidet, dann ist Ockhams Rasiermesser die tapfere Überzeugung eines Seemannes nicht wert. Denn tapfere Überzeugung kann vielleicht das Schiff retten, während *Entia non sunt multiplicanda praeter necessitatem* nur eine dumme Art Schiffbruch bedeuten würde. Bei Dingen von wirklich praktischer Wichtigkeit sind wir alle in einer ähnlichen Lage wie jener Kapitän.

61. *Philosophie,* wie ich das Wort verstehe, ist eine positive, theoretische Wissenschaft und eine Wissenschaft in einem frühen Stadium der Entwicklung.[30]) Als solche hat sie es nicht mehr mit Überzeugung zu tun als jede andere Wissenschaft. Aber ich bin wirklich verpflichtet zu gestehen, daß sie zur Zeit in einem so verworrenen Zustand ist, daß, wenn die gewöhnlichen Theoreme der Molekular-Physik und Archäologie nichts als die Gespenster von Überzeugungen sind, für mich die Lehren der Philosophen dann wenig besser als die Gespenster von Gespenstern sind. Ich weiß,

daß das eine äußerst ketzerische Ansicht ist. Die Anhänger von Haeckel stimmen mit den Anhängern Hegels vollkommen überein in der Behauptung, daß das, was sie Philosophie nennen, eine praktische Wissenschaft[31]) und der beste Führer in der Bildung dessen ist, was sie als Religiöse Überzeugungen ansehen. Ich weise nur einfach auf die Abweichung hin und gehe zu einer unbestrittenen Tatsache über, nämlich zu der Tatsache, daß die ganze moderne Philosophie auf dem Ockhamismus aufgebaut ist; damit meine ich, daß sie ganz nominalistisch ist und daß sie den Nominalismus wegen Ockhams Rasiermesser übernimmt. Und es gibt keine Form moderner Philosophie, für die das essentieller wahr ist als die Philosophie Hegels. Aber nicht nur die modernen Philosophen sind Nominalisten. Die nominalistische *Weltanschauung* hat sich mit dem vereinigt, was ich das Fleisch und Blut des Modernen Durchschnittsgeistes zu nennen wagen will.

62. Die dritte Kategorie, von der ich jetzt sprechen möchte, ist genau die, deren Realität vom Nominalismus geleugnet wird. Denn obwohl dem Nominalismus nicht irgendeine außerordentlich hohe Schätzung der Kräfte der menschlichen Seele zugeschrieben wird, schreibt er ihr doch eine Kraft zu, die eine Art Ideen hervorbringt, ähnlich denen, die die Omnipotenz nicht als wirkliche Objekte[32]) zu schaffen vermochte. Und in Übereinstimmung mit einem folgerichtigen Nominalismus müssen jene allgemeinen Vorstellungen, welche Menschen nie aufhören werden als Ruhm des menschlichen Intellekts anzusehen, im Geist der Gottheit völlig fehlen. Leibniz, der moderne Nominalist *par excellence* will nicht zulassen, daß Gott die Fähigkeit der Vernunft hat; und es erscheint unmöglich, jene Konklusion nach nominalistischen Prinzipien zu vermeiden.

63. Aber nicht nur im Nominalismus schreibt das moderne Denken dem menschlichen Geist die wunderbare Kraft zu, eine Denkkategorie hervorzubringen, die überhaupt keinen Gegenspieler im Himmel oder auf Erden hat. Schon in diesem merkwürdig einflußreichen Mischmasch, diesem cartesianischen Salat, tritt sehr nachdrücklich die Lehre auf, daß die einzige Kraft die Stoßkraft ist, die offen-

sichtlich zur Kategorie der Reaktion gehört; und seitdem Newtons *Principia* das allgemeine Denken Europas durch den verwandten Geist Voltaires zu beeinflussen begann, bestand eine Neigung, jede Art von Aktion, außer rein mechanischer Aktion, zu leugnen. Die Korpuskular-Philosophie von Boyle mußte darauf als letzten Ausweg stoßen – obwohl der fromme Boyle ihre Eigenschaft nicht selbst bemerkte; und die Idee gewann im Laufe des 18. und 19. Jahrhunderts ständig an Kraft, bis die Lehre von der Erhaltung der Energie,[33]) von Philosophen ziemlich frei verallgemeinert, zur Theorie des psycho-physischen Parallelismus[34]) führte, gegen den erst in den letzten Jahren sehr spürbar und weitverbreitet revoltiert wurde. Psycho-physischer Parallelismus ist lediglich die Lehre, daß mechanische Aktion alle realen Fakten erklärt, außer wenn diese Fakten einen inneren Aspekt, der ein bißchen unklar und ein bißchen schemenhaft ist, haben.

64. Für meine Art der Philosophiebetrachtung war diese Bewegung ein ausgezeichnetes, wissenschaftliches Verfahren. Denn die einfachere Hypothese, die den Einfluß von Ideen auf Materie ausschloß, mußte ausprobiert und festgehalten werden, bis sie sorgfältig widerlegt war. Aber ich bin überzeugt, daß es nun zuletzt, im Verlauf der letzten dreißig Jahre, für jeden, der den Gegenstand hinlänglich erwog, offensichtlich war, daß es eine Art von Einfluß auf äußere Tatsachen gibt, die nicht in bloße mechanische Aktion aufgelöst werden kann, so daß es von nun an ein großer Irrtum wissenschaftlicher Philosophie sein wird, die universale Gegenwart im Phänomen dieser dritten Kategorie zu übersehen. Von dem Augenblick an, als die Idee der Evolution vom menschlichen Geist Besitz ergriff, wurde der Korpuskular-Philosophie zusammen mit dem Nominalismus tatsächlich das Todesurteil gesprochen. Ich wuchs in Cambridge (Massachusetts) auf und war ungefähr 21, als der *Origin of Species*[35]) erschien. Damals lebte hier ein Denker, der selbst nichts hinterließ, aus dem man jetzt herauslesen könnte, welchen erzieherischen Einfluß er auf die Geister all derer von uns hatte, die seinen Umgang genossen, nämlich Herr Chauncey Wright.[1])[36])

Er war zuerst Hamiltonianer[37]) gewesen, aber früh wärmster Befürworter des Nominalismus John Stuart Mills[38]) geworden; und da er ein Mathematiker zu einer Zeit war, als Dynamik als der erhabenste Zweig der Mathematik angesehen wurde, war er auch geneigt, die Natur von einem streng mechanischen Gesichtspunkt aus zu betrachten. Aber seine Interessen reichten weit, und er war auch ein Schüler Grays.[m]) Ich war Landvermesser in der Wildnis von Louisiana, als Darwins großes Werk erschien, und obwohl ich aus Briefen von der ungeheuren Sensation, die es hervorgerufen hatte, erfuhr, kehrte ich nicht vor dem nächsten Frühsommer zurück und fand Wright voller Begeisterung für Darwin, dessen Lehren ihm als eine Art Ergänzung zu denen Mills erschienen. Ich erinnere mich gut daran, daß ich ihm gegenüber dann eine Bemerkung machte, die ihn, obwohl er ihr nicht zustimmte, offensichtlich genügend beeindruckte, um ihn zu verblüffen. Ich bemerkte, daß diese Entwicklungsideen bei weitem mehr Lebenskraft hätten als irgendeine andere seiner Lieblingsvorstellungen und daß, obgleich sie in diesem Augenblick in seinem Geist wie eine kleine Kletterpflanze sein könnten, die sich um den Baum des Assoziationalismus[39]) schlingt, diese Kletterpflanze doch nach einiger Zeit den Baum unvermeidlich töten würde. Er fragte mich, warum ich das sagte, und ich antwortete, daß der Grund dafür der wäre, daß Mills Lehre nichts als ein metaphysischer Standpunkt wäre, für den der Darwins, der von positiver Beobachtung genährt wurde, tödlich sein müßte. Als zehn oder fünfzehn Jahre später der Agnostizismus[40]) Mode war, sagte ich ihm ein kurzes Leben voraus, da Philosophien aus einem ähnlichen Grunde dahinschwinden. Ich finde es sehr schwer zu sagen, was die wahre Definition des Pragmatismus sein kann; aber für mich ist er eine Art instinktive Anziehung für lebendige Tatsachen.

65. Die ganze Natur wimmelt von Beweisen anderer Einflüsse als rein mechanischer Aktion, selbst in der physikalischen Welt. Sie dringen zu mehreren in der Minute auf uns ein. Und meine Beobachtung der Menschen führte mich zu dieser kleinen Verallgemeinerung. Spricht man nur von Menschen, die wirklich für sich selbst denken, und nicht

von bloßen Berichterstattern, habe ich nicht festgestellt, daß die Menschen, deren Leben meistens in den vier Wänden eines physikalischen Laboratoriums verlief, am stärksten dazu neigen, mit einer rein mechanischen Metaphysik zufrieden zu sein. Im Gegenteil, je klarer sie verstehen, wie physikalische Kräfte arbeiten, um so unglaublicher erscheint es ihnen, daß eine solche Aktion erklären sollte, was vor der Tür geschieht. Es gibt viele Materialisten und Agnostiker unter den denkenden Physiologen und anderen Naturwissenschaftlern, und die allermeisten unter ihnen leiten ihre Ideen über Physik vom Lesen gemeinverständlicher Bücher her. Diese letzteren, die Spencers,[41]) Youmanses[42]) und ähnliche, scheinen von der Idee besessen zu sein, daß die Wissenschaft das Universum bis zu einem großartigen Punkt ganz gut entziffert hat; während ihnen die Faradays und Newtons wie Kinder erscheinen, die ein paar hübsche Kiesel am Strand aufgelesen haben. Aber die meisten von uns scheinen es schwierig zu finden, die Größe und das Wunder uns vertrauter Dinge zu erkennen. So wie der Prophet überall gilt außer [in seinem eigenen Land], so ist es auch mit den Phänomenen. Zeige dem gewöhnlichen Mann Beweise, und zwar schlüssige, von anderer als physikalischer Wirkung auf Dinge, die er jeden Tag sieht, und er wird sagen: „Nun, ich sehe nicht, daß dieser Frosch irgendwelche Eigenschaften hat, die von denen anderer Frösche verschieden sind." Aus diesem Grund sind uns vielleicht Beispiele von weniger real zwingender Kraft lieb, die aber das Verdienst haben, selten und sonderbar zu sein. Wie zum Beispiel die rechtsdrehenden und linksdrehenden Strukturen der Moleküle derjenigen Körper, von denen gesagt wird, sie seien „optisch aktiv". Von jeder solchen Substanz gibt es zwei Varianten oder, wie die Chemiker sagen, zwei Modifikationen, eine von ihnen dreht einen Lichtstrahl, der durch sie hindurchgeht, nach rechts und die andere mit genau gleichem Betrag nach links. Alle gewöhnlichen physikalischen Eigenschaften der rechtsdrehenden und linksdrehenden Modifikationen sind identisch. Nur bestimmte ihrer Kristallflächen, oft sehr kleine, sind verschieden angeordnet. Kein chemischer Prozeß kann jemals die eine Modifikation in die andere umwandeln. Und ihr gewöhnliches chemisches Verhalten ist absolut dasselbe, so daß kein rein chemischer Prozeß sie trennen kann, wenn sie einmal gemischt sind. Nur die chemische Wirkung einer optisch aktiven Substanz auf eine andere ist, wenn sie beide den Strahl in derselben Weise drehen, verschieden von der, wenn sie den Strahl auf verschiedene Weisen drehen. Es gibt bestimmte lebende Organismen, die eine Modifikation benutzen und sie zerstören, während sie die andere unberührt lassen. Das wird vermutlich solchen Organismen verdankt, die in ihrer Substanz, möglicherweise in sehr kleinem Anteil, irgendeinen optisch aktiven Körper enthalten. Ich behaupte jetzt, daß die ursprüngliche Trennung der Levo-Moleküle, oder denen mit Links-Drehung, von den Dextro-Molekülen, oder Molekülen mit Rechts-Drehung, der mechanischen Begründung vollkommen unfähig ist. Natürlich können Sie annehmen, daß im Urnebel bei der Bildung der Welt rechtsdrehendes Quarz an einer Stelle gesammelt wurde, während linksdrehendes Quarz an einer anderen Stelle gesammelt wurde. Aber das zu vermuten, heißt *ipso facto* zu vermuten, daß diese Trennung ein Phänomen ohne mechanische Begründung war. Die drei Bewegungsgesetze machen keinen dynamischen Unterschied zwischen Rechts- und Links-Drehungen, und eine mechanische Begründung ist eine Begründung, die auf den drei Bewegungsgesetzen beruht. Es gibt dann also ein physikalisches Phänomen, das mit mechanischer Aktion vollkommen unerklärbar ist. Dieses einzige Beispiel genügt, um die Korpuskular-Philosophie zu Fall zu bringen.[43])

VORLESUNG III[a])

Weiteres über Kategorien

1. Degenerierte Drittheit[b])

66. Die erste Kategorie ist die Idee dessen, das so ist, wie es ist, ohne etwas anderes zu berücksichtigen. Das heißt, sie ist eine Empfindungs*qualität*.

Die zweite Kategorie ist die Idee dessen, das so ist, wie es ist, indem es ein Zweites zu einem Ersten ist, ohne irgend etwas anderes sonst zu berücksichtigen und besonders ohne irgendein *Gesetz* zu berücksichtigen, obwohl es mit einem Gesetz übereinstimmen kann. Das heißt, es ist *Reaktion* als ein Element des Phänomens.

Die dritte Kategorie ist die Idee dessen, das so ist, wie es ist, indem es ein Drittes oder ein Medium zwischen einem Zweiten und seinem Ersten ist. Das heißt, es ist *Repräsentation* als ein Element des Phänomens.

67. Eine bloße Komplizierung der Dritten Kategorie, die keine wesentlich verschiedene Idee enthält, wird die Idee von etwas geben, das so ist, wie es ist, kraft seiner Beziehungen zu einer aufzählbaren, abzählbaren oder unabzählbaren Mächtigkeit oder sogar zu einer Übermächtigkeit von Korrelaten; so daß diese Kategorie selbst genügt, um die Vorstellung Wahrer Kontinuität zu geben. Und keine bisher entdeckte Vorstellung ist bedeutender als sie.[c])

68. Die Erste Kategorie ist aufgrund ihres Extrem Rudimentären Charakters keiner degenerierten oder abgeschwächten Modifikation zugänglich.

69. Die Zweite Kategorie hat eine *Degenerierte* Form, in der es tatsächlich Zweitheit gibt, aber eine schwache Zweitrangige Zweitheit, die nicht in ihrer eigenen Qualität im Paar enthalten ist, sondern nur in gewisser Hinsicht zu ihm gehört. Diese Degenerierung muß außerdem nicht notwendig absolut sein, sondern kann nur approximativ sein. So wird eine durch Reaktion gekennzeichnete Gattung mittels der Determination ihrer wesentlichen Beschaffenheit in zwei Arten aufgespalten, die eine ist eine Art, in der die Zweitheit stark ist, die andere ist eine Art, in der die Zweitheit schwach ist, und die starke Art wird das in zwei unterteilen, das ähnlich verknüpft sein wird, ohne eine entsprechende Unterteilung der schwachen Art. Zum Beispiel zerfällt Psychologische Reaktion in Wollen, wobei die Zweitheit stark ist, und Sinneswahrnehmung, wobei sie schwach ist; und Wollen unterteilt sich wieder in Aktives Wollen und Gehemmtes Wollen. Zu der letzteren Dichotomie gibt es in der Sinneswahrnehmung nichts Entsprechendes. Aber es muß eingeräumt werden, daß die Unterteilung als solche etwas mehr als die zweite Kategorie enthält.

70. Die dritte Kategorie zeigt zwei verschiedene Arten der Degenerierung, in denen die irreduzible Idee der Pluralität, wie sie von Dualität verschieden ist, tatsächlich gegenwärtig ist, aber unter verstümmelten Bedingungen. Den Ersten Grad der Degenerierung findet man in einer Irrationalen Pluralität, die, so wie sie im Gegensatz [zu] der Form ihrer Repräsentation existiert, bloß eine Komplikation der Dualität ist. Wir hatten gerade in der Idee der Unterteilung ein Beispiel dafür. In reiner Zweitheit sind die reagierenden Korrelate *Einzelne* und als solche *Individuen,* die nicht weiter geteilt werden können. Folglich enthält die Vorstellung der Unterteilung, zum Beispiel durch wiederholte Zweiteilung, bestimmt eine Art Drittheit, aber es ist eine Drittheit, die als in einer zweiten Zweitheit bestehend verstanden wird.

71. Die degenerierte Drittheit ist dort, wo wir nur eine Empfindungsqualität oder Erstheit erfassen, die sich sich selbst gegenüber als Repräsentation repräsentiert. So würde zum Beispiel Reines Selbst-Bewußtsein sein, das vielleicht annä-

hernd als bloße Empfindung beschrieben werden kann, die einen dunklen Instinkt hat, ein Keim des Denkens zu sein. Ich gebe zu, das klingt unsinnig. Doch kann man etwas tun, um es verständlich zu machen.

Ich erinnere mich an die Äußerung einer Dame, daß ihr Vater einen Priester gehört hatte (von welchem Temperament sagte sie nicht), der ein Gebet folgendermaßen begann: „O Du, All-Genügender, Selbst-Genügender, Ungenügender Gott". Nun ist reines Selbst-Bewußtsein selbstgenügend, und wenn es auch als all-genügend angesehen wird, würde scheinbar daraus folgen, daß es ungenügend sein muß. Ich sollte mich entschuldigen, solche Possenreißerei in ernste Vorlesungen einzufügen. Ich tue das, weil ich ernstlich glaube, daß ein bißchen Spaß dem Denken hilft und dazu beiträgt, es pragmatisch zu halten.

Stellen Sie sich vor, daß auf dem Boden eines Landes, das eine einzige derartige ◯ Grenzlinie hat und keine ◯ ◯ oder ◎, eine Landkarte[44]) desselben Landes liegt. Diese Landkarte kann die verschiedenen Provinzen des Landes bis zu irgendeinem Ausmaß verzerren. Aber ich will voraussetzen, daß sie jeden Teil des Landes, der eine einzelne Grenzlinie für sich hat, durch einen Teil der Landkarte, der selbst eine einzelne Grenzlinie hat, repräsentiert, so daß jeder Teil als mit solchen Teilen begrenzt repräsentiert wird, durch die er wirklich begrenzt ist, daß jeder Punkt des Landes auf der Karte durch einen einzelnen Punkt repräsentiert wird und daß jeder Punkt der Karte einen einzelnen Punkt im Land repräsentiert. Wir wollen weiter annehmen, daß diese Karte in ihrer Repräsentation unendlich sorgfältig ist, so daß es keinen Fleck auf einem Sandkorn in dem Land gibt, der nicht als auf der Karte repräsentiert angesehen werden kann, wenn wir sie mit einer ausreichend starken Vergrößerung prüfen würden. Da nun alles, was auf dem Boden des Landes liegt, auf der Karte gezeigt wird und da die Karte auf dem Boden des Landes liegt, wird die Karte selbst in der Karte porträtiert. und auf dieser Karte der Karte kann alles auf dem Boden des Landes unterschieden werden, einschließlich der Karte selbst mit der Karte der Karte innerhalb der Grenzlinien. So gibt es innerhalb der Karte eine Karte der Karte und darin eine Karte der Karte der Karte und so immer weiter *ad infinitum.* Da diese Karten sich alle innerhalb der Vorangehenden der Reihe befinden, wird es einen Punkt geben, der in ihnen allen enthalten ist, und das wird die Karte von sich selbst sein. Jede Karte, die direkt oder indirekt ein Land repräsentiert, ist selbst auf der nächsten kartographiert; *d. h.* auf der nächsten wird [sie] als eine Karte des Landes repräsentiert. Mit anderen Worten, jede Karte wird als solche auf der nächsten *interpretiert.* Wir können daher sagen, daß jede eine Repräsentation des Landes *für* die nächste Karte ist; und jener Punkt, der auf allen Karten ist, ist an sich selbst die Repräsentation von nichts als sich selbst und für nichts als sich selbst. Daher ist er das genaue Analogon des reinen Selbstbewußtseins. Als solcher ist er *selbst-genügend.* Durch den Umstand, daß der Punkt nicht *all-genügend* ist, das heißt, daß er keine vollkommene Repräsentation, sondern nur ein Punkt auf einer kontinuierlichen Karte ist, bleibt er davor bewahrt, ungenügend, das heißt gar keine Repräsentation zu sein.*) Ich wage zu sagen, daß Sie früher vielleicht etwas Ähnliches von Professor Royce gehört haben, aber wenn es so ist, dann werden Sie eine wichtige Abweichung bemerken. Die Idee selbst ist weder von ihm noch von mir und wurde von mir vor dreißig Jahren in dieser Verbindung gebraucht.[d])

72. Die relativ degenerierten Formen der Dritten Kategorie zerfallen nicht in eine Kette, wie die der Zweiten. Wir

---

*) Das vermittelt eine Idee vom zweiten Grad degenerierter Drittheit. Diejenigen unter Ihnen, die Professor Royces ergänzenden Essay gelesen haben [in *The World and the Individual,* Bd. I, p. 505, n. 1],[45]) werden bemerkt haben, daß er dieses Ergebnis vermeidet, das nicht zu seiner Philosophie paßt, indem er seiner Karte nicht zugesteht, kontinuierlich zu sein.
Aber die Kontinuität ausschließen, heißt das Beste und Lebendigste bei Hegel auszuschließen. [Aus der Fassung „a".] 〈Vgl. Editionsbericht.〉

finden nämlich folgendes. Wenn wir irgendeine Klasse nehmen, in deren wesentlicher Idee das Element der Drittheit oder der Repräsentation vorherrscht, dann führt die Selbst-Entwicklung dieser wesentlichen Idee – deren Entwicklung, möchte ich sagen, nicht durch eine Menge reinen „harten Denkens" erreicht wird, sondern durch einen erarbeiteten Prozeß, der auf der Erfahrung, verbunden mit Vernunft, begründet ist – zu einer *Trichotomie*, die drei Unterklassen oder Genera entstehen läßt, die jeweils eine relativ genuine Drittheit, eine relative Reaktions-Drittheit oder eine Drittheit von weniger hohem Degenerationsgrad und eine relativ qualitative Drittheit oder Drittheit der letzten Degenerierung enthalten. Diese letztere kann zerfallen und ihre Untergruppen können sogar von den drei Kategorien beherrscht werden, aber sie wird nicht in der Weise, die wir betrachten, mit Hilfe der wesentlichen Determinationen ihrer Vorstellung zerfallen. Die Gattung, die dem niederen Grad der Degeneriertheit entspricht, die reagierend-degenerierte Gattung, wird nach der Art der Zweiten Kategorie zerfallen, indem sie eine Kette bildet; während die Gattung der relativ genuinen Drittheit mit Hilfe der Trichotomie genauso wie die zerfallen wird, aus der sie sich ergab. Nur werden, wenn die Teilung fortschreitet, die Unterteilungen immer schwieriger zu unterscheiden sein.

73. Zum Beispiel zerfällt das Repräsentamen durch die Trichotomie in das allgemeine Zeichen oder *Symbol*, den *Index* und das *Icon*.[e]) Ein *Icon* ist ein Repräsentamen, das die Funktion eines Repräsentamens kraft einer Eigenschaft erfüllt, die es in sich selbst besitzt, und auch dann noch besitzen würde, wenn sein Objekt nicht existierte. Daher ist es wahr, daß die Statue eines Zentauren kein Repräsentamen ist, wenn es kein solches Ding wie einen Zentauren gibt. Wenn sie einen Zentauren repräsentiert, so geschieht es jedoch kraft ihrer Gestalt; und diese Gestalt wird sie ebenso gut haben, ob es nun einen Zentauren gibt oder nicht. Ein *Index* ist ein Repräsentamen, das die Funktion des Repräsentamens kraft einer Eigenschaft erfüllt, die es nicht haben könnte, wenn sein Objekt nicht existierte, die es auch unabhängig davon haben wird, ob es als ein Re-

präsentamen interpretiert wird oder nicht. Ein altmodisches Hygrometer ist zum Beispiel ein *Index*. Denn es ist so eingerichtet, daß es physikalisch auf die Trockenheit und Feuchtigkeit der Luft reagiert, so daß der kleine Mann herauskommt, wenn es naß ist, und das würde genauso geschehen, wenn der Nutzen des Instruments vollkommen vergessen worden wäre, so daß es tatsächlich keine Information mehr vermittelte. Ein *Symbol* ist ein Repräsentamen, das seine Funktion ohne Rücksicht auf irgendeine Ähnlichkeit oder Analogie mit seinem Objekt erfüllt und ebenso ohne Rücksicht auf irgendeine *faktische* Verbindung damit, sondern einzig und allein, weil es als ein Repräsentamen interpretiert wird. Solcherart ist zum Beispiel irgendein allgemeines Wort, ein Satz oder Buch.

Von diesen drei Arten des Repräsentamens ist das *Icon* die Qualitativ-degenerierte, der *Index* die Reaktiv-degenerierte, während das *Symbol* die relativ genuine Gattung ist.[46])

74. Das *Icon* kann jetzt zweifellos in Übereinstimmung mit den Kategorien unterteilt werden; aber allein die Vollständigkeit des Begriffs des Icons fordert eine solche Teilung[47]) nicht zwingend. Denn ein reines Icon unterscheidet nicht zwischen sich selbst und seinem Objekt. Es repräsentiert, was es auch immer repräsentiert und wem immer es ähnlich ist, insoweit es ist. Es ist nur eine Angelegenheit des Soseins.

75. Mit dem *Index* verhält es sich ganz anders. Hier gibt es ein Reaktionszeichen, das kraft einer wirklichen Verbindung mit seinem Objekt so ist. Dann erhebt sich die Frage, ist dieser duale Charakter im Index derart, daß er zwei Elemente hat, wenn er kraft des einen als ein Ersatz für das partikuläre Objekt dient, während das andere ein involviertes Icon ist, welches das Repräsentamen selbst, das als eine Qualität des Objektes angesehen wird, repräsentiert, oder gibt es diesen dualen Charakter im Index nicht, so daß er nur bezeichnet, welches Objekt zufällig wirklich mit ihm verbunden ist, genauso wie das Icon repräsentiert, welchem Objekt es zufällig wirklich ähnelt? Die relativ genuine Form des Index im Fall des Hygrometers ist ein Beispiel für das

erstere. Seine Verbindung mit dem Wetter ist dualistisch, so daß es tatsächlich durch ein involviertes Icon eine Information übermittelt. Andererseits ist jeder reine Markstein, an dem etwas Partikuläres erkannt werden kann, weil er als eine Tatsache damit verbunden ist, ein Eigenname ohne Bedeutung, ein Zeigefinger, ein degenerierter Index. Horatio Greenough, der das Bunker Hill Monument entwarf, sagt in seinem Buch,*) daß er beabsichtige, es solle einfach „hier!" sagen. Es steht auf diesem Boden und ist einfach nicht bewegbar. Wenn wir nach dem Schlachtfeld Ausschau halten, sagt es uns, wohin wir unsere Schritte lenken sollen.

76. Das *Symbol*[48]) oder die relativ genuine Form des Repräsentamens zerfällt durch Trichotomie in Begriff, Satz und Argument. Der Begriff korrespondiert mit dem Icon und mit dem degenerierten Index. Er ruft ein Icon in der Vorstellung hervor. Der Satz vermittelt wie der genuine Index bestimmte Information, da er aus zwei Teilen besteht; die Funktion des einen ist es, das gemeinte Objekt anzuzeigen, während die des anderen darin besteht, das Repräsentamen zu repräsentieren, indem er ein Icon seiner Qualität hervorruft. Das Argument ist ein Repräsentamen, das den Interpretanten nicht so determiniert sein läßt, wie er es vielleicht durch die Person, an die sich das Symbol wendet, wäre, sondern es repräsentiert gesondert seine interpretierende Repräsentation, die es determinieren soll. Diese interpretierende Repräsentation ist natürlich die Konklusion. Es wäre interessant, diese Erläuterungen weiterzuführen, aber ich kann nirgends verweilen. Sobald das Thema interessant zu werden beginnt, muß ich zu einem anderen übergehen.

2. Die sieben Systeme der Metaphysik[50])

77. Die drei Kategorien liefern eine artifizielle Klassifikation aller möglichen Systeme der Metaphysik, was bestimmt nicht ohne Nutzen ist. Das Schema wird in der nächsten Abbildung gezeigt (S. 97). Es hängt davon ab, welche der

drei Kategorien jedes System als wichtige metaphysicokosmische Elemente zuläßt.[f])

78. Man gibt sich natürlich sehr große Mühe, das Universum mit den wenigsten und einfachsten nur möglichen Kategorien zu beschreiben.

Praedicamenta non sunt multiplicanda praeter necessitatem.[51])

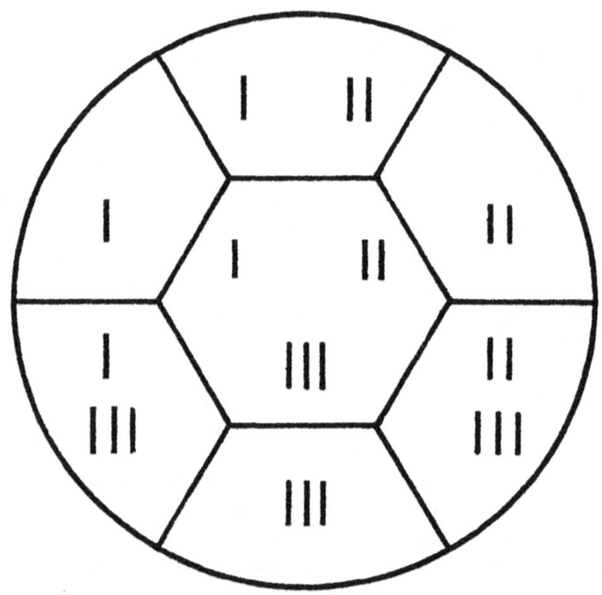

f) Wenn Sie mir zugestehen, daß die drei Kategorien Erstheit, Zweitheit und Drittheit oder Qualität, Reaktion und Repräsentation in Wahrheit die ungeheure Wichtigkeit für das Denken haben, die ich ihnen beimesse, dann würde wohl keine Einteilung der metaphysischen Theorien an Wichtigkeit eine Einteilung übertreffen können, die auf der Betrachtung begründet ist, welche der drei Kategorien der verschiedenen metaphysischen Systeme jeweils als reale Konstituenten der Natur voll zugelassen wurden. Es ist auf jeden Fall eine Hypothese, die leicht ausprobiert werden kann: und die exakte Logik der

79. Wir sollten daher die Anstrengungen Condillacs[52]) und der Assoziationsphilosophen, alles mit den Mitteln der Empfindungsqualitäten zu erklären, bewundern und loben [I]. Wenn sich dies jedoch als ein Fehlschlag erweist, ist die nächst bewundernswerte Hypothese die der Vertreter der Korpuskulartheorie, Helmholtz[53]) und ähnlicher, die am liebsten alles mit den Mitteln der mechanischen Kraft, die sie nicht von der individuellen Reaktion unterscheiden, erklären möchten [II]. Wenn auch das fehlschlägt, empfiehlt sich die Lehre von Hegel, welche die dritte Kategorie als die allein wahre ansieht [III]. Denn im Hegelschen System sind die beiden anderen nur eingeführt, um *aufgehoben* zu werden. Alle Kategorien der Hegelschen Liste, angefangen beim Reinen Sein, scheinen mir ziemlich offenkundig Drittheit zu involvieren, wenn er es auch nicht zu erkennen scheint, so vertieft ist er in diese Kategorie.

80. Da sich alle drei dieser einfachsten Systeme in Sinnwidrigkeit erschöpft haben, ist es natürlich naheliegend, in Übereinstimmung mit der Maxime der Sparsamkeit[54]) Erklä-

---

Hypothesen verleiht dieser Überlegung großes Gewicht. Es wird dann folgende sieben mögliche Klassen geben:

i Sogenannter Nihilismus und idealistischer Sensualismus.

ii Die Lehre von [Wincenty] Lutoslawski und seines Lehrers mit dem unaussprechlichen Namen [Mickiewicz].

iii Hegelianismus aller Schattierungen.

ii iii Cartesianismus aller Arten, Leibnizianismus, Spinozismus, und die Metaphysik der heutigen Physiker.

i iii. Berkeleyanismus.

i ii. Gewöhnlicher Nominalismus.

i ii iii. Die Metaphysik, die alle Kategorien anerkennt. Sie sollte unterteilt werden, aber ich werde mich nicht mit der Betrachtung ihrer Unterteilung aufhalten. Sie umfaßt Kantianismus, Reids Philosophie und die platonische Philosophie, von welcher der Aristotelismus eine besondere Entwicklung ist.

Eine ganze Reihe von Denkern nennen sich selbst Aristoteliker, sogar die Hegelianer, auf Grund besonderer Übereinstimmungen. Keine moderne Philosophie (oder sehr wenige) hat ein wirkliches Recht auf diesen Titel. Ich möchte mich selbst einen Aristoteliker des scholastischen Flügels nennen, dem Scotismus nahe, aber viel weiter in der Richtung des scholastischen Realismus gehend. [Vom Anfang der „Vorlesung IV".] ⟨Vgl. Editionsbericht.⟩

rungen des Universums zu versuchen, die auf der Anerkennung von nur zwei Kategorien beruhen.

81. Von den gemäßigteren Nominalisten, die dennoch das Epithet *rein* auf Denken und auf Repräsentamen anwenden, kann gesagt werden, daß sie die Erste und Zweite Kategorie zulassen und die Dritte leugnen [I II]. Die Berkeleyaner,[55]) für die es nur zwei Arten von Entitäten gibt, Seelen oder Zentren bestimmbaren Denkens, und Ideen in den Seelen, wobei diese Ideen als rein statische Entitäten als wenig oder nicht verschieden von Empfindungsqualitäten angesehen werden, scheinen die Erste und Dritte Kategorie zuzulassen und die Zweitheit abzulehnen, welche sie durch Göttlich Schöpferischen Einfluß ersetzen wollen, was sicher ganz den Geschmack der Drittheit hat [I III]. Soweit man irgendein intelligibles Ziel in diesem einzigartigen Mischmasch der cartesianischen Metaphysik ausmachen kann, scheint sie die Zweite und Dritte Kategorie als fundamental zugelassen zu haben und die Erste abgelehnt zu haben [II III]. Andererseits weiß ich nicht, wem wir diese Meinung unterstellen können, die bestimmt nicht weniger annehmbar oder zugkräftig erscheint als verschiedene andere. Aber es gibt andere Philosophien, die der Zweiten und Dritten Kategorie volle Gerechtigkeit widerfahren zu lassen scheinen und die Erste als geringfügig darstellen, und dazu müssen vielleicht Spinoza und Kant gezählt werden.

3. Die Irreduzibilität der Kategorien[g])

82. Wir müssen damit anfangen, zu fragen, ob die drei Kategorien als einfache und irreduzible Vorstellungen zugelassen werden können; und danach weiter fragen, ob nicht von ihnen allen angenommen werden kann, daß sie reale Konstituenten des Universums sind. Denn wenn ich sage, daß bestimmte metaphysische Schulen sie nicht zulassen, behaupte ich nicht, daß sie sie nicht als bloße Vorstellungen zulassen – ein Punkt, dem sie im allgemeinen nicht viel Aufmerksamkeit zollen, so daß ihre Meinungen darüber

nicht sehr ausgeprägt sind –, sondern daß sie sie nicht als reale Konstituenten des Universums zulassen.

Ich weiß nicht, daß ich irgend etwas sachlich Wichtiges dem hinzufügen könnte, was ich in meiner letzten Vorlesung sagte, um zu zeigen, daß die Erste Kategorie als ein irreduzibler Konstituent des Phänomens zugelassen werden muß.

83. Es stünde außer Frage, daß die Zweite Kategorie eine irreduzible Vorstellung ist, wäre die Wissenschaft der Logik nicht in diesem beklagenswerten Zustand. Das verdeutlicht die Tatsache, daß ein so leichtfertiges und unsinnig theoretisierendes Buch wie Prantls *Geschichte der Logik*[56]) als ein Wunder geduldiger Forschung anerkannt wird, wie es allgemein, selbst unter klugen Leuten, der Fall ist. Es ist wahr, daß ein oder zwei Kapitel relativ gut gemacht sind. Der Bericht über die aristotelische Logik, obwohl sie bei einer hohen Anforderung an Vollständigkeit oder sorgfältigen Verständnisses nicht gut ist, bleibt dennoch der beste Bericht über dieses Thema, den wir haben. Aber Prantl, um damit anzufangen, versteht die Logik selbst nicht, da er unter Logik die Wissenschaft versteht, die in den Werken, von denen er eine Zusammenfassung gibt oder zu geben behauptet, behandelt wird; und sogar bei den seichtesten Ideen ist er von seinen eigenen Ansichten so aufgebläht, daß er es für unter seiner Würde hält, sich die Mühe zu machen, in ihre Bedeutung einzudringen. Die ungeschliffenen Ausdrücke der Verachtung, denen er fortwährend gegenüber den großen Denkern freien Lauf läßt, sollten die Leser ihm gegenüber wachsam machen. Daneben gehört er zu der nur zu bekannten Klasse deutscher Kritiker, die von Theorien verlockt werden, die von allgemeinen Vorstellungen abgeleitet sind und die sich in diese Theorien verlieben, weil sie ihr eigener Sprößling sind, und sie wie absolute Gewißheiten behandeln, obgleich ihre vollständige Widerlegung auf der Hand liegt. Sie werden natürlich verstehen, daß ich diese Dinge nicht sage, ohne alle wichtigen Beiträge beider Seiten zu diesen Fragen gelesen zu haben und ohne sie sorgfältigem Studium und sorgfältiger Kritik unterworfen zu haben. Prantls Meinun-

gen über die Megariker,[57]) über das, was er Byzantinische Logik[58]) nennt, über die Lateinische Mittelalterliche Logik,[59]) über die *Parva Logicalia,*[60]) sind wilde, äußerst unhaltbare und in vielen Fällen durch eine einfache Nachprüfung der Manuskripte leicht widerlegbare Theorien. Und dann ist es keine Geschichte der Logik, sondern meistens eine der unbedeutendsten Teile der Logik. Aber ich werde gefragt werden, ob ich seine Lektüre nicht für wunderbar umfassend halte. Nein, das tue ich nicht. Er hatte die Münchner Bibliothek zur Verfügung. Er mußte nur in die Bücher sehen, und meistens hat er nur wenig mehr getan, als bloß in sie hineinzusehen. Er hat wirklich oft keine Vorstellung von dem, was der wirkliche Inhalt des Buches ist; und nichts ist häufiger, als in seinen Aufzeichnungen aus einem Buch abgeschriebene Passagen zu finden, die nur Textkopien berühmter Passagen in viel älteren Werken sind. Ich leugne nicht, daß das Buch nützlich ist, weil wir übrigen keinen Zugang zu einer solchen Bibliothek haben; aber ich halte es nicht für ein Werk verehrungswürdiger Gelehrtheit. Es ist nicht nötig, gewählt zu sprechen, da er sich selbst nicht nur respektlos auf so zuverlässige Forscher mittelalterlicher Schriften wie Charles Thurot, Hauréau und andere bezieht, sondern häufig die Sprache, die wir im Englischen den Billingsgate-Jargon (die Pöbelsprache) nennen, verwendet, um ältere Meinungen zu charakterisieren; er ist sich vielleicht oder auch nicht bewußt, daß sie mit denen identisch sind, nach denen sich heute die Analytiker logischer Formen richten, deren Untersuchungen soviel genauer als die seinen sind, daß sie nicht im selben Atemzug genannt werden können.

84. Aber so schlecht Prantls Geschichte ist, so ist sie doch die beste, die wir haben, und wer sie kritisch liest, so wie jedes Buch gelesen werden sollte, kann leicht feststellen, daß die alten Erforscher der Logik, Demokrit, Platon, Aristoteles, Epikur, Philoponus, selbst Chrysippos, Denker ersten Ranges waren und daß St. Augustin, Abälard, Thomas von Aquin, Duns Scotus, Ockham, Paulus Venetus, selbst Laurentius Valla Logiker vom gewissenhaftesten und scharfsinnigsten Typ waren. Aber mit der Renaissance

wendeten die besten Geister ihre Aufmerksamkeit in eine ganz andere Richtung, und moderne Mathematiker und Physiker entfernten sich noch weiter. Das Ergebnis all dessen war, daß während der Jahrhunderte, die seit dem Erscheinen von *De Revolutionibus* [1543][61]) vergangen sind – und erinnern Sie sich bitte, daß das Werk des Kopernikus die Frucht wissenschaftlicher Nahrung war, die er in seiner Jugend in Italien aufgenommen hatte –, die Lehrstühle für Logik in diesen Epochen an den Universitäten immer einer Klasse von Männern übergeben wurden, über die wir viel zu beschönigend reden würden, wenn wir sagten, daß sie in keiner Weise das intellektuelle Niveau ihrer Zeit verkörpert haben. Nein, nein; wir wollen die reine Wahrheit sagen – als Klasse sind die modernen Logiker deutlich von kindlichem Geist gewesen, die Art von Köpfen, die niemals reifen und doch nie den *élan* und die Originalität der Jugend haben. Werfen Sie Ihren Blick zunächst auf die Seiten eines Dutzend Durchschnittsabhandlungen, lassen Sie alle vorgefaßten Bewertungen ihrer Autoren weg und vergleichen Sie, ob das nicht der Eindruck ist, den Sie von ihnen gewinnen. Warum ignorierte die Mehrheit von ihnen den größten Beitrag zum logischen Denken, der während dieser Jahrhunderte allgemein angewendet wurde – die Wahrscheinlichkeitsrechnung – fast ganz? Wenn nur die gewöhnliche Logik von diesem Zustand der Dinge betroffen würde, machte es nicht viel aus; denn wenn nur ein Prozent der Arbeiten über dieses Thema das wären, was sie sein sollten, wären wir immer noch im Besitz hervorragender und umfassender Literatur. Aber unglückseligerweise wurde das allgemeine Niveau so verheerend gesenkt, daß selbst die Abhandlungen, die von wirklich fähigen Männern geschrieben wurden, die Dinge nur halb durchdacht haben. Arnauld war zum Beispiel ein hervorragender Denker, und doch ist die *L'Art de penser* oder die *Logik von Port Royal*[62]) ein beschämender Beleg dafür, was die zweieinhalb Jahrhunderte der größten Leistungen der Menschen als eine gute Darstellung der Methode des Denkens betrachten konnten. Sie können erwidern, daß die letzten dreihundert Jahre ganz gut ohne die Hilfe der Logik vorangekommen sind. Ich antworte ja, sie sind es, weil es etwas gibt, das für die Wissenschaft noch entscheidender ist als intelligente Methoden; und das ist der ernsthafte Wunsch, die Wahrheit herauszufinden, was sie auch immer sein mag; und *damit* waren diese Jahrhunderte gesegnet. Aber wenn die Logik, bei der Einschätzung, die ich von ihr habe und die nicht reine Mutmaßung, obwohl zweifellos ziemlich unbeholfen ist, während jener Jahrhunderte mit halb dem *Eifer* und *Genius* untersucht worden wäre, wie sie auf die Mathematik verwendet wurden, hätte das zwanzigste Jahrhundert allgemein unter einer bestimmt noch fortschrittlicheren Bedingung mit den speziellen Wissenschaften – besonders jenen lebenswichtigen Wissenschaften[63]) wie Molekularphysik, Chemie, Physiologie, Psychologie, Linguistik und kritische Theorie alter Geschichte – begonnen, als es vermutlich Ende 1950 erst der Fall sein wird. Ich möchte nicht sagen, daß das menschliche Leben das kostbarste Ding der Welt ist; aber immerhin hat es seinen Wert; und bedenken Sie nur, wie viele Leben so hätten gerettet werden können. Wir können Einzelne erwähnen, die wahrscheinlich mehr Arbeit geleistet haben; z. B. Abel,[64]) Steiner,[65]) Galois,[66]) Sadi Carnot.[67]) Denken Sie an die Arbeit einer Generation Deutscher, die im Hegelianismus aufgehen durften! Denken Sie an die außerordentliche Bewunderung, die eine halbe Generation Engländer – bestimmt die besten durchschnittlichen Denker eines modernen Volkes – auf Hamiltons *New Analytic*, dieses dumme Zeug, verwendeten. Sehen Sie sich Vaihingers Kommentar[68]) an, um festzustellen, welche Armee von Forschern von Kants Ansicht der Beziehungen zwischen seinen Analytischen und Synthetischen Urteilen verführt wurde – eine Ansicht, die das Studium der Relationenlogik sofort entlarvt hätte.[h])

85. Wäre die Logik nicht seit der Zeit des Kopernikus in einen Zustand halben Schwachsinns gesunken, würde die Relationenlogik bis jetzt drei Jahrhunderte lang von Hunderten von Forschern betrieben worden sein, unter denen nicht wenige gewesen sein würden, die in dieser oder jener Richtung an Fähigkeit jede armselige Handvoll von Forschern übertroffen hätten, die während der letzten Genera-

tion etwa daran gearbeitet haben. Und lassen Sie mich Ihnen sagen, daß dieses Studium die allgemeinsten Vorstellungen der Menschen über Logik vollkommen revolutioniert hätte – gerade die Ideen, die heutzutage auf den Marktplätzen und Boulevards geläufig sind. Eines der frühen Ergebnisse so weitläufiger Untersuchung der Relationenlogik hätte darin bestehen müssen, die Idee der *Reaktion* im Geist aller Menschen als eine irreduzible Kategorie des *Denkens*[i]) fest zu verankern – welcher Platz ihr auch immer als einer kosmischen Kategorie in der Metaphysik hätte zugewiesen werden können. Ich wage das zu sagen, ohne Rücksicht darauf, daß der leider verstorbene Schröder[69]) es nicht so zu sehen schien. Schröder folgte Sigwart[70]) in seinen fundamentalsten Ideen der Logik. Ich hege zwar Hochachtung für Sigwart – eine Art von Achtung, wie ich sie für Rollin[71]) als Historiker, für Buffon[72]) als Zoologen, für Priestley[73]) als Chemiker, für Biot[74]) als Physiker, empfinde, – eine Klasse von Männern, die οἱ πολλοί[75]) immer zu hoch und die wissenschaftlichen Spezialisten zu niedrig einschätzt. Er ist einer der kritischsten und am wenigsten unexakten der unexakten Logiker. Sigwart, wie fast alle heutigen gewichtigeren Logiker, ausgenommen die Anwesenden, macht den grundsätzlichen Fehler, die logische Frage mit der psychologischen Frage zu verwechseln.[j]) Die psychologische Frage lautet, welche Prozesse durchläuft der Geist. Aber die logische Frage lautet, ob die Konklusion, die man erreicht, indem diese oder jene Maxime angewendet wird, mit der *Tatsache* übereinstimmt oder nicht. Möglicherweise ist der Geist so beschaffen, daß das, was unser intellektueller Instinkt billigt, in dem Maße wahr sein wird, wie dieser Instinkt es billigt. Wenn es so ist, ist dies eine interessante Tatsache über den menschlichen Geist; aber für die Logik ist sie ohne jede Bedeutung. Sigwart sagt, daß die Frage, was gute Logik ist und was schlechte, letzten Endes auf die Frage hinausläuft, wie wir fühlen; es ist eine Sache des *Gefühls*, das heißt, eine Empfindungsqualität. Und das versucht er zu beweisen. Denn er sagt, wenn irgendein anderes Kriterium benützt wird, muß die Richtigkeit dieses Kriteriums durch Schließen begründet werden und bei diesem Schließen, das der Begründung jeden rationalen Kriteriums vorausgeht, müssen wir uns auf das *Gefühl* verlassen; so daß letzten Endes jedes andere Kriterium auf das *Gefühl* bezogen werden muß. Gut! Dies ist eine gute, gescheite Arbeit, welche die Philosophie vorwärtsbringt – ein guter, deutlicher, klarer Trugschluß, dem man deutlich begegnen kann und der definitiv widerlegt werden kann. Er ist um so nützlicher, als er eine sehr weit anwendbare Form des Arguments ist. Er ist dem Schließen ganz analog, mit dem die Hedonisten in der Ethik, die Subjektivisten in der Ästhetik, die Idealisten in der Metaphysik die Kategorie der Reaktion angreifen. Sie erkennen die Analogie zwischen ihren Argumenten. Der Hedonist sagt, daß die Frage, was gute oder schlechte Moral ist, letzten Endes auf die Frage des Vergnügens hinausläuft. Denn, sagt er, angenommen, wir wünschen uns alles andere als unser eigenes Vergnügen. Dann werden wir, was wir auch immer wünschen, davon befriedigt, und wenn wir keine Befriedigung darin finden, würden wir es nicht wünschen. Aber diese Befriedigung ist eben die Empfindungsqualität, die wir Vergnügen nennen; und so ist das einzige, was wir je wünschen können, Vergnügen, und alle bewußte Aktion muß um des eigenen Vergnügens willen ausgeführt werden.

Auch jeder Idealist beginnt mit einem analogen Argument, obwohl er sehr wahrscheinlich nicht fest bei dem Standpunkt bleiben kann, zu dem es führt, sofern es irgendwohin führt. Er sagt: Wenn ich etwas wahrnehme, bin ich mir dessen bewußt; und wenn mir etwas bewußt ist, bin ich mir dessen unmittelbar bewußt, und wessen ich mir auch bewußt sein mag, bin ich mir dessen bewußt durch das unmittelbare Bewußtsein. Was immer ich aus der Wahrnehmung lerne, ist also nur, daß ich zusammen mit dem, was ich aus jenem unmittelbaren Bewußtsein schließe, eine Empfindung habe.

86. Die Antwort auf alle solchen Argumente lautet, daß möglicherweise kein Wunsch seine eigene Befriedigung

wünschen kann, kein Urteil von sich selbst urteilen kann, daß es wahr ist und kein Schließen schließen kann, daß es selbst vernünftig ist. Denn alle diese Sätze stehen auf derselben Grundlage und müssen zusammen stehen und fallen. Wenn irgendein Urteil von sich selbst urteilt, daß es wahr ist, urteilen alle Urteile ebenso – oder wenigstens alle assertorischen Urteile; denn es gibt innerhalb der assertorischen Urteile in dieser Hinsicht keinen Grund zu unterschiedlicher Behandlung. Entweder sind daher das Urteil U und das Urteil „Ich sage, daß U wahr ist" dasselbe für alle Urteile oder für kein Urteil. Aber wenn sie identisch sind, sind ihre Verneinungen identisch. Doch ihre Verneinungen sind „U ist nicht wahr" und „Ich sage nicht, daß U wahr ist", was etwas sehr verschiedenes ist. Folglich urteilt kein Urteil von sich selbst, daß es wahr ist. Alles, was U leistet, ist, eine Prämisse zu liefern, die vollkommen evident ist, indem sie meine Behauptung in einem anderen Urteil, daß U wahr ist, rechtfertigt. Es ist wichtig, diesen Unterschied zu machen. Das Urteil U kann zum Beispiel sein „Sirius ist weiß". Das ist ein Urteil über Sirius. Für *mich selbst,* der ich selbst erkenne, daß ich dies Urteil fälle, oder für einen anderen, der es mich behaupten hört und meine Glaubwürdigkeit anerkennt, ist die Evidenz vollkommen, daß ich überzeugt bin, daß Sirius weiß ist. Aber die beiden Sätze „Sirius ist weiß" und „ich urteile, daß Sirius weiß ist" sind zwei verschiedene Sätze.

In den anderen Fällen gibt es ganz analoge Unterscheidungen. Ich kann wünschen, daß sich mein krankes Kind erholen soll, und wenn ich nachher über die Intensität dieses Wunsches nachdenke, bin ich wahrscheinlich unfähig, den Wunsch zu unterdrücken, daß dieser Wunsch erfüllt werden soll. Aber ich kann nicht wünschen, daß mein Wunsch erfüllt werden soll, bevor ich einen solchen Wunsch habe; und ich habe keinen solchen Wunsch, solange ich noch dabei bin, den Wunsch zu bilden, so daß der Wunsch noch nicht vollständig ist. Ich wage zu sagen, daß mancher Leute psychische Veranlagung so beschaffen ist, daß sie nicht eher einen starken Wunsch gebildet haben, als ihre Gedanken eine subjektive Wendung nehmen und sie unverzüglich zu denken beginnen, welche Befriedigung es ihnen verschaffte, wenn dieser Wunsch erfüllt würde, und solche Leute finden es schwierig zu erkennen, daß es andere Leute gibt, deren Gedanken einer Reihe objektiver Anregungen folgen und die sehr wenig an sich selbst und ihre Befriedigung denken. Das ist genau einer der Punkte, wo man erwarten kann, daß verschiedene Leute sehr verschieden sind. Aber in keinem Fall ist der Wunsch genau dasselbe wie der Wunsch nach der Erfüllung dieses Wunsches.

87. Um nun auf Sigwarts Argument zurückzukommen, verneine ich nicht nur seine Behauptung, daß, wenn ich einen Schluß ziehe, ich es nur aufgrund einer bestimmten *Empfindung* der logischen Befriedigung, die damit verbunden ist, tun kann, sondern ich behaupte, daß ich *niemals* einen Schluß aufgrund einer solchen Empfindung ziehen *kann*. Im Gegenteil, ich weiß nie, ob die Folgerung mir solch eine Befriedigung gewährt, außer durch eine nachträgliche Reflexion, wenn ich den Schluß bereits gemacht habe. Es kann sein, daß, wenn ich die Befriedigung, die die Schlußfolgerung mir bereitet, erkenne, ich das als einen zusätzlichen Grund, von ihr überzeugt zu sein, betrachten würde. Aber das ist *eine andere* Schlußfolgerung, die, wenn sie an der Reihe ist, eine neue Befriedigung gewährt, wenn ich aufhöre, über sie nachzudenken.

Tatsächlich ist es ein ernster Fehler beim Schließen, den Sinn des Logischen als etwas anzusehen, das mehr ist als ein leidlich starkes Argument zugunsten der Vernünftigkeit einer Schlußfolgerung. Denn obwohl zweifellos der Sinn für das Logische in der Hauptsache die Menschen richtig leitet, enttäuscht er sie doch oft.

Aber Sigwarts Argument ist offenbar entweder ganz trügerisch oder es beweist anderenfalls, was er selbst nachdrücklich zu beweisen behauptet, daß die Vernünftigkeit eines Arguments nämlich in nichts als dem *Gefühl* für das Logische *besteht*. Doch dies ist ein völlig absurder Standpunkt für einen Logiker; da es, wenn dies wahr wäre, so etwas wie wahres Schließen, das unlogisch wäre, nicht geben könnte, und Logik, als die Kritik der Argumente und die Unterscheidung des Guten vom Schlechten, überhaupt keine Existenz hätte; und mein echtes Argument, daß Sigwart ganz unrecht hat, wäre eine Entscheidung, gegen die es keine Berufung gäbe.

Wenn der Heilige Vater kraft seiner Unfehlbarkeit dem Gläubigen befehlen müßte zu glauben, daß alles, was ein Protestant je gesagt hatte, *ipso facto* notwendigerweise wahr war, könnte es kaum jemandes Zustimmung mehr überfordern.

88. Es ist bestimmt schwierig zu glauben, bis man zum Glauben gezwungen wird, daß eine Vorstellung, die so offensichtlich komplex ist wie die Drittheit, eine irreduzible, nicht analysierbare Vorstellung sein sollte. Man wird natürlich ausrufen, was, dieser Mann glaubt, uns zu überzeugen, daß eine Vorstellung gleichzeitig komplex und einfach ist! Ich könnte das beantworten, indem ich eine Unterscheidung mache. Die Vorstellung ist in dem Sinne komplex, als verschiedene Züge an ihr unterschieden werden können, aber die besondere Idee der *Komplexität,* die sie enthält, ist eine nicht analysierbare Idee, obwohl sie Komplexität zum Gegenstand hat. Woraus ist die Vorstellung der *Komplexität* aufgebaut? Stellen Sie sie, wenn Sie können, mittels einer Konstruktion her, ohne irgendeine Idee zu benutzen, die sie einschließt.

89. Die beste Art, sich selbst zu überzeugen, ob Drittheit elementar ist oder nicht – wenigstens für mich wäre es die beste Art, denn an erster Stelle hatte ich eine natürliche Begabung für logische Analyse, die mein ganzes Leben lang in dauernder Übung blieb (und ich meine fast, es wäre für jeden die beste Art, vorausgesetzt, er grübelt über seiner Analyse, kehrt immer wieder zu ihr zurück und kritisiert sie ernsthaft und ehrlich, bis er vollkommene Einsicht in seine Analyse erreicht) – die beste Art, sage ich, ist es, die Idee der Repräsentation zu nehmen, z. B. die Idee der Tatsache, daß das Objekt A in der Repräsentation B so repräsentiert wird, daß es die Interpretation C determiniert: diese Idee zu nehmen und zu versuchen festzustellen, woraus sie besteht, ohne überhaupt die Idee der Drittheit einzuführen, wenn das möglich ist, oder, wenn Sie das für unmöglich halten, festzustellen, was das Minimum oder

die degenerierteste Form der Drittheit ist, die diesem Zweck entspricht.

Wenn Sie sich an diesem Problem geübt haben, nehmen Sie dann eine andere Idee, in der meiner Ansicht nach Drittheit eine degeneriertere Form annimmt. Versuchen Sie sich an einer logischen Analyse der Tatsache, daß A B an C gibt.

Gehen Sie dann zu einem Fall über, in dem die Drittheit eine noch degeneriertere Form annimmt, wie zum Beispiel die Idee von „A und B". Sofort schließt A und B die Idee von drei Variablen ein. Mathematisch ausgedrückt, ist es $z=xy$, was die Gleichung des einfacheren der beiden Hyperboloiden, des sogenannten zweischaligen, ist.[76])

Wer immer seine logische Stärke üben will, stellt fest, daß diese Probleme wichtige Übungen liefern; und wer immer eine richtige Vorstellung des Universums bekommen möchte, wird finden, daß die Lösungen dieser Probleme eine innigere Verbindung mit dieser Vorstellung haben, als er vorher erwarten konnte.

90. Ich war daher sehr darauf bedacht, Angriffe auf die Kategorien abzuweisen, die darin bestehen sollten, zu behaupten, daß die Idee der Reaktion auf die Empfindungsqualität und die Idee der Repräsentation auf die der Reaktion und Empfindungsqualität zusammen zurückgeführt werden kann. Aber hat sich nicht der Feind mittlerweile hinter meinem Rücken eingeschlichen und bin ich nicht selbst plötzlich einem Angriff ausgesetzt, der folgendermaßen verläuft:

Bis wir daran zu zweifeln beginnen, geben wir völlig zu, daß Sie bewiesen haben, daß weder Zweitheit in Erstheit noch Drittheit in Zweitheit und Erstheit involviert ist. Aber es ist Ihnen nicht gelungen zu beweisen, daß Erstheit, Zweitheit und Drittheit unabhängige Ideen sind, aus dem einfachen Grund, weil es so offensichtlich wie die Nase in Ihrem Gesicht ist, daß die Idee eines Tripels die Idee von Paaren involviert und die Idee eines Paares die Idee von Einheiten. Folglich ist Drittheit die einzige und alleinige Kategorie. Das ist im wesentlichen die Idee Hegels; und fraglos enthält sie eine Wahrheit.

Die Idee von Zweitheit und Erstheit wird nicht nur von Drittheit vorausgesetzt und involviert, sondern es wird nie möglich sein, irgendeine Zweitheit oder Erstheit in dem Phänomen zu finden, die nicht von Drittheit begleitet wird.

91. Wenn die Hegelianer sich selbst auf diese Position beschränkten, würden sie einen aufrichtigen Freund in meiner Lehre finden.

Aber sie tun es nicht. Hegel ist besessen von der Idee, daß das Absolute Eines ist. Drei Absoluta würde er als eine lächerliche contradictio *in adjecto* betrachten. Folglich möchte er beweisen, daß die drei Kategorien nicht ihre verschiedenen unabhängigen und unwiderlegbaren Stellungen im Denken haben. *Erstheit* und *Zweitheit* müssen irgendwie *aufgehoben* sein. Aber es ist nicht wahr. Sie sind keineswegs widerlegt oder widerlegbar. Es ist wahr, daß Drittheit in gewissem Sinn Zweitheit und Erstheit involviert. Das heißt, wenn Sie die Idee von Drittheit haben, müssen Sie die Ideen von Zweitheit und Erstheit gehabt haben, um darauf aufzubauen. Aber für die Idee genuiner Drittheit ist eine unabhängige, gut begründete Zweitheit erforderlich und nicht eine Zweitheit, die eine alleinige Folge unbegründeter und unbegreiflicher Drittheit ist; und eine ähnliche Anmerkung kann in bezug auf die Erstheit gemacht werden.

92. Nehmen Sie bitte an, daß das Universum eine Evolution Reiner Vernunft ist. Doch wenn, während Sie auf der Straße gehen und darüber nachdenken, wie dies alles das reine Destillat der Vernunft ist, Sie ein Mann, der eine schwere Stange trägt, plötzlich ins Kreuz stößt, denken Sie vielleicht, daß es etwas im Universum gibt, das die Reine Vernunft nicht erklären kann; und wenn Sie die Farbe *rot* ansehen und sich fragen, wie Reine Vernunft *Rot* so machen könnte, daß es diese äußerst unausdrückbare und irrationale positive Qualität hat, die es hat, sind Sie vielleicht bereit zu denken, daß Qualität und Reaktion ihren unabhängigen Platz im Universum haben.

VORLESUNG IV[a])

Die Realität der Drittheit

1. Scholastischer Realismus

93. Ich argumentiere weiter, daß *Drittheit* in der Natur wirksam ist. Angenommen, wir packen die Frage experimentell an. Hier ist ein Stein. Jetzt tue ich den Stein dahin, wo es kein Hindernis zwischen ihm und dem Boden gibt, und mache vertrauensvoll die Voraussage, daß der Stein, sobald ich ihn loslasse, auf den Boden fallen wird. Wenn Sie wollen, werde ich jetzt durch einen Versuch beweisen, daß ich eine genaue Voraussage machen kann. Aber ich sehe Ihren Gesichtern an, daß Sie alle meinen, daß das ein törichtes Experiment ist. Warum? Weil Sie alle sehr gut wissen, daß ich voraussagen kann, was geschehen wird, und daß die Tatsache meine Voraussage verifizieren wird.

94. Aber *wie kann* ich wissen, was geschehen wird? Sie denken bestimmt nicht, daß ich hellsehen kann, wie wenn das künftige Ereignis mich direkt durch seine existentielle Reaktionsfähigkeit beeinflussen könnte, wie es mich in der *Erfahrung* wie ein kaum vergangenes Ereignis beeinflussen könnte. Sie wissen sehr gut, daß es in diesem Fall nichts dergleichen gibt. Doch bleibt es wahr, *daß* ich es als eine *Tatsache weiß,* daß der Stein fallen wird, sobald ich ihn loslasse. Wenn ich etwas *wirklich weiß,* dann muß das, was ich weiß, *real* sein. Es wäre ganz absurd zu sagen, daß ich fähig sein könnte zu wissen, wie Ereignisse determiniert sind, über die ich nicht mehr Kontrolle ausüben kann, als ich über diesen Stein ausüben kann, nachdem er aus meiner Hand gefallen ist, und daß ich also nur kraft meiner Kenntnis einer reinen Fiktion in die Zukunft sehen kann.

95. Ich weiß, daß dieser Stein fallen wird, wenn er losgelassen wird, weil die Erfahrung mich überzeugt hat, daß Gegenstände dieser Art tatsächlich immer fallen; und wenn irgend jemand der Anwesenden irgendeinen Zweifel an dieser Sache hat, wäre ich glücklich, das Experiment auszuführen, und ich wette mit ihm hundert zu eins für den Erfolg.

96. Aber der allgemeine Satz, daß alle festen Körper beim Fehlen einer nach oben gerichteten Kraft oder eines Druckes fallen, diese Formel, sage ich, ist von der Art einer Repräsentation. Unsere nominalistischen Freunde wären die letzten, die das bestreiten. Sie werden so weit gehen zu sagen, daß sie eine *reine* Repräsentation ist – wobei das Wort *rein* bedeutet, daß es zwei ganz verschiedene Dinge sind, repräsentiert zu werden und wirklich zu sein; und daß diese Formel kein Sein hat, außer einem Repräsentiertsein. Sie ist sicherlich von der Art einer Repräsentation. Ich gebe zu, daß das unleugbar ist. Und ebenso unbestreitbar ist es, daß das, was von der Art einer Repräsentation ist, nicht *ipso facto* real ist. In dieser Hinsicht gibt es einen großen Unterschied zwischen einem Reaktionsobjekt und einem Repräsentationsobjekt. Was auch immer reagiert, reagiert *ipso facto* real. Aber ein Objekt der Repräsentation ist nicht *ipso facto* real. Wenn ich voraussetzen müßte, daß der Stein, wenn ich ihn loslasse, in die Luft flöge, würde das reine Fiktion sein, und der Beweis dafür würde einfach durch das Experiment erbracht werden. Das ist klar. Auf der anderen Seite, und mit demselben Recht, ist die Tatsache, daß ich *weiß*, daß dieser Stein auf den Boden fallen wird, wenn ich ihn loslasse, wie Sie alle zugeben müssen, wenn Sie nicht von Theorie geblendet sind, daß ich es *wirklich* weiß – und ich stelle fest, daß niemand mit mir wetten möchte –, der Beweis dafür, daß die Formel oder die Gleichförmigkeit, da sie eine sichere Grundlage für die Voraussage liefert, eine Realität ist oder, wenn Sie lieber wollen, *mit* einer Realität *übereinstimmt*.

97. Möglicherweise erhebt jemand an dieser Stelle einen Einwand und sagt: Sie geben zu, daß Wirklich-sein und Repräsentiert-sein zwei verschiedene Dinge sind; und Sie geben weiter zu, daß Repräsentiert-sein von der Art des

Naturgesetzes ist. Dann folgt daraus, daß es nicht den Seinsmodus einer Realität hat. Darauf wäre meine Antwort, daß dies auf einer Doppeldeutigkeit beruht. Wenn ich sage, daß der allgemeine Satz hinsichtlich dessen, was geschehen wird, wenn eine bestimmte Bedingung erfüllt ist, von der Art einer Repräsentation ist, meine ich, daß er sich auf Erfahrungen *in futuro* bezieht, von denen ich nicht weiß, ob sie alle erfahren werden und niemals wissen kann, ob sie alle erfahren worden sind. Aber wenn ich sage, daß Wirklich-sein verschieden ist von Repräsentiert-sein, meine ich, daß das, was wirklich ist, letzten Endes in dem besteht, was uns durch die Erfahrung aufgezwungen wird, daß es tatsächlich ein Element rohen Zwanges gibt, und daß Wirklichkeit keine bloße Frage der Vernünftigkeit ist. So kann ich niemals, wenn ich sage: „Ich ziehe meine Uhr jeden Tag auf, solange ich lebe", die positive Erfahrung haben, die *bestimmt* alles, was hier versprochen wird, deckt, weil ich niemals bestimmt wissen werde, daß mein letzter Tag gekommen ist. Aber was die reale Tatsache sein wird, hängt nicht von dem ab, was ich repräsentiere, sondern von dem, was die erfahrbaren Reaktionen sein werden. Meine Behauptung, daß ich meine Uhr jeden Tag in meinem Leben aufziehe, kann mit den Tatsachen übereinstimmen, selbst wenn ich die regelwidrigste Person wäre, indem ich vor Einbruch der Nacht sterbe.

Wenn wir das zufällig wahr nennen, folgt jetzt ein Fall eines *allgemeinen Satzes*, der in seiner ganzen Allgemeinheit zufällig völlig wahr ist.

98. Jeder allgemeine Satz ist auf eine endliche Zahl von Gelegenheiten beschränkt, in denen er denkbar falsifiziert werden könnte, vorausgesetzt, daß er eine Behauptung ist, die sich auf das beschränkt, was menschliche Wesen erfahren können; und folglich ist es denkbar, daß es, obgleich er ohne Ausnahme wahr sein sollte, noch immer zufällig ist, daß er sich als wahr erweist.

99. Aber wenn ich einen Mann sehe, der sehr regelmäßige Gewohnheiten hat, und ich auf die Wette eingehe, daß dieser Mann im nächsten Monat nicht versäumen wird,

seine Uhr aufzuziehen, dann haben Sie nur die Wahl zwischen zwei alternativen Hypothesen:

1. Sie können annehmen, daß ein gewisses *Prinzip* oder eine gewisse *Ursache real* wirken, um ihn zu *veranlassen*, seine Uhr täglich aufzuziehen und dieses *aktive Prinzip* kann mehr oder weniger Gewicht haben; oder

2. Sie können annehmen, daß es reiner Zufall ist, daß seine Handlungen bisher regelmäßig waren; und in diesem Falle, daß Gleichförmigkeit in der Vergangenheit Ihnen nicht den geringsten Grund für die Erwartung ihrer Fortdauer in der Zukunft bietet, nicht mehr, als wenn er dreimal hintereinander Sechsen gewürfelt hätte, es *dieses* Ereignis entweder mehr oder weniger wahrscheinlich machen würde, daß sein nächster Wurf Sechsen zeigen würde.

100. Mit den Operationen der Natur ist es dasselbe. In unserer unmittelbaren und mittelbaren Erfahrung in der Vergangenheit sind Steine, die fallen gelassen wurden, mit überwältigender Gleichförmigkeit gefallen. Deshalb gibt es nur zwei Hypothesen für uns. Entweder wurde

1. die Gleichförmigkeit, mit der diese Steine gefallen sind, auf den bloßen Zufall zurückgeführt und liefert überhaupt keinen Grund, auch nicht den geringsten, für die Erwartung, daß der nächste Stein, der losgelassen wird, fallen wird; oder es wurde

2. die Gleichförmigkeit, mit der die Steine gefallen sind, auf ein *aktives allgemeines Prinzip* zurückgeführt, in welchem Falle es ein sonderbares Zusammentreffen wäre, daß es in dem Augenblick, in dem sich meine Voraussage darauf gründet, aufhören sollte zu wirken.

Meine Herren, dieser Standpunkt hält der Kritik stand. Er ist unwiderlegbar.

101. Natürlich wird jeder vernünftige Mensch die letztere Hypothese annehmen. Wenn er es im Fall der Steine bezweifeln könnte – was er nicht kann – (und ich kann genausogut den Stein ein für allemal fallen lassen – ich sagte es Ihnen!), wenn irgend jemand es immer noch bezweifelt, werden täglich tausende anderer solcher induktiver Voraussagen verifiziert werden, und er wird von jeder von ihnen annehmen müssen, daß sie nur zufällig ist, um der

Schlußfolgerung zu entgehen, daß allgemeine Prinzipien wirklich in der Natur wirksam sind. Das ist die Lehre des scholastischen Realismus.

2. Drittheit und Allgemeinheit[b])

102. Sie fragen mich vielleicht, wie ich Allgemeinheit mit Drittheit verbinde. Auf diese Frage kann man mehrere verschiedene Antworten geben, die alle voll befriedigend sind. Die alte Definition des Allgemeinen ist: *Generale est quod natum aptum est dici de multis.*[c])[77]) Damit ist erkannt, daß das Allgemeine wesentlich *prädikativ* und daher von der Art des Repräsentamens ist. Und folgt man genau dem vorgeschlagenen Weg, so würde man eine gute Antwort auf die Frage erhalten.

103. Jedoch repräsentiert die Definition in anderer Hinsicht eine sehr degenerierte Art von Allgemeinheit. Keine der scholastischen Logiken versäumt zu erklären, daß *sol* ein allgemeiner Begriff ist; weil, obgleich es nur eine Sonne gibt, der Begriff *sol* doch *aptum natum est dici de multis*. Aber das ist sehr unzureichend formuliert. Wenn *sol* geeignet ist, von *vielen* ausgesagt zu werden, ist er geeignet, von jeder beliebig großen Mächtigkeit ausgesagt zu werden, und da es keine maximale Mächtigkeit gibt,[d]) bilden diese Gegenstände, von denen er ausgesagt werden kann, eine Gesamtheit, die jede beliebige Mächtigkeit übersteigt. Nehmen Sie zwei mögliche Objekte, die *Sonnen* genannt werden können; wie ähnlich sie einander auch sind, ist jede Mächtigkeit dazwischenliegender Sonnen alternativ möglich, und deshalb übersteigen diese dazwischenliegenden möglichen Sonnen wie vorher jede beliebige Mächtigkeit. Kurz, die Idee eines Allgemeinen involviert die Idee möglicher Variationen, die keine Mächtigkeit existierender Dinge erschöpfen könnte, außer sie ließe zwischen irgendwelchen zwei Möglichkeiten nicht nur *viele*, sondern Möglichkeiten absolut jenseits jeder Mächtigkeit bestehen.

104. Drittheit ist nun nichts anderes als die Beschaffenheit eines Objekts, die Dazwischensein oder Vermittlung in ihrer einfachsten und rudimentärsten Form verkörpert; und ich gebrauche sie als den Namen für jenes Element des Phänomens, das vorherrschend ist, wo immer Vermittlung vorherrscht, und das seine Fülle in Repräsentation erreicht.

105. Drittheit ist, wie ich den Begriff gebrauche, nur ein Synonym für Repräsentation, doch ziehe ich den weniger farbigen Begriff vor, weil sein Gehalt nicht so eng und speziell ist, wie der des Wortes Repräsentation. Es ist dann richtig zu sagen, daß ein allgemeines Prinzip, das in der realen Welt wirksam ist, von der essentiellen Natur einer Repräsentation und eines Symbols ist, weil sein *modus operandi* derselbe ist wie der, durch den *Wörter* physikalische Wirkungen erzeugen. Niemand kann bestreiten, daß Wörter solche Wirkungen wirklich hervorbringen. Nehmen Sie zum Beispiel diesen Satz von Patrick Henry,[78]) der während unserer Revolution von Mund zu Mund ging:

„Drei Millionen Menschen, die für die heilige Sache der Freiheit Waffen tragen, sind in einem Land, wie wir es besitzen, von keiner Feindesmacht, die man uns gegenüber aufbieten kann, besiegbar."

Jene Wörter stellen diese Beschaffenheit des allgemeinen Naturgesetzes dar. Sie haben vielleicht Wirkungen erzeugt, die unendlich viel größer waren, als es die Umstände zugelassen hätten. Es könnte zum Beispiel geschehen sein, daß irgendein amerikanischer Schuljunge, der als Passagier im Pazifischen Ozean segelte, diese Wörter grundlos auf ein Stück Papier geschrieben hätte. Das Papier könnte über Bord geworfen worden kein und könnte von einem Jagala an einem Strand der Insel Luzon aufgehoben worden sein; und wenn er sie sich übersetzt hätte, hätten sie dort so leicht von Mund zu Mund gehen können wie in diesem Land und mit ähnlicher Wirkung.

106. Wörter erzeugen dann wirklich physikalische Wirkungen. Das abzustreiten, ist verrückt. Denn gerade das Abstreiten schließt die Überzeugung davon ein; und niemand kann dem ständig seine Anerkennung versagen, außer er versinkt in vollständige geistige Lähmung.

Aber *wie* erzeugen sie ihre Wirkung? In ihrem symbolischen Charakter wirken sie bestimmt nicht *direkt* auf Materie ein. Ihre Aktion ist nur logisch. Sie ist nicht einmal psychologisch. Sie besteht nur darin, daß ein Symbol das andere rechtfertigen würde. Angenommen jedoch, daß die erste Schwierigkeit überwunden ist und daß sie wirklich auf wirkliche Gedanken wirken. Daß Gedanken auf die physikalische Welt einwirken und *umgekehrt*, ist eine der vertrautesten Tatsachen. Die es abstreiten, sind Personen, die mit Theorien vertrauter sind als mit Tatsachen. Aber wie Gedanken auf Dinge wirken, ist für uns bei dem gegenwärtigen Stand unseres Wissens ebenso unerklärlich, wie irgendeine hoffnungsvolle Vermutung zu machen, obwohl, wie ich Ihnen gleich zeigen werde,[e]) eine Vermutung gemacht werden kann, die ausreicht, um zu zeigen, daß das Problem nicht jenseits aller Hoffnung auf eine endgültige Lösung liegt.

107. All das ist genauso wahr für die Art und Weise, in der Naturgesetze die Materie beeinflussen. Ein Gesetz ist an sich nichts anderes als eine allgemeine Formel oder ein Symbol. Ein existierendes Ding ist einfach ein blind reagierendes Ding, dem nicht nur alle Allgemeinheit, sondern auch alle Repräsentation völlig fremd ist. Die allgemeine Formel kann logisch eine andere, weniger allgemeine Formel determinieren. Aber diese wird in ihrer wesentlichen Natur allgemein sein, und daß sie enger ist, begründet nicht im geringsten irgendeine Beteiligung an der reagierenden Eigenschaft des Dinges. Wir haben hier das große Problem des *Prinzips der Individuation*,[79]) von dem die Scholastiker nach einem Jahrhundert strengstmöglicher Analyse bekennen mußten, daß es ihnen ganz unverständlich war. Die Analogie legt nahe, daß die Naturgesetze Ideen oder Resolutionen im Geiste eines weiten Bewußtseins sind, das, ob es das höchste oder ein untergeordnetes ist, im Verhältnis zu uns immer eine Gottheit ist. Ich bin mit der Vermengung von Religion und Philosophie nicht einverstanden, außer als einer rein philosophischen Hypothese, die den Vorteil hat, durch Analogie gestützt zu werden. Aber ich kann nicht klar sehen, daß sie, abgesehen von dieser Stütze für die Imagi-

nation, von irgendeinem besonderen wissenschaftlichen Nutzen ist . . .

3. Normative Urteile

108. Schließen kann unmöglich von *Logik* getrennt werden; weil ein Mensch, wenn er schließt, immer denkt, daß er eine Schlußfolgerung macht, die in jedem analogen Fall gerechtfertigt wäre. Er kann daher nicht wirklich *folgern,* ohne einen Begriff von einer Klasse möglicher Folgerungen zu haben, die alle logisch *gut* sind. Diese Unterscheidung von *gut* und *schlecht* hat er immer im Kopf, wenn er folgert. Eigentliche Logik ist die *Kritik* der Argumente, die sie für gut oder schlecht erklärt. Ich möchte behaupten, daß es Operationen des Geistes gibt, die Schlußfolgerungen logisch genau analog sind, abgesehen nur davon, daß sie unbewußt und daher unkontrollierbar und deshalb der Kritik nicht unterworfen sind. Aber das ist ein ganz gewaltiger Unterschied; denn *Folgerung* ist wesentlich bewußt und unterliegt der Selbst-Kontrolle. Jede Operation, die nicht kontrolliert werden kann, jede Schlußfolgerung, die nicht verworfen wurde, ist, nicht nur wenn *Kritik* gegen sie geäußert wurde, sondern auch in dem Akt der Äußerung jenes Dekrets, nicht von der Art der rationalen Folgerung — ist nicht Schließen. Bewußtes Schließen ist wesentlich kritisch, und es ist müßig, das als gut oder schlecht zu kritisieren, was nicht kontrolliert werden kann. Schließen involviert wesentlich *Selbst-Kontrolle;* so daß die *logica utens*[f]) [80]) eine besondere Art von Moral ist. Logisch Gutes und Schlechtes, das, wie wir finden werden, einfach der Unterschied von *Wahrheit* und *Falschheit* im allgemeinen ist, läuft in der letzten Analyse auf nichts anderes hinaus als auf eine besondere Anwendung der allgemeineren Unterscheidung zwischen moralisch Gutem und Schlechtem oder Rechtschaffenheit und Schlechtigkeit.[g])

109. Eine Operation des Denkens, die nicht kontrolliert werden kann, als logisch vernünftig oder unvernünftig zu kritisieren, ist nicht weniger lächerlich, als das Wachsen

Ihres Haares moralisch gut oder schlecht zu nennen. Das Lächerliche in beiden Fällen besteht in der Tatsache, daß ein kritisches Urteil auf diese Weise *vorgetäuscht,* aber nicht wirklich in klarem Denken vollzogen werden kann, denn bei der Analyse wird es sich als unsinnig erweisen.

110. Ich bin mir ganz bewußt, daß diese Haltung zwei ernsten Einwänden offensteht, zu deren Diskussion ich keine Zeit habe, die ich aber sorgfältig bedacht und widerlegt habe. Der erste ist, daß Logik dabei zu einer Frage der Psychologie gemacht wird.[h]) Aber das leugne ich. Logik beruht auf bestimmten Erfahrungstatsachen, unter denen es Tatsachen über Menschen gibt, aber nicht auf irgendeiner Theorie über den menschlichen Geist oder irgendeiner Theorie, um Tatsachen zu erklären. Der andere Einwand ist, daß, wenn die Unterscheidung [zwischen] Guter und Schlechter Logik ein besonderer Fall [der Unterscheidung zwischen] Guter und Schlechter Moral ist, mit demselben Kennzeichen die Unterscheidung zwischen Guter und Schlechter Moral ein besonderer Fall der Unterscheidung [zwischen] ästhetisch Gutem und Schlechtem ist. Wenn man das zuläßt, heißt das nicht nur, daß man Hedonismus zuläßt, den niemand mit Verstand, der nicht von Theorie oder etwas Schlimmerem geblendet ist, zulassen kann, sondern heißt auch, da man es mit einer wesentlich Dualistischen Unterscheidung des Guten und Schlechten zu tun hat – was offenkundig eine Angelegenheit der Zweiten Kategorie ist –, daß man den Ursprung dieser Unterscheidung in Ästhetischer Empfindung, die zur Ersten Kategorie gehört, sucht.

111. Dieser letzte Einwand führte mich viele Jahre lang irre. Die Antwort darauf berührt einen sehr wichtigen Punkt, den ich auf die nächste Vorlesung verschieben muß. Als ich ihn zuerst bemerkte, stammte alles, was ich über Ethik wußte, aus dem Studium Jouffroys*) unter Dr. Walker,[i]) Kants und einer hölzernen Abhandlung von Whewell;[j]) und ich wurde von diesem Einwand zu einer Denkrichtung geführt, die mich Ethik nur als eine Kunst oder eine angewandte Wissenschaft und überhaupt nicht als eine reine,

normative Wissenschaft betrachten ließ. Aber als ich von 1883 an die Werke der großen Moralisten zu lesen begann, deren große Fruchtbarkeit im Denken ich in wunderbarem Kontrast zur Sterilität der Logiker fand, wurde ich gezwungen, die Abhängigkeit der Logik von der Ethik zu erkennen; und ich nahm Zuflucht zu der Idee, daß es keine Wissenschaft der Ästhetik gibt, daß, weil *de gustibus non est disputandum,* es daher keine ästhetische *Wahrheit* und *Falschheit* oder allgemein gültiges Gutes und Schlechtes gibt. Aber ich blieb nicht lange bei dieser Meinung. Ich sah bald, daß dieser ganze Einwand auf einem fundamentalen Mißverständnis beruht. Wenn man sagt, daß Moral letzten Endes auf ein ästhetisches Urteil hinausläuft, ist das *nicht* Hedonismus – sondern ist dem Hedonismus direkt entgegengesetzt. Danach fällt jede Äußerung zwischen dem Guten und Schlechten bestimmt unter die zweite Kategorie; und aus diesem Grund tritt eine solche Äußerung in der Stimme des Gewissens mit einer Absolutheit der Dualität auf, die wir nicht einmal in der Logik finden; und obwohl ich noch ein vollständiger Ignorant in der Ästhetik bin, wage ich zu denken, daß der ästhetische Geisteszustand der reinste ist, wenn er vollkommen naiv ist, ohne jede kritische Äußerung, und daß die ästhetische Kritik ihre Urteile auf dem begründet, was sich aus der Rückkehr zu einem solchen reinen naiven Zustand ergibt – und der beste Kritiker ist derjenige, der sich geübt hat, dies am vollkommensten zu tun.

112. Es ist ein großer Fehler anzunehmen, daß die Phänomene des Vergnügens und des Schmerzes hauptsächlich Phänomene der Empfindung sind.[k]) Untersuchen Sie den *Schmerz,* der sehr viel wirksamer zu sein scheint als das *Vergnügen.* Ich bin unfähig, irgendeine Empfindungsqualität mit Sicherheit zu erkennen, die allen *Schmerzen* gemeinsam wäre; und wenn ich das nicht kann, bin ich sicher, daß es für niemanden leicht sein kann. Denn ich habe mich systematisch geübt, meine Empfindungen zu erkennen. Ich habe viele Jahre lang jeden Tag intensiv viele Stunden lang gearbeitet, um mich darin zu üben; und es ist eine Übung, die ich Ihnen allen empfehlen möchte. Der Künstler hat eine solche Übung; aber die meisten seiner Anstrengungen zie-

len darauf ab, in der einen oder anderen Form das zu reproduzieren, was er sieht oder hört, was in jeder Kunst ein sehr kompliziertes Geschäft ist; während ich mich einfach bemüht habe zu sehen, was es denn ist, das ich sehe. Daß diese Begrenzung der Aufgabe ein großer Vorteil ist, ist für mich dadurch erwiesen, daß ich finde, daß die große Mehrheit der Künstler äußerst beschränkt ist. Ihre ästhetischen Einsichten sind beschränkt; und das kommt daher, weil sie nur die Fähigkeit haben, die Qualitäten ihrer Wahrnehmungen in bestimmten Richtungen zu erkennen.

Aber die Mehrheit derjenigen, die meinen, daß Schmerz eine Empfindungsqualität ist, sind nicht einmal Künstler; und selbst unter denjenigen, die Künstler sind, gibt es sehr wenige, die *Künstler im Schmerz* sind. Aber es ist wahr, daß es bestimmte Geisteszustände gibt, besonders unter den Geisteszuständen, bei denen Empfindung einen großen Anteil hat, die wir gern los werden wollen. Das ist das offenkundige Phänomen; und die gewöhnliche Theorie ist, daß dieser Impuls von einer Empfindungsqualität hervorgerufen wird, die allen diesen Zuständen gemeinsam ist – eine Theorie, die von der Tatsache gestützt wird, daß dieser Impuls besonders intensiv hinsichtlich der Zustände ist, in denen Empfindung das vorherrschende Element ist. Ob das nun wahr oder falsch ist, es ist eine *Theorie*. Es ist keine Tatsache, daß irgendeine solche gemeinsame Qualität in allen Schmerzen sogleich erkannt werden kann.

113. Während jedenfalls das ganze Phänomen des Schmerzes und das ganze Phänomen des Vergnügens Phänomene sind, die innerhalb des geistigen Universums entstehen, und keine große Bedeutung erlangen, außer wenn sie Geisteszustände betreffen, in denen Empfindung vorherrschend ist, bestehen diese Phänomene doch nicht hauptsächlich in irgendeiner gemeinsamen Empfindungsqualität des Vergnügens und irgendeiner gemeinsamen Empfindungsqualität des Schmerzes, selbst wenn es solche Empfindungsqualitäten gibt; sondern sie bestehen hauptsächlich [in einem] Schmerz, [der] in einem Kampf [besteht], einem Geisteszustand seine *Quietus* zu geben, und [in einem] Vergnügen an einer besonderen Bewußtseinsweise, die mit

dem Bewußtsein, *eine Verallgemeinerung zu machen*, in der nicht Empfindung, sondern eher Erkennen der hauptsächliche Bestandteil ist, verbunden ist. Was die niederen Vergnügen betrifft, ist es vielleicht schwierig, dies herauszufinden, aber sie betreffen das Argument, das wir betrachten, nicht. Wir haben es mit ästhetischem Vergnügen zu tun; und so wenig ich über Kunst weiß, besitze ich doch beträchtliche Fähigkeit für ästhetisches Vergnügen, und mir scheint, daß, während wir beim ästhetischen Vergnügen auf die Totalität der Empfindung achten — und besonders auf die gesamte daraus entstehende Empfindungsqualität, die sich im Kunstwerk darstellt, das wir betrachten —, es doch eine Art intellektueller Sympathie ist, ein Sinn dafür, daß hier eine Empfindung ist, die man verstehen kann, eine vernünftige Empfindung. Es gelingt mir nicht, genau zu sagen, *was* es ist, aber es ist ein Bewußtsein, das zur Kategorie der Repräsentation gehört, obgleich es etwas in der Kategorie der Empfindungsqualität repräsentiert.

Von diesem Gesichtspunkt aus scheint der Einwand gegen die Lehre, daß die Unterscheidung moralischer Billigung und Mißbilligung letztlich nur eine Art der Unterscheidung ästhetischer Billigung und Mißbilligung ist, beantwortet zu sein.

114. Es scheint dann, daß *Logica utens*, die in Selbstkontrolle besteht, die Unterscheidung des logisch Guten und Schlechten dort beginnen muß, wo die Kontrolle des Erkenntnisprozesses beginnt; und jedes Objekt, das der Unterscheidung vorangeht, muß, wenn es gut oder schlecht genannt werden soll, *gut* genannt werden. Denn da kein Fehler an ihm gefunden werden kann, muß es in seiner eigenen Bewertung genommen werden.

4. Wahrnehmungsurteile[1])

115. Wo beginnt dann im Erkenntnisprozeß die Möglichkeit seiner Kontrolle? Bestimmt nicht, bevor das *Perzept* gebildet ist.

Selbst nachdem das Perzept gebildet ist, gibt es eine Operation, die mir ganz unkontrollierbar erscheint. Es ist die, das zu beurteilen, was die Person wahrnimmt. Ein Urteil ist ein Akt der Bildung eines vernünftigen Satzes, der mit seiner Annahme oder dem Akt der Zustimmung zu ihm verbunden ist. Auf der anderen Seite ist ein Perzept ein Bild oder ein Film oder eine andere Darbietung. Das Wahrnehmungsurteil, das heißt das erste Urteil einer Person über das sich ihren Sinnen Bietende, hat nicht mehr Ähnlichkeit mit dem Perzept als die Figur, die ich jetzt zeichne, einem Menschen ähnlich ist.

II–II

MENSCH

Ich sehe keine Möglichkeit, irgendeine Kontrolle über diese Operation auszuüben oder sie der Kritik zu unterwerfen. Wenn wir sie überhaupt, soweit ich sehen kann, kritisieren können, wäre diese Kritik darauf beschränkt, sie wieder auszuführen und zu sehen, ob wir bei größerer Aufmerksamkeit zum selben Ergebnis kommen. Aber wenn wir sie auf diese Weise wieder ausführen und jetzt größere Aufmerksamkeit aufwenden, ist das Perzept voraussichtlich nicht so, wie es zuvor war. Ich sehe nicht, was wir sonst für Mittel haben, um zu wissen, ob es dasselbe ist, das es zuvor war oder nicht, außer durch den Vergleich des früheren Wahrnehmungsurteils mit dem späteren. Ich sollte jeder anderen Methode der Ermittlung dessen, was die Beschaffenheit des Perzepts ist, äußerst mißtrauen. Folglich sollte ich das *Wahrnehmungsurteil*, bis ich eines Besseren belehrt bin, als völlig jenseits der Kontrolle betrachten. Sollte ich mich dabei irren, scheint das *Perzept* auf jeden Fall so zu sein.

116. Es folgt dann, daß unsere Wahrnehmungsurteile die ersten Prämissen unseres ganzen Schließens sind und daß sie nicht in Frage gestellt werden können. Alle unsere anderen Urteile sind bloße Annahmen, deren einzige Berechtigung es ist, daß sie von Wahrnehmungsurteilen bestätigt

wurden und sein werden. Aber die Wahrnehmungsurteile erklären, daß ein Ding blau ist, ein anderes gelb — ein Laut A ist, ein anderer U und noch ein anderer I. Das sind die Empfindungsqualitäten, von denen die Physiker sagen, daß sie bloße Illusionen sind, weil es für sie in ihren Theorien keinen Platz gibt. Wenn die Tatsachen nicht mit der Theorie übereinstimmen wollen, um so schlimmer für sie.[83]) Sie sind *schlechte Tatsachen.* Ich gestehe, daß das für mich kindisch klingt. Es ist, wie wenn ein Kind ein lebloses Objekt, das es verletzt, schlägt. Das gilt für alle Nörgelei an anderen wie an einem selbst und an denen, für deren Lebensführung man verantwortlich ist. Mißbilligung ist etwas Dummes.

117. Aber vielleicht wird man mich fragen, ob ich nicht zugebe, daß es so etwas wie eine Illusion oder Halluzination gibt. O ja, ich habe mehr als einen Fall völlig halluzinatorischer Imagination auf den geringsten Wink dieser ποιηταί[84]) unter den Künstlern gekannt. Natürlich weiß der Mensch, daß solche gehorsamen Hirngespinste keine realen Erfahrungen sind, weil Erfahrung das ist, was sich ihm selbst aufzwingt, ob er will oder nicht.

Richtige Halluzinationen — quälende Halluzinationen — beugen sich *nicht* auf Geheiß eines Menschen, und diejenigen, die ihnen unterworfen sind, sind daran gewöhnt, die Leute auszuhorchen, um gemeinsam mit ihnen festzustellen, ob der vor ihnen liegende Gegenstand ein von ihrer Krankheit unabhängiges Sein hat oder nicht. Es gibt auch gesellschaftliche Halluzinationen.

In einem solchen Falle kann eine Kamera oder ein anderes Gerät von Nutzen sein.

118. Natürlich gibt jeder zu und muß jeder zugeben, daß diese Erscheinungen Entitäten — *entia* sind; die Frage ist, ob diese *entia* zur Klasse der Realitäten gehören oder nicht, das heißt, ob sie so sind, wie sie sind, unabhängig von einer Menge einzelner Repräsentationen, daß sie so sind, oder ob ihre Seinsweise von abnormen Bedingungen abhängt. Aber für das ganze Universum der Qualitäten, das der Physiker Illusorisch nennen würde, gibt es nicht den geringsten Anschein des Verdachtes hinsichtlich ihrer Normalität. Im Gegenteil, es gibt eine beachtliche Evidenz dafür, daß zum

Beispiel Farben und Töne für die ganze Menschheit dieselbe Beschaffenheit haben.

Ich überspringe das. Es mag genügen zu sagen, daß es keinen Grund gibt, die Glaubwürdigkeit der Sinne zu verdächtigen, und es besteht die Vermutung, daß die zukünftigen Physiker herausfinden werden, daß sie realer sind als es der gegenwärtige Zustand der wissenschaftlichen Theorie von ihrem Sein als repräsentiertem Sein zuläßt.[m])

119. Wenn Sie mich daher fragen, welche Rolle Qualitäten in der Ökonomie des Universums spielen können, werde ich antworten, daß das Universum ein ausgedehntes Repräsentamen, ein großes Symbol für Gottes Absicht ist, das seine Schlußfolgerungen in lebendigen Realitäten herausarbeitet. Nun muß jedes Symbol seine mit ihm organisch verbundenen Indices der Reaktionen und seine Icons der Qualitäten haben; und eine solche Rolle, wie diese Reaktionen und diese Qualitäten sie in einem Argument spielen, spielen sie natürlich im Universum – dieses Universum ist genau genommen ein Argument. In dem wenigen, das Sie oder ich von dieser riesigen Beweisführung herausbekommen können, sind unsere Wahrnehmungsurteile die Prämissen *für uns*, und diese Wahrnehmungsurteile haben Icons als ihre Prädikate, und in diesen *Icons* werden Qualitäten unmittelbar präsentiert. Aber was für uns das erste ist, ist nicht das erste in der Natur. Die Prämissen des der Natur eigenen Prozesses sind alle die unabhängigen, unverursachten Elemente der Tatsachen, die die Vielfältigkeit der Natur ausmachen, von denen die Nezessitarier[85]) annehmen, daß sie alle seit der Begründung der Welt existieren, von denen aber der Tychist[86]) annimmt, daß sie kontinuierlich neuen Zuwachs erhalten.[n]) Diese Prämissen der Natur, obwohl sie nicht die *wahrnehmbaren Tatsachen* sind, die Prämissen für uns sind, müssen ihnen jedoch nichtsdestoweniger dadurch ähnlich sein, daß sie Prämissen sind. Wir können uns das, was sie sind, nur vorstellen, indem wir sie mit den Prämissen für uns vergleichen. Als Prämissen müssen sie Qualitäten einschließen.

Und jetzt zu ihrer Funktion in der Ökonomie des Universums. Das Universum ist als ein Argument notwendigerweise ein großes Kunstwerk, ein großes Gedicht – denn jedes hervorragende Argument ist ein Gedicht und eine Symphonie – genauso wie jedes wahre Gedicht ein vernünftiges Argument ist. Aber wir wollen es lieber mit einem gemalten Bild vergleichen – mit einer impressionistischen Küstenlandschaft –, dann ist jede Qualität in einer Prämisse eines der elementaren, farbigen Teilchen des Bildes; sie sind alle so gemeint, daß sie zusammen die beabsichtigte Qualität hervorbringen, die zu dem Ganzen als Ganzes gehört. Diese Gesamtwirkung liegt jenseits unseres Horizontes; aber wir können in bestimmtem Maße die sich aus den Teilen ergebende Qualität des Ganzen würdigen – nämlich Qualitäten, die sich aus den Kombinationen elementarer Qualitäten, die zu den Prämissen gehören, ergeben.

Aber ich will mich bemühen, das in der nächsten Vorlesung deutlicher zu machen.

VORLESUNG V[a])

Die drei Arten des Guten

1. Die Teile der Philosophie[b])

120. ... Ich habe schon erklärt,[c]) daß ich unter Philosophie das Gebiet der positiven Wissenschaft oder der Tatsachenwissenschaft verstehe, das sich nicht damit beschäftigt, Tatsachen zu sammeln, sondern nur mit dem Lernen dessen, das aus der Erfahrung gelernt werden kann, die täglich und stündlich auf jeden von uns einwirkt. Sie sammelt keine neuen Tatsachen, weil sie diese nicht braucht und weil neue allgemeine Tatsachen ohne die Voraussetzung einer metaphysischen Lehre auch nicht sicher begründet werden können; und das verlangt wiederum die Zusammenarbeit aller Gebiete der Philosophie, so daß diese neuen Tatsachen, wie eindrucksvoll sie auch sein mögen, der Philosophie bei weitem eine schwächere Stütze sind als jene *gewöhnliche Erfahrung*, die niemand bezweifelt oder bezweifeln kann, und die sogar niemand je *vorgibt* zu bezweifeln, außer als eine Folge der Überzeugung von jener Erfahrung, die so vollständig und so vollkommen ist, daß sie sich ihrer selbst nicht bewußt sein kann; genau wie ein Amerikaner, der niemals außer Landes war, die charakteristischen Eigenschaften der Amerikaner nicht wahrnehmen kann; genau wie ein Autor sich der Besonderheiten seines eigenen Stils nicht bewußt ist; genau wie keiner von uns sich selbst sehen kann, wie andere ihn sehen.

Jetzt mache ich eine Reihe von Behauptungen, die abenteuerlich klingen werden; denn ich kann hier nicht verweilen, um sie zu beweisen, obwohl ich sie nicht übergehen kann, wenn ich die Stützen des Pragmatismus in ihr wahres Licht rücken soll.

121. Die Philosophie hat drei große Teile. Der erste ist Phänomenologie, die einfach das universale Phänomen betrachtet, und seine allgegenwärtigen Elemente, Erstheit, Zweitheit und Drittheit, vielleicht zusammen mit anderen Reihen von Kategorien, unterscheidet. Der zweite große Teil ist normative Wissenschaft, die die universalen und notwendigen Gesetze der Beziehung der Phänomene zu den *Zwecken*, das heißt vielleicht zu Wahrheit, Recht und Schönheit, untersucht. Der dritte große Teil ist Metaphysik, die sich bemüht, die Realität der Phänomene zu verstehen. Nun ist Realität eine Angelegenheit der Drittheit als Drittheit, das heißt in ihrer Vermittlung zwischen Zweitheit und Erstheit. Ich zweifle nicht, daß die meisten von Ihnen, wenn nicht alle, Nominalisten sind; und bitte nehmen Sie nicht Anstoß an einer Wahrheit, die genauso klar und unbestreitbar für mich ist wie die Wahrheit, daß Kinder das menschliche Leben nicht verstehen. Ein Nominalist zu sein, besteht in dem unentwickelten Zustand des Begreifens von Drittheit als Drittheit in jemandes Geist. Das Heilmittel dafür besteht darin, daß man Ideen des menschlichen Lebens eine größere Rolle in seiner eigenen Philosophie spielen läßt. Metaphysik ist die Wissenschaft der Realität. Realität besteht in Regelmäßigkeit. Reale Regelmäßigkeit ist aktives Gesetz. Aktives Gesetz ist wirksame Vernünftigkeit, oder, in anderen Worten, ist wahrhaft vernünftige Vernünftigkeit. Vernüftige Vernünftigkeit ist Drittheit als Drittheit.

Die Einteilung der Philosophie in diese drei großen Gebiete, deren deutliche Unterscheidung begründet werden kann, ohne die Inhalte der Phänomenologie zu berücksichtigen (d. h. ohne zu fragen, was die wahren Kategorien sein können), läuft dann darauf hinaus, eine Einteilung zu sein, die mit Erstheit, Zweitheit und Drittheit übereinstimmt und somit eines der sehr zahlreichen Phänomene ist, auf die ich stieß, die diese Liste der Kategorien bestätigen.

122. Phänomenologie handelt von den universalen Qualitäten der Phänomene in ihrem unmittelbaren, phänomenalen Charakter, als Phänomene an sich. Sie handelt also von Phänomenen in ihrer Erstheit.

123. Normative Wissenschaft handelt von den Gesetzen der Relation der Phänomene zu den Zwecken; das heißt sie handelt von den Phänomenen in ihrer Zweitheit.

124. Metaphysik, wie ich gerade erwähnte, handelt von Phänomenen in ihrer Drittheit.

125. Wenn dann Normative Wissenschaft nicht ausreichend beschrieben zu sein scheint, wenn man sagt, daß sie von Phänomenen in ihrer Zweitheit handelt, so ist das ein Anzeichen dafür, daß unsere Vorstellung von Normativer Wissenschaft zu eng ist; und ich bin, viele Jahre, ehe ich die richtige Einteilung der Philosophie erkannte, zu der Schlußfolgerung gekommen, daß das selbst für die besten Arten, sich Normative Wissenschaft vorzustellen, die irgendeine Berühmtheit erreicht haben, wahr ist.

Ich wünschte, ich könnte eine Stunde lang zu Ihnen über die wahre Vorstellung von normativer Wissenschaft sprechen. Aber ich werde nur einige negative Behauptungen machen können, die, selbst wenn sie bewiesen wären, nicht viel zur Entwicklung dieser Vorstellung beitragen würden. Normative Wissenschaft ist keine Kunstfertigkeit, noch ist sie eine Untersuchung, die in Hinsicht auf die Ausbildung von Kunstfertigkeit gemacht wird. Coriolis[87]) schrieb ein Buch über die Analytische Mechanik des Billardspiels.[*]) Wenn dieses Buch den Leuten auch überhaupt nicht hilft, Billard zu spielen, so sagt das nichts gegen es. Das Buch ist nur als reine Theorie gemeint. In ähnlicher Weise bleibt, wenn Normative Wissenschaft die Entwicklung der Kunstfertigkeit überhaupt nicht beabsichtigt, ihr Wert als Normative Wissenschaft derselbe. Sie ist rein theoretisch. Natürlich *gibt* es praktische Wissenschaften des Schließens und Erforschens, der Lebensführung und der Herstellung von Kunstwerken. Sie stimmen mit den Normativen Wissenschaften überein, und es kann wahrscheinlich erwartet werden, daß sie Hilfe von ihnen empfangen. Aber sie sind keine integrierenden Bestandteile dieser Wissenschaften; und der Grund dafür, daß sie es nicht sind, ist nicht bloßer Formalismus, sondern ist der, daß es gewöhnlich sehr verschiedene Menschen sein werden — zwei Gruppen von Menschen, die nicht fähig sind, miteinander zu verkehren —, die die beiden

Arten der Untersuchung führen. Auch ist die Normative Wissenschaft keine *spezielle* Wissenschaft, das heißt eine jener Wissenschaften, die neue Phänomene entdecken. Es wird ihr nicht einmal in einem nennenswerten Grad von irgendeiner solchen Wissenschaft geholfen; und lassen Sie mich sagen, daß auch die Psychologie nicht mehr als irgendeine andere spezielle Wissenschaft hilft. Wenn wir sechs Häufchen von je sieben Kaffeebohnen in die eine Schale einer Krämerwaage und zweiundvierzig Kaffeebohnen in die andere Waagschale legen und durch Versuch herausfinden müssen, daß die beiden Lasten einander beinahe ausgleichen, könnte diese Beobachtung als ein äußerst schwacher Beitrag zu der Gewißheit des Satzes, daß sechsmal sieben zweiundvierzig ergibt, betrachtet werden, weil es denkbar ist, daß dieser Satz fehlerhaft ist und einer besonderen Geisteskrankheit verdankt wird, welche die ganze Menschheit befallen hat; aber das Experiment kann möglicherweise die Wirkungen dieser Geisteskrankheit vermeiden, vorausgesetzt, daß wir von ihr befallen sind. Ähnlich und *fast in demselben Ausmaß* kann die Tatsache, daß die Menschen zum größten Teil eine natürliche Veranlagung zeigen, fast dieselben Argumente anzuerkennen, die Logik anerkennt, fast dieselben Handlungen, die Ethik anerkennt und fast dieselben Kunstwerke, die Ästhetik anerkennt, als eine Neigung, die Schlußfolgerungen der Logik, Ethik und Ästhetik zu stützen, betrachtet werden. Aber eine solche Unterstützung ist vollkommen bedeutungslos; und wenn es in einem besonderen Fall dazu kommt zu äußern, daß alles aus keinem besseren Grunde logisch, moralisch oder ästhetisch vernünftig und gut ist als dem, daß Menschen eine natürliche Neigung haben, so zu denken, wobei ich auch außer Acht lasse, wie stark und zwingend diese Neigung sein mag, dann ist das ein so schädlicher Trugschluß, wie es nur je einen gab. Natürlich ist es etwas ganz anderes für jemanden, zu erkennen, daß er nicht wahrnehmen kann, daß er das, was er nicht fühlbar bezweifelt, bezweifelt.

126. In einer der Arten, die ich aufzeigte, besonders in der letzteren, wird Normative Wissenschaft von der Mehrheit der Autoren von heute auf der Skala der Wissenschaf-

ten zu niedrig eingestuft. Auf der anderen Seite stufen einige Forscher der exakten Logik wenigstens *diese* normative Wissenschaft *zu hoch* ein, indem sie sie absichtlich mit reiner Mathematik gleichstellen.[d]) Es gibt drei ausgezeichnete Gründe, von denen jeder sie von dieser irrtümlichen Meinung befreien müßte. An erster Stelle *sollen* die Hypothesen, aus denen die Deduktionen der Normativen Wissenschaft hervorgehen, der positiven Tatsachenwahrheit *entsprechen*, und diese Deduktionen leiten ihre Bedeutung fast ausschließlich aus diesem Umstand ab; dagegen sind die Hypothesen reiner Mathematik in der Absicht rein ideal und ihre Bedeutung ist rein intellektuell. Aber an zweiter Stelle ist das Vorgehen der normativen Wissenschaften *nicht rein deduktiv*, wie es das der Mathematik ist, selbst nicht im Prinzip. Ihre besonderen Analysen vertrauter Phänomene, Analysen, die von den Tatsachen der Phänomenologie in einer Weise gelenkt werden müssen, in der die Mathematik überhaupt nicht gelenkt wird, trennt normative Wissenschaft ganz radikal von Mathematik. An dritter Stelle gibt es ein sehr vertrautes und wesentliches Element normativer Wissenschaft, das noch *mehr* zu ihr paßt, und das ist ihre *besondere Bewertung*, der überhaupt nichts in den Phänomenen entspricht. Diese Bewertungen beziehen sich auf die Übereinstimmung der Phänomene *mit den Zwecken*, die diesen Phänomenen nicht immanent sind.

127. Es gibt verschiedene andere, weit verbreitete Mißverständnisse über die Natur Normativer Wissenschaft. Eines von ihnen ist, daß das Hauptproblem, wenn nicht das einzige, der normativen Wissenschaften darin besteht, logisch, ethisch und ästhetisch zu sagen, was *gut* und was *schlecht* ist; oder welchen Grad des Guten eine gegebene Beschreibung des Phänomens erreicht. Wäre das der Fall, würde normative Wissenschaft in einem gewissen Sinne *mathematisch* sein, weil sie sich ganz mit der Frage der *Quantität* befassen würde. Aber ich neige sehr dazu zu denken, daß diese Ansicht kritischer Überprüfung nicht standhält. Logik klassifiziert Argumente und erkennt dabei verschiedene *Arten* der Wahrheit. Auch in der Ethik werden von der Mehrzahl der Moralisten *Qualitäten* des Guten zu-

gelassen. Und was die Ästhetik betrifft, scheinen auf diesem Gebiet qualitative Unterschiede so wichtig zu sein, daß man abgesehen von ihnen unmöglich sagen kann, daß es irgendeine Erscheinung gibt, die nicht ästhetisch gut ist. Vulgarität und Anmaßung ihrerseits können in ihrer Vollkommenheit ganz herrlich erscheinen, wenn wir einmal unsere Überempfindlichkeit ihnen gegenüber überwinden können, eine Empfindlichkeit, die daraus resultiert, daß sie als mögliche Qualitäten unseres eigenen Werkes betrachtet werden – aber das ist eine *moralische* und keine *ästhetische* Art, sie zu betrachten. Ich brauche Sie kaum daran zu erinnern, daß das Gute, sei es ästhetisch, moralisch oder logisch, entweder *negativ* sein kann – indem es in Fehlerfreiheit besteht –, oder *quantitativ* – indem es in dem Grad, den es erreicht, besteht. Aber in einer Untersuchung, wie wir sie jetzt machen werden, ist negativ Gutes das Wichtige.

128. Eine spitzfindige und fast unausrottbare Enge der Vorstellung von Normativer Wissenschaft läuft fast durch die ganze moderne Philosophie, indem sie ausschließlich mit dem menschlichen Geist in Beziehung gesetzt wird. Das Schöne wird als abhängig vom menschlichen Geschmack begriffen, richtig und falsch betreffen allein die menschliche Lebensführung, Logik beschäftigt sich mit menschlicher Vernunft. Tatsächlich sind nun diese Wissenschaften im wahrsten Sinne bestimmt Geisteswissenschaften. Nur ist die moderne Philosophie niemals ganz fähig gewesen, die cartesianische Idee des Geistes als etwas, das in der Zirbeldrüse „residiert" – das ist der Terminus –,[e]) abzuschütteln. Heute lacht jeder darüber, und doch denkt jeder in derselben allgemeinen Weise weiter über den Geist als etwas in dieser oder jener Person, das zu ihr gehört und mit der realen Welt in Wechselbeziehung steht. Eine ganze Vorlesungsreihe wäre erforderlich, diesen Irrtum bloßzulegen. Ich kann nur andeuten, daß, wenn Sie darüber nachdenken, ohne von vorgefaßten Ideen beherrscht zu sein, Sie bald wahrnehmen werden, daß es eine sehr enge Auffassung von Geist ist. Ich möchte meinen, daß es jedem so erscheinen muß, der sich genügend in die *Kritik der reinen Vernunft* versenkt hat.

2. Das ethisch und ästhetisch Gute[f])

129. Ich kann nicht länger bei der allgemeinen Vorstellung der Normativen Wissenschaft verweilen. Ich muß jetzt zu den besonderen Normativen Wissenschaften kommen. Man sagt gewöhnlich, daß es Logik, Ethik und Ästhetik sind. Früher wurden nur Logik und Ethik dazugezählt. Einige Logiker weigern sich, irgendeine andere Normative Wissenschaft als ihre eigene anzuerkennen. Meine eigenen Meinungen über Ethik und Ästhetik sind viel weniger gereift als meine logischen Meinungen. Erst seit 1883 zähle ich Ethik zu meinen speziellen Studien; und noch vor vier Jahren war ich nicht gewillt zu bestätigen, daß Ethik eine Normative Wissenschaft ist. Und was Ästhetik betrifft, habe ich sie, obwohl das erste Jahr meines philosophischen Studiums ausschließlich diesem Zweig gewidmet war,[88]) doch seither so vollständig vernachlässigt, daß ich mich nicht berechtigt fühle, irgendwelche festen Meinungen über sie zu haben. Ich möchte fast meinen, daß es eine solche Normative Wissenschaft gibt; aber ich bin mir selbst dessen keineswegs sicher.

Nehmen wir jedoch an, daß Normative Wissenschaft sich in Ästhetik, Ethik und Logik unterteilt, dann kann man von meinem Standpunkt aus leicht erkennen, daß diese Einteilung von den drei Kategorien beherrscht wird. Denn da im allgemeinen Normative Wissenschaft die Wissenschaft der Übereinstimmungsgesetze von Dingen mit Zwecken ist, betrachtet Ästhetik diejenigen Dinge, deren Zweck es ist, Empfindungsqualitäten zu verkörpern, Ethik diejenigen Dinge, deren Zweck in der Aktion liegt und Logik diejenigen Dinge, deren Zweck es ist, etwas zu repräsentieren.

130. Nachdem wir lange und offenbar vergeblich um den heißen Brei herumgegangen sind, kommen wir endlich dem Geheimnis des Pragmatismus auf die Spur. Wir wollen die Relationen dieser drei Wissenschaften zueinander kurz betrachten. Welche Meinung auch immer bezüglich des Bereichs der Logik in Erwägung gezogen wird, es wird im allgemeinen zugestimmt, daß ihr Kern in der Klassifikation und Kritik der Argumente liegt. Es ist nun der Natur der

Argumente eigentümlich, daß kein Argument ohne eine Beziehung zu einer speziellen Klasse von Argumenten existieren kann. Der Akt des Folgerns besteht in dem Gedanken, daß die gefolgerte Konklusion wahr ist, weil in *jedem analogen Falle* eine analoge Konklusion wahr *sein würde.* So sind Logik und Schließen gleichzeitig. Wer schließt, behauptet *ipso facto* im Grunde genommen eine logische Lehre, seine *logica utens.*[8]) Diese Klassifikation ist keine bloße Qualifikation des Arguments. Sie umfaßt im wesentlichen seine *Billigung* – eine *qualitative Billigung.* Eine solche Selbst-Billigung setzt aber *Selbstkontrolle* voraus. Nicht daß wir unsere Billigung *an sich* als einen Willensakt betrachten, sondern daß wir behaupten, daß der Akt des Schließens, den wir billigen, ein Willensakt ist. D. h., daß, wenn wir nicht billigen, wir auch nicht schließen sollten. Es gibt Verstandesoperationen, die unserer Kontrolle ebenso vollständig entzogen sind wie das Wachsen unseres Haares. *Sie* zu billigen oder nicht zu billigen, wäre müßig. Aber wenn wir ein Experiment einleiten, um eine Theorie zu testen, oder wenn wir uns vorstellen, daß eine zusätzliche Linie in ein geometrisches Diagramm eingeführt wird, um eine Frage in der Geometrie zu bestimmen, sind dies *Willensakte,* die unsere Logik, sei sie von natürlicher oder wissenschaftlicher Art, *billigt. Die Billigung eines Willensaktes* ist dann eine *moralische* Billigung. *Ethik ist die Untersuchung darüber, welche Handlungsziele wir wohlüberlegt anzunehmen gewillt sind.* Richtige Handlung stimmt mit den Zielen überein, die wir wohlüberlegt anzunehmen gewillt sind. Das ist, wie mir scheint, alles, was in dem Begriff der Rechtschaffenheit *liegen kann.* Der rechtschaffene Mensch ist derjenige, der seine Leidenschaften kontrolliert und mit den Zielen in Übereinstimmung bringt, die er wohlüberlegt gewillt ist, als *letzte* anzunehmen. Wenn es in der Natur eines Menschen läge, vollkommen damit zufrieden zu sein, sein persönliches Wohlergehen zu seinem letzten Ziel zu machen, würde er für sein Tun nicht mehr getadelt, als ein Schwein für dasselbe Verhalten getadelt würde. Ein logisch Schließender ist ein Schließender, der in seinen intellektuellen Operationen große Selbstkontrolle ausübt; und daher ist das logisch Gute einfach eine besondere Spezies des moralisch Guten. Ethik – die ursprüngliche normative Wissenschaft der Ethik im Unterschied zu dem Zweig der Anthropologie, der heutzutage unter dem Namen Ethik läuft – diese genuine Ethik ist die normative Wissenschaft *par excellence,* weil ein *Zweck* – das wesentliche Objekt der normativen Wissenschaft – zu einem Willensakt in einer so ursprünglichen Weise wie zu nichts anderem gehört. Aus diesem Grund habe ich einige bleibende Zweifel bezüglich des Vorhandenseins einer wahren normativen Wissenschaft des Schönen. Auf der anderen Seite muß ein *wohlüberlegt* angenommener, endgültiger Handlungszweck – d. h. ein *vernünftig* angenommener – ein Zustand der Dinge sein, der *sich selbst als in sich selbst vernünftig empfiehlt,* abgesehen von irgendeiner weiteren Überlegung. Es muß ein *bewundernswertes Ideal* sein, das die einzige Art des Guten, die ein solches Ideal haben *kann,* hat, nämlich das ästhetisch Gute. Von diesem Gesichtspunkt aus erscheint das moralisch Gute als eine besondere Spezies des ästhetisch Guten.

131. Wenn diese Gedankenführung vernünftig ist, wird das moralisch Gute das ästhetisch Gute sein, das von einem zusätzlichen Element besonders bestimmt wird; und das logisch Gute wird das moralisch Gute sein, das von einem zusätzlichen Element besonders bestimmt wird. Man muß nun zumindest zugeben, daß es sehr wahrscheinlich ist, daß wir, um die Maxime des Pragmatismus zu verbessern oder zu bestätigen, genau herausfinden müssen, worin das logisch Gute besteht; und dann würde sich aus dem bisher Gesagten ergeben, daß wir, um die Natur des logisch Guten zu analysieren, zuerst klare Ansichten über die Natur des ästhetisch Guten und besonders des moralisch Guten gewinnen müßten.

132. So sehe ich mich dann, so ungeeignet ich auch dafür bin, vor die Aufgabe gestellt, das ästhetisch Gute zu definieren – eine Arbeit, die so viele philosophische Künstler auszuführen versuchten. Im Hinblick auf die Kategorienlehre möchte ich sagen, daß ein Objekt, um ästhetisch gut zu sein, eine Vielzahl von Teilen haben muß, die so mitein-

ander verbunden sind, daß sie ihrer Totalität eine positive einfache unmittelbare Qualität verleihen; und was diese Qualität auch immer verleiht, ist daher ästhetisch gut, ungeachtet dessen, was die besondere Qualität des Ganzen sein mag. Wenn diese Qualität eine solche ist, die uns anekelt, die uns erschreckt oder sonstwie stört, bis zu dem Punkt, an dem sie uns um die Stimmung des ästhetischen Vergnügens bringt, um die Stimmung, in der einfach die Verwirklichung der Qualität betrachtet wird – genau wie zum Beispiel die Alpen in alten Zeiten die Leute berührten, als der Stand der Zivilisation so war, daß ein Eindruck großer Macht untrennbar mit lebendiger Angst und Schrecken verbunden war –, dann bleibt das Objekt nichtsdestoweniger ästhetisch gut, obwohl die Leute in unserer Lage unfähig sind, es in Ruhe ästhetisch zu betrachten.

Diese Anregung muß als das gelten, was sie wert sein mag, was allerdings meiner Meinung nach sehr unbedeutend ist. Wenn es richtig ist, folgt daraus, daß es so etwas wie positive ästhetische Schlechtigkeit nicht gibt; und da wir mit dem Guten in dieser Erörterung hauptsächlich die Abwesenheit von Schlechtigkeit oder Fehlerlosigkeit meinen, wird es so etwas wie ästhetisch Gutes nicht geben. Alles was es geben wird, werden verschiedene ästhetische Qualitäten sein; d. h. einfache Qualitäten von Ganzheiten, die der vollen Verkörperung in den Teilen nicht fähig sind, wobei diese Qualitäten in einem Fall bestimmter und stärker sein können als in einem anderen. Aber die vollständige Reduktion der Intensität kann, ja *wird* eine ästhetische Qualität sein; und ich bezweifle ernstlich, daß es einen Unterschied von rein ästhetisch Besserem und Schlechterem gibt. Meine Ansicht wäre, daß es unzählige Spielarten ästhetischer Qualität gibt, aber keinen reinen ästhetischen Grad des Vortrefflichen.

133. Aber sobald ein ästhetisches Ideal als ein endgültiges Handlungsziel vorgeschlagen wird, äußert sich in diesem Augenblick ein kategorischer Imperativ dafür oder dagegen. Wie Sie wissen, schlägt Kant vor, zuzulassen, daß der kategorische Imperativ unangefochten bleibt – eine ewige feierliche Erklärung. Sein Standpunkt ist heute in außerordent-

liche Ungnade gefallen, und nicht ohne Grund. Und doch kann ich keine sehr hohe Meinung von der Logik der gewöhnlichen Versuche seiner Widerlegung haben. Das ganze Problem besteht darin, ob dieser kategorische Imperativ der Kontrolle entzogen ist oder nicht. Wenn diese Stimme des Gewissens nicht von anderweitigen Gründen unterstützt wird, ist sie dann nicht einfach ein hartnäckiges, irrationales Heulen, das Schreien einer Eule, das wir, wenn das möglich ist, außer acht lassen können? *Warum sollten* wir ihr mehr Aufmerksamkeit zollen als dem Bellen eines Köters? Wenn wir das Gewissen *nicht* außer acht lassen *können,* sind alle Kanzelreden und moralischen Grundsätze vollkommen eitel. Aber wenn es außer acht gelassen werden kann, ist es in einem bestimmten Sinn der Kontrolle nicht entzogen. Es läßt uns die Freiheit, uns selbst zu kontrollieren. So scheint es mir denn, daß jedes beliebige Ziel, welches folgerichtig verfolgt werden kann, sobald es entschlossen angenommen wurde, jenseits aller möglichen Kritik stehen wird, außer der ganz unangebrachten Kritik von Außenseitern. Ein Ziel, das *nicht* übernommen und folgerichtig verfolgt werden *kann,* ist ein schlechtes Ziel. Es kann eigentlich überhaupt nicht ein letztes Ziel genannt werden. Das einzige moralische Übel ist, kein letztes Ziel zu haben.

134. Entsprechend ist es das Problem der Ethik zu ermitteln, welches Ziel möglich ist. Es könnte gedankenlos angenommen werden, daß eine *Spezialwissenschaft* bei dieser Ermittlung helfen könnte. Aber das würde auf einem Mißverständnis der Natur eines absoluten Zieles beruhen, das unter allen möglichen Umständen verfolgt *werden würde* — d. h. selbst dann, wenn die von einer Spezialwissenschaft ermittelten zufälligen Tatsachen vollkommen andersartig wären, als sie sind. Noch darf andererseits die Definition eines solchen Zieles auf einen bloßen Formalismus reduziert werden.

135. Die Bedeutung der Sache für den Pragmatismus ist offensichtlich. Denn wenn die Bedeutung eines Symbols darin besteht, *wie* es uns veranlassen könnte zu handeln, dann ist es offenkundig, daß dieses „wie" sich nicht auf die Beschreibung mechanischer Bewegungen beziehen kann, die

es vielleicht verursacht, sondern beabsichtigen muß, sich auf eine Beschreibung der Handlung zu beziehen, die dieses oder jenes *Ziel* hat. Um Pragmatismus gut zu verstehen, um ihn intelligenter Kritik zu unterwerfen, ist es daher unsere Pflicht zu fragen, was ein letztes Ziel sein kann, das geeignet ist, bei einem auf unbestimmte Zeit verlängerten Handlungsablauf verfolgt zu werden.

136. Wegen der Anzahl der Punkte, die berücksichtigt werden müssen, ist es etwas schwierig, dies abzuleiten, und ich kann natürlich nicht in Einzelheiten gehen. Damit das Ziel unter allen Umständen unveränderlich ist, ohne das es kein letztes Ziel wäre, ist es erforderlich, daß es mit einer freien Entwicklung der eigenen ästhetischen Qualitäten des Handelnden übereinstimmt. Gleichzeitig ist es erforderlich, daß es letztlich nicht dazu neigt, sich von den Reaktionen jener äußeren Welt auf den Handelnden stören zu lassen, die in der eigentlichen Idee der Aktion vorausgesetzt wird. Es ist offenkundig, daß diese beiden Bedingungen gleichzeitig nur dann erfüllt werden können, wenn die ästhetische Qualität, zu der die freie Entwicklung des Handelnden neigt, und die ästhetische Qualität der letzten Wirkung der Erfahrung auf ihn Teile eines einzigen ästhetischen Ganzen sind. Ob das wirklich so ist oder nicht, ist eine metaphysische Frage, deren Beantwortung nicht in den Bereich Normativer Wissenschaft fällt. Wenn es *nicht* so ist, ist das Ziel im wesentlichen *unerreichbar*. Aber genau wie beim Whistspiel, wenn nur noch drei Stiche zu spielen bleiben, die Regel gilt, vorauszusetzen, daß die Karten so verteilt sind, daß der entscheidende Stich gemacht werden kann, so wird es die ethische Regel sein, an dem einzig möglichen absoluten Ziel festzuhalten und zu hoffen, daß es sich als erreichbar erweisen wird. Inzwischen ist es beruhigend zu wissen, daß alle Erfahrung für diese Annahme spricht.

3. Das logisch Gute

137. Die Grundlagen für die Analyse des logisch Guten oder des Guten der Repräsentation sind jetzt geklärt. Es gibt eine spezielle Spielart des ästhetisch Guten, das zu einem Repräsentamen gehören kann, nämlich die *Ausdruckskraft*. Es gibt auch ein speziell moralisch Gutes der Repräsentationen, nämlich die *Glaubwürdigkeit*. Aber daneben gibt es einen besonderen Modus des Guten, der logisch ist. Wir müssen untersuchen, worin dieser besteht.

138. Der Seinsmodus eines Repräsentamens ist derart, daß es der Wiederholung fähig ist. Nehmen Sie zum Beispiel irgendein Sprichwort. „Schlechte Gesellschaft verdirbt gute Sitten." Jedesmal wenn das im Englischen, Griechischen oder in irgendeiner anderen Sprache geschrieben oder ausgesprochen wird und jedesmal wenn daran gedacht wird, ist es ein und dasselbe Repräsentamen. Mit einem Diagramm oder einem Bild ist es dasselbe. Es ist dasselbe mit einem physikalischen Zeichen oder Symptom. Wenn zwei Wetterhähne verschiedene Zeichen sind, sind sie das nur insoweit, als sie sich auf verschiedene Luftbereiche beziehen. Ein Repräsentamen, das eine einmalige, der Wiederholung unfähige Verkörperung haben würde, wäre kein Repräsentamen, sondern Teil der wirklichen repräsentierten Tatsache. Diese Beschaffenheit der Wiederholbarkeit des Repräsentamens hat zur Folge, daß es für ein Repräsentamen wesentlich ist, zur Determination eines anderen, von ihm verschiedenen Repräsentamens beitragen zu müssen. Denn in welchem Sinne würde es wahr sein, daß ein Repräsentamen wiederholt würde, wenn es ein von ihm verschiedenes Repräsentamen nicht determinieren könnte? „Schlechte Gesellschaft verdirbt gute Sitten" und φθείρουσιν ἤθη χρήσθ' ὁμιλίαι κακαί sind ein und dasselbe Repräsentamen. Sie sind es jedoch nur insofern, als sie so repräsentiert werden; und wenn man sagt „Schlechte Gesellschaft verdirbt gute Sitten", so ist das eine Sache, aber wenn man sagt „Schlechte Gesellschaft verdirbt gute Sitten" und φθείρουσιν ἤθη χρήσθ' ὁμιλίαι κακαί sind zwei Ausdrucksweisen desselben Sprichworts, so ist das eine andere Sache. Deshalb muß

jedes Repräsentamen geeignet sein, zur Determination eines von ihm verschiedenen Repräsentamens beizutragen. Jede Konklusion aus Prämissen ist ein geeignetes Beispiel; und was wäre ein Repräsentamen, das ungeeignet wäre, zu irgendeiner weiteren Konklusion beizutragen? Ich nenne ein Repräsentamen, das durch ein anderes Repräsentamen determiniert wird, einen *Interpretanten* des letzteren. Jedes Repräsentamen ist auf ein reagierendes Ding, sein Objekt, bezogen oder kann darauf bezogen werden, und jedes Repräsentamen verkörpert in einem gewissen Sinne eine Qualität, die seine *Signifikation* genannt werden kann, was J. S. Mill im Fall eines allgemeinen Namens seine *Konnotation* nennt, ein besonders zu beanstandender Ausdruck.[h])

139. Ein Repräsentamen ist entweder ein *Rhema*, ein *Satz* oder ein *Argument*. Ein *Argument* ist ein Repräsentamen, das selbständig zeigt, welchen Interpretanten es zu determinieren beabsichtigt. Ein *Satz* ist ein Repräsentamen, das kein Argument ist, das aber selbständig anzeigt, welches Objekt es zu repräsentieren beabsichtigt. Ein *Rhema* ist eine einfache Repräsentation ohne solche selbständigen Teile.

140. Jede Art des Repräsentamens – Rhema, Satz oder Argument — kann ästhetisch Gutes oder *Ausdruckskraft* besitzen und muß es in einem bestimmten Grad besitzen.

141. Ein Satz oder ein Argument kann moralisch Gutes oder Glaubwürdigkeit besitzen, aber nicht ein Rhema. Ein Verstandesurteil oder eine Folgerung muß einen bestimmten Grad an Glaubwürdigkeit besitzen.

142. Bezüglich des logisch Guten oder der *Wahrheit* sind die Feststellungen in den Lehrbüchern fehlerhaft; und es ist für unsere Untersuchung sehr wichtig, sie zu berichtigen. Die Lehrbücher unterscheiden zwischen *logischer Wahrheit*, die manche richtig auf Argumente beschränken, die nicht mehr versprechen als sie halten, und *materialer Wahrheit*, die zu Sätzen gehört, die das sind, was Glaubwürdigkeit zu sein erstrebt; und dies wird als ein höherer Grad der Wahrheit verstanden als bloße logische Wahrheit. Ich möchte diese Vorstellung folgendermaßen verbessern. Erstens beruht all unser Wissen auf Wahrnehmungsurteilen.

Diese sind notwendigerweise in größerem oder geringerem Grad entsprechend der gemachten Anstrengung glaubwürdig, aber es hat keine Bedeutung, wenn man sagt, daß sie irgendeine andere Wahrheit als Glaubwürdigkeit haben, da ein Wahrnehmungsurteil niemals wiederholt werden kann. Bestenfalls können wir von einem Wahrnehmungsurteil sagen, daß seine Beziehung zu anderen Wahrnehmungsurteilen derart ist, daß sie eine einfache Theorie der Tatsachen zuläßt. So kann ich urteilen, daß ich eine saubere, weiße Oberfläche sehe. Aber einen Augenblick später kann ich mich fragen, ob die Oberfläche wirklich sauber war und kann noch einmal schärfer hinsehen. Wenn dieses zweite, glaubwürdigere Urteil weiterhin behauptet, daß ich eine saubere Oberfläche sehe, wird die Theorie der Tatsachen einfacher sein, als wenn ich bei meinem zweiten Hinsehen feststelle, daß die Oberfläche schmutzig ist. Doch habe ich sogar in diesem letzten Fall kein Recht zu sagen, daß mein erstes *Perzept* das einer schmutzigen Oberfläche war. Ich habe hinsichtlich dessen absolut kein Zeugnis außer meinem Wahrnehmungsurteil, und obwohl das achtlos war und keinen hohen Grad von Glaubwürdigkeit hatte, muß ich es als einzige Evidenz in meinem Besitz anerkennen. Betrachten Sie jetzt irgendein anderes Urteil, das ich machen kann. Das heißt eine Konklusion aus Folgerungen, die letzten Endes auf Wahrnehmungsurteilen begründet sind, und da diese unbestreitbar sind, muß die ganze Wahrheit, die mein Urteil haben kann, in der logischen Richtigkeit dieser Folgerungen bestehen. Oder ich erörtere die Sache auf andere Weise. Wenn man sagt, daß ein Satz falsch ist, ist das so lange nicht glaubwürdig, bis der Sprecher herausgefunden hat, daß er falsch ist. Beschränken wir uns daher auf glaubwürdige Sätze; wenn man sagt, daß ein Satz falsch ist und das von ihm *herausgefunden* wurde, daß er falsch ist, ist das äquivalent in dem Sinne, daß entweder notwendigerweise beide wahr oder beide falsch sind. Folglich ist es dasselbe, wenn man sagt, daß ein Satz *vielleicht* falsch ist, und wenn man sagt, daß *vielleicht* herausgefunden wird, daß er falsch ist. Verneint man daher den einen von ihnen, heißt das, den anderen verneinen. Wenn man sagt, daß ein Satz bestimmt wahr ist, bedeutet das einfach, daß von ihm niemals herausgefunden werden kann, daß er falsch ist, oder mit anderen Worten, daß er mit logisch richtigen Argumenten aus glaubwürdigen Wahrnehmungsurteilen abgeleitet ist. Folglich ist der einzige Unterschied zwischen materialer Wahrheit und logischer Richtigkeit der Argumentation der, daß die *letztere* sich auf einen einzigen Beweisgang bezieht und die *erstere* auf all die Argumente, die einen gegebenen Satz oder seine Verneinung als ihre Konklusion haben könnten.

Lassen Sie mich Ihnen sagen, daß dieses Schließen mit sorgfältigster und genauester logischer Kritik überprüft werden muß, weil Pragmatismus weitgehend davon abhängt.

143. Es zeigt sich dann, daß logisch Gutes einfach die Vortrefflichkeit des Arguments ist – daß sein negatives und fundamentaleres Gutes seine Vernünftigkeit und seine Geltung sind, daß es wirklich die Stärke hat, die es zu haben vorgibt und daß diese Stärke groß ist, während sein quantitativ Gutes in dem Grad besteht, in dem es unser Wissen vorwärts bringt. Worin besteht dann die Vernünftigkeit des Arguments?

144. Um diese Frage zu beantworten, muß man drei vollkommen verschiedene Arten des Arguments erkennen, auf die ich 1867[i]) aufmerksam machte und die von den Logikern des 18. Jahrhunderts erkannt wurden, obwohl [diese] Logiker verzeihlicherweise den Schlußcharakter einer von ihnen nicht zu erkennen vermochten. Ich nehme tatsächlich an, daß die drei von Aristoteles in der *Ersten Analytik* aufgestellt wurden, obwohl die unglückselige Unlesbarkeit eines einzigen Wortes in seinem Manuskript und seine Ersetzung durch ein falsches Wort durch seinen ersten Herausgeber, den dummen [Apellicon],[89]) den Sinn des Kapitels über Abduktion[j]) vollkommen verändert hat. Selbst wenn meine Mutmaßung falsch ist, und der Text so stehen bleiben muß, wie er ist, tastete sich Aristoteles doch jedenfalls offensichtlich in dem Kapitel über Abduktion an jene Schlußweise vor, die ich mit dem sonst ganz nutzlosen Namen Abduktion benenne – ein Wort, das in der Logik nur

verwendet wird, um das ἀπαγωγή[90]) dieses Kapitels zu übersetzen.

145. Diese drei Arten des Schließens sind Abduktion, Induktion und Deduktion. Deduktion ist das einzige notwendige Schließen. Es ist das Schließen der Mathematik. Es beginnt mit einer Hypothese, deren Wahrheit oder Falschheit mit dem Schließen nichts zu tun hat; und natürlich sind seine Konklusionen ebenso ideal. Der gewöhnliche Gebrauch der Lehre vom Zufall ist notwendiges Schließen, obwohl es Schließen ist, das Wahrscheinlichkeit betrifft. Induktion ist die experimentelle Prüfung einer Theorie. Ihre Rechtfertigung liegt darin, daß, obwohl die Konklusion bei jedem Stand der Forschung mehr oder weniger irrig sein kann, die weitere Anwendung derselben Methode den Irrtum jedoch berichtigen muß. Das einzige, das Induktion zustande bringt, ist, den Wert einer Quantität zu determinieren. Sie setzt sich mit einer Theorie auseinander und mißt den Grad der Übereinstimmung dieser Theorie mit der Tatsache. Sie kann überhaupt nie irgendeine Idee hervorbringen. Ebensowenig kann es Deduktion. Alle Ideen der Wissenschaft gelangen auf dem Wege der Abduktion zu ihr. Abduktion besteht im Studium der Tatsachen und dem Erfinden einer Theorie, um diese zu erklären. Ihre einzige Rechtfertigung besteht darin, daß, wenn wir die Dinge überhaupt je verstehen sollen, wir sie auf diese Weise verstehen müssen.

146. Bezüglich der Relationen dieser drei Schlußweisen zu den Kategorien und bezüglich bestimmter anderer Einzelheiten gestehe ich, daß meine Meinungen geschwankt haben. Diese Punkte sind solcher Art, daß nur der genaueste Erforscher meiner Schriften die Unstimmigkeiten bemerken würde. Ein solcher Forscher könnte folgern, daß ich dazu geneigt habe, mich ohne angemessene Überlegung auszudrücken; tatsächlich habe ich aber niemals in irgendeiner philosophischen Schrift – abgesehen von anonymen Zeitschriftenbeiträgen – irgendeine Feststellung gemacht, die beim Schreiben nicht wenigstens auf einem halben Dutzend von Versuchen begründet war, um die ganze Frage einer weit genaueren und kritischeren Prüfung zu unterwer-

fen, als es beim Druck versucht werden kann. Diese Versuche wurden ganz unabhängig voneinander gemacht, mit Pausen von vielen Monaten; sie wurden aber später miteinander bei sorgfältiger Kritik verglichen und wurden selbst wenigstens auf zwei Zusammenfassungen der Fragestellung gegründet; sie umfaßten die ganze Literatur, soweit sie mir bekannt war, und dehnten die Kritik in der strengsten logischen Form bis zum äußersten Anfangspunkt aus, ohne irgendwelche Lücken zu lassen, die ich mit größter Mühe festzustellen fähig war; diese zwei Zusammenfassungen sind in einem Abstand von einem Jahr oder mehr so unabhängig wie möglich gemacht worden, obwohl sie später genau verglichen, ergänzt und auf eine reduziert wurden. Daher gehen meine Unschlüssigkeiten niemals auf Übereilung zurück. Sie können Dummheit beweisen. Aber ich kann wenigstens beanspruchen, daß sie eine Qualität zu meinen Gunsten beweisen. Das heißt, daß ich, weit davon entfernt, von Meinungen eingenommen zu sein, weil sie meine eigenen sind, eher ein entschiedenes Mißtrauen gegenüber jeder Meinung gezeigt habe, deren Anwalt ich gewesen bin. Dies sollte vielleicht jenen Meinungen eine leichte, zusätzliche Geltung verschaffen, bei denen ich nie geschwankt habe, obwohl ich nicht zu sagen brauche, daß die Vorstellung irgendeines Gewichts der Autorität, die sich den Meinungen in Philosophie oder Wissenschaft anheftet, äußerst unlogisch und unwissenschaftlich ist. Unter den Meinungen, die ich ständig verteidigt habe, befindet sich jene, daß, während abduktives und induktives Schließen völlig irreduzibel sind, weder auf das andere oder auf Deduktion, noch Deduktion auf eines von ihnen, die einzige *logische Grundlage* dieser Methoden doch wesentlich deduktiv oder notwendig ist. Wenn wir dann feststellen können, worin die Gültigkeit des deduktiven Schließens liegt, werden wir die Begründung des logisch Guten jeder beliebigen Art definiert haben.

147. Nun ist alles notwendige Schließen, sei es gut oder schlecht, von der Natur mathematischen Schließens. Die Philosophen rühmen sich gern des reinen begrifflichen Charakters ihres Schließens. Je begrifflicher es ist, desto mehr

nähert es sich dem Wortschwall. Ich spreche nicht nur so dahin. Meine Analyse des Schließens übertrifft an Sorgfalt alles, was je gedruckt wurde, sei es in Worten oder in Symbolen, – alles was DeMorgan,[91]) Dedekind,[92]) Schröder,[93]) Peano,[94]) Russell[95]) und andere je gemacht haben – in einem Ausmaß, das einen an den Unterschied zwischen einer Bleistiftskizze einer Landschaft und ihrer Photographie erinnert. Wenn ich sage, daß ich den Übergang von den Prämissen zur Konklusion eines Syllogismus in Barbara in sieben oder acht verschiedenen folgernden Schritten analysiere, gibt das nur eine sehr unzulängliche Idee von der Sorgfalt meiner Analyse.[k]) Wenn ein Verantwortungsbewußter gelobt, die Sache durchzugehen und Punkt für Punkt zu erforschen, soll er das Manuskript bekommen.

148. Auf der Grundlage dieser Analyse erkläre ich, daß alles notwendige Schließen, sei es auch der reinste Wortschwall der Theologen, so weit es dabei irgendeine Erscheinung der Notwendigkeit gibt, mathematisches Schließen ist. Mathematisches Schließen ist nun diagrammatisch. Das ist ebenso wahr für Algebra wie für Geometrie. Aber um die Besonderheiten des diagrammatischen Schließens zu unterscheiden, muß man mit Beispielen beginnen, die nicht zu einfach sind. In einfachen Fällen sind die wesentlichen Besonderheiten beinahe so verwischt, daß sie nur unterschieden werden können, wenn man weiß, wonach man suchen muß. Aber wenn man mit geeigneten Beispielen beginnt und dann zu anderen weitergeht, findet man, daß das Diagramm selbst, in seiner Individualität, nicht das ist, mit dem das Schließen sich befaßt. Ich werde ein Beispiel anführen, das sich selbst anbietet, weil seine Betrachtung nur einen Augenblick erfordert. Eine Linie stößt an einen beliebigen Punkt einer anderen Linie und bildet zwei Winkel. Die Summe dieser Winkel wurde von Legendre als gleich der Summe von zwei Rechten Winkeln bewiesen, indem eine Senkrechte auf der zweiten Linie in der Ebene der beiden und durch den Berührungspunkt errichtet wird. Diese Senkrechte muß in dem einen oder dem anderen Winkel liegen. Vom Schüler wird angenommen, daß er das *sieht*. Er sieht es nur in einem speziellen Fall, aber er soll wahrnehmen,

daß es in jedem Fall so sein wird. Der sorgfältigere Logiker kann zeigen, daß sie in den einen oder den anderen Winkel fallen muß; aber dieser Beweis besteht nur in der Einsetzung eines anderen Diagramms anstelle der Legendreschen Figur. Aber in jedem Fall soll der Interpret des Beweises entweder in dem neuen Diagramm oder anderswo, und noch häufiger beim Übergang von einem Diagramm zu einem anderen, etwas *sehen*, das diese kleine Schwierigkeit für die Theorie des Sehens zeigt, daß sie nämlich von *allgemeiner Natur* ist.

149. Die Schüler von Mill werden sagen, dies beweise, daß geometrisches Schließen induktiv ist. Ich will nicht geringschätzig von Mills Behandlung[1]) des *Pons Asinorum*[96]) sprechen, weil er tiefer in die Logik des Gegenstandes eingedrungen ist als irgendein anderer zuvor. Nur gelangt er nicht ganz auf den Grund. Wenn diese allgemeinen Wahrnehmungen induktiv sind, kann ich die Frage von einem technischen Standpunkt aus behandeln und zeigen, daß die wesentlichen Eigenschaften der Induktion fehlen. Aber neben der grenzenlosen Länge würde eine solche Behandlungsweise der Sache kaum den Kern treffen. Es ist besser anzumerken, daß die „Gleichförmigkeit der Natur" nicht in Frage steht und daß es keinen Weg gibt, dieses Prinzip anzuwenden, um das mathematische Schließen zu unterstützen, das mich nicht befähigt, ein genau analoges Beispiel in jedem wesentlich Besonderen anzugeben, außer es wäre ein Trugschluß, den kein guter Mathematiker übersehen könnte. Wenn Sie das Prinzip zulassen, daß Logik aufhört, wo Selbstkontrolle aufhört, finden Sie sich selbst genötigt zuzulassen, daß eine *Wahrnehmungstatsache*, etwas logisch Ursprüngliches, Allgemeinheit involvieren kann. Das kann für die gewöhnliche Allgemeinheit gezeigt werden. Aber wenn Sie sich selbst schon überzeugt haben, daß Kontinuität Allgemeinheit ist, wird es etwas leichter sein zu zeigen, daß eine Wahrnehmungstatsache Kontinuität involvieren kann, als daß sie eine nicht-relative Allgemeinheit involvieren kann.

150. Wenn Sie einwenden, daß es kein unmittelbares Bewußtsein der Allgemeinheit geben kann, gestehe ich das zu.

Wenn Sie hinzufügen, daß man keine unmittelbare Erfahrung des Allgemeinen haben kann, gestehe ich das ebenso zu. Allgemeinheit, Drittheit, breitet sich gerade in unseren Wahrnehmungsurteilen aus, und alles Schließen dreht sich, sofern es von notwendigem Schließen, das heißt mathematischem Schließen, abhängt, bei jedem Schritt um die Wahrnehmung der Allgemeinheit und der Kontinuität.

VORLESUNG VI

Drei Typen des Schließens

1. Wahrnehmungsurteile und Allgemeinheit

151. Am Ende meiner letzten Vorlesung sagte ich, daß Wahrnehmungsurteile Allgemeinheit einschließen. Was ist das Allgemeine? Die aristotelische Definition reicht aus. Es ist das, *quod aptum natum est praedicari de pluribus;*[a]) λέγω δὲ καθόλου μὲν ὃ ἐπὶ πλειόνων πέφυκε κατηγορεῖσθαι. *De Interp.* 7.[97]) Als Logik mit wissenschaftlicher Genauigkeit untersucht wurde, wurde allerseits anerkannt, daß alle gewöhnlichen Urteile ein Prädikat enthalten und daß dieses Prädikat allgemein ist. Es schien einige Ausnahmen zu geben, von denen die einzig bemerkenswerten die erklärenden Urteile waren, so wie „Tullius ist Cicero". Die Relationenlogik hat jetzt aber die Logik auf Ordnung reduziert, und man sieht, daß ein Satz jede Anzahl von Subjekten haben könnte, aber nur ein Prädikat haben kann, das unveränderlich allgemein ist. Ein solcher Satz wie „Tullius ist Cicero" sagt die allgemeine Relation der Identität von Tullius und Cicero[b]) aus. Folglich ist dann klar, daß, wenn es irgendein Wahrnehmungsurteil oder irgendeinen Satz gibt, der unmittelbar eine Qualität eines gegenwärtigen Perzepts oder eines Wahrnehmungsbildes ausdrückt oder aus ihm resultiert, dieses Urteil Allgemeinheit in seinem Prädikat einschließen muß.

152. Das, was nicht allgemein ist, ist singulär; und das Singuläre ist das, was reagiert. Das Sein eines Singulären kann im Sein von anderen Singulären bestehen, die seine Teile sind. So ist Himmel und Erde etwas Singuläres, und sein Sein besteht im Sein von Himmel und im Sein von

Erde. Jedes von beiden reagiert und ist daher etwas Singuläres, das einen Teil von Himmel und Erde bildet. Wenn ich geleugnet hätte, daß sich jedes Wahrnehmungsurteil, was sein Subjekt betrifft, auf ein Singuläres bezieht und dieses Singuläre bei der Urteilsbildung tatsächlich auf den Geist einwirkt, auch bei der Interpretation des Urteils tatsächlich auf den Geist einwirkt, hätte ich eine Absurdität geäußert. Denn jeder beliebige Satz bezieht sich, was sein Subjekt betrifft, auf ein Singuläres, das tatsächlich auf den es Äußernden einwirkt und tatsächlich auf seinen Interpreten einwirkt. Alle Sätze beziehen sich auf dasselbe immer reagierende Singuläre, nämlich auf die Gesamtheit aller realen Objekte. Es ist wahr, daß, wenn der arabische Märchenerzähler uns berichtet, daß es eine Frau namens Scheherazade gab, er natürlich nicht so verstanden werden will, als spräche er von der Welt der sichtbaren Realitäten, und es ist sehr viel Fiktion in seiner Erzählung. Denn das *Fiktive* ist das, dessen Eigenschaften von den Eigenschaften, die jemand ihm zuschreibt, abhängen; und die Erzählung ist natürlich die reine Schöpfung aus des Dichters Geist. Hat er sich jedoch einmal Scheherazade vorgestellt und hat er sie jung, schön und mit der Gabe, Geschichten zu erfinden, ausgestattet, wird dies eine reale Tatsache, daß er sie sich so vorgestellt hat, eine Tatsache, die er nicht dadurch zerstören kann, daß er vorgibt oder denkt, daß er sie sich anders vorstellte. Er will uns verständlich machen, was er in einfacher Prosa folgendermaßen hätte ausdrücken können: „Ich habe mir eine Dame namens Scheherazade vorgestellt, jung, schön und eine unermüdliche Märchenerzählerin, und dazu stelle ich mir vor, welche Geschichten sie erzählte.“ Dies wäre der schlichte Ausdruck einer dargelegten Tatsache gewesen, die sich auf die Gesamtsumme der Realitäten bezieht.

153. Wie ich vorher sagte, haben Sätze gewöhnlich mehr als ein Subjekt; und fast jeder Satz, wenn nicht überhaupt jeder, hat ein oder mehrere andere singuläre Subjekte, auf die sich einige andere Sätze nicht beziehen. Dies sind die besonderen Teile des Universums der ganzen Wahrheit,[c]) auf das sich der gegebene Satz speziell bezieht. Es ist ein

Charakteristikum des Wahrnehmungsurteils, daß es sich stets auf etwas Singuläres bezieht, auf das sich kein anderer Satz unmittelbar bezieht, aber wenn er sich überhaupt darauf bezieht, dann mittels der Beziehung zu diesem Wahrnehmungsurteil. Wenn wir einen Satz in Worten ausdrükken, lassen wir die meisten seiner singulären Subjekte unausgedrückt; denn die Umstände der Formulierung zeigen ausreichend, welches Subjekt gemeint ist, und Wörter sind aufgrund ihrer üblichen Allgemeinheit nicht gut zur Bezeichnung von Singulärem geeignet. Das Pronomen, das als der Teil der Rede definiert werden kann, der die Funktion eines Indexes erfüllen soll, ist für sich genommen, getrennt von den Umständen seiner Äußerung, niemals verständlich; und das Substantiv, das als ein Teil der Rede definiert werden kann, das an die Stelle des Pronomens gesetzt worden ist, ist immer der Mehrdeutigkeit[d]) ausgesetzt.

154. Ein Subjekt braucht nicht singulär zu sein. Wenn es nicht so ist, dann wird dieses Subjekt, wenn der Satz in der von den Logikern gebrauchten vorschriftsmäßigen Form ausgedrückt wird, die eine oder andere von zwei Unvollkommenheiten aufweisen:[e])

Einerseits kann es *indesignativ* sein, so daß der Satz bedeutet, daß ein Singuläres des Universums dieses Subjekt ersetzen könnte, solange die Wahrheit erhalten bleibt, während es nicht in der Lage ist zu designieren, welches Singuläre dies ist, wie wenn wir sagen „*Irgendein* Kalb hat fünf Beine".

Andererseits kann das Subjekt *hypothetisch* sein, das heißt, es kann jedem Singulären, das bestimmte Bedingungen erfüllt, gestatten, an seiner Stelle eingesetzt zu werden, ohne dafür zu bürgen, daß es irgendein Singuläres gibt, das diese Bedingungen erfüllt; wie wenn wir sagen „Jeder Salamander könnte im Feuer leben" oder „Jeder Mann, der stärker wäre als Samson, könnte all das tun, was Samson tat".

Ein Subjekt, das keine dieser beiden Unvollkommenheiten hat, ist ein *singuläres* Subjekt, das sich auf eine existierende, singuläre Kollektion in ihrer Gesamtheit bezieht.

155. Wenn ein Satz zwei oder mehr Subjekte hat, von

denen eins *indesignativ* und das andere *hypothetisch* ist, dann macht es einen Unterschied, in welcher Ordnung die Ersetzung durch Singuläre als möglich behauptet wird. Zum Beispiel kann man einmal behaupten: „Jeder Katholik, den es vielleicht gibt, bewundert die eine oder die andere Frau" und dann kann man behaupten: „Es gibt eine Frau, die jeder Katholik bewundert". Wenn das erste allgemeine Subjekt indesignativ ist, wird der Satz partikulär genannt. Wenn das erste allgemeine Subjekt hypothetisch ist, wird der Satz universal genannt.[f])

Ein partikulärer Satz behauptet die Existenz von etwas einer gegebenen Art. Ein universaler Satz behauptet nur die Nichtexistenz von irgend etwas einer gegebenen Art.

156. Hätte ich daher behauptet, daß ein Wahrnehmungsurteil ein universaler Satz sein könnte, wäre das völlig sinnlos gewesen. Denn Reaktion ist Existenz, und das Wahrnehmungsurteil ist das kognitive Produkt einer Reaktion.

Aber wie wir aus dem partikulären Satz, „es gibt eine Frau, die jeder Katholik, dem Sie begegnen, bewundern wird", mit Gewißheit den universalen Satz folgern können, „jeder Katholik, dem Sie begegnen, wird die eine oder die andere Frau bewundern",[g]) so nimmt man an, daß, wenn ein Wahrnehmungsurteil irgendwelche allgemeinen Elemente einschließt, was es bestimmt tut, ein universaler Satz notwendig aus ihm abgeleitet werden kann.

157. Wenn ich sage, daß Wahrnehmungsurteile gewöhnlich allgemeine Elemente enthalten, möchte ich bestimmt nicht so verstanden werden, als stellte ich irgendeinen psychologischen Satz auf. Denn meine Prinzipien hindern mich absolut, auch nur den geringsten Gebrauch von Psychologie in der Logik zu machen. Ich beschränke mich ganz auf die unbestreitbaren Tatsachen der täglichen Erfahrung und auf das, was aus ihnen abgeleitet werden kann. Alles, was ich mit einem Wahrnehmungsurteil meinen kann, ist ein Urteil, das meine Anerkennung absolut erzwang, und dies durch einen Prozeß, den ich überhaupt nicht zu kontrollieren und folglich nicht zu kritisieren vermag. Ich kann

auch nicht nach absoluter Gewißheit über irgendeine Tatsache streben. Wenn bei genauester Prüfung, deren ich fähig bin, ein Urteil die Eigenschaften, die ich beschrieb, zu haben scheint, muß ich es zu den Wahrnehmungsurteilen zählen, solange ich nicht eines Besseren belehrt werde. Betrachten Sie nun das Urteil, daß ein Ereignis C auf ein anderes Ereignis A zu folgen *scheint*. Bestimmt konnte ich dies folgern, weil ich bemerken konnte, daß C auf ein drittes Ereignis B folgte, das selbst auf A folgte. Aber dann sind diese Prämissen Urteile derselben Art. Es erscheint nicht möglich, daß ich eine unendliche Reihe von kritischen Handlungen ausführen konnte, von denen jede eine einzelne Anstrengung erfordern mußte. Der Fall ist ganz verschieden von dem des Achilles und der Schildkröte,[98]) weil Achilles nicht fordert, daß eine unendliche Reihe einzelner Anstrengungen gemacht wird. Es scheint daher, daß ich ein Urteil gefällt haben muß, daß ein Ereignis auf ein anderes zu folgen *schien*, ohne daß das Urteil aus irgendeiner Prämisse gefolgert wurde, [d. h.] ohne irgendeine *kontrollierte* und *kritisierte* Aktion des Schließens. Wenn dies so ist, ist es nur in dem Sinn ein Wahrnehmungsurteil, den der Logiker anerkennen kann. Aber aus dem Satz, daß ein Ereignis Z auf ein anderes Ereignis X folgt, kann ich sofort mittels notwendigem Schließen einen universalen Satz ableiten. Die Definition der Relation von offensichtlicher Nachfolge ist nämlich gut oder ausreichend für unseren Zweck bekannt. Z scheint auf Y zu folgen, dann und nur dann, wenn Z in einer besonderen Relation R zu Y zu stehen scheint, so daß nichts in der Relation R zu sich selbst stehen kann; und wenn außerdem, welches Ereignis X, zu dem Y in der Relation R steht, auch immer sein mag, zu demselben X auch Z in der Relation R steht.[h]) Ist dies in der Bedeutung von Nachfolge impliziert, hinsichtlich deren es keinen Raum für Zweifel gibt, folgt sogleich, daß das, was auch immer auf C folgt, auf ein beliebiges A folgt, auf das C folgt – was ein universaler Satz ist.

So erscheint meine Behauptung am Ende der letzten Vorlesung ausreichend gerechtfertigt. Drittheit kommt von allen Seiten über jeden Weg der Sinne zu uns.

2. Der Plan und die Schritte des Schließens

158. Wir können uns jetzt vorteilhaft fragen, was das logisch Gute ist. Wir haben gesehen, daß jede Art des Guten in der Anpassung seines Gegenstandes an seinen *Zweck* besteht. Man kann das als eine Binsenwahrheit betrachten. Es ist wahrlich kaum mehr, obwohl es die Umstände vielleicht verhindert haben, daß es klar begriffen wurde.

Wenn Sie das Utilitarismus nennen, schäme ich mich des Titels nicht. Denn ich weiß nicht, welches andere System der Philosophie so viel Gutes in der Welt geschaffen hat wie eben dieser Utilitarismus. Bentham[99]) mag ein flacher Logiker sein; aber die Wahrheiten, die er sah, sah er aufs vortrefflichste. Was den Vulgärutilitarismus betrifft, liegt sein Fehler nicht in dem zu starken Eindringen in die Frage, was das Gute von diesem oder jenem sein würde. Sein Fehler ist im Gegenteil, daß er die Frage niemals auch nur zur Hälfte weit genug treibt, oder vielmehr die Frage niemals überhaupt wirklich stellt. Er bleibt einfach bei seinen gegenwärtigen Wünschen, als ob der Wunsch jenseits aller Dialektik wäre. Er wünscht vielleicht, in den Himmel zu kommen. Aber er vergißt zu fragen, was das Gute seines In-den-Himmel-Kommens wäre. Er würde dort glücklich sein, denkt er. Aber das ist nur ein Wort. Es ist keine wirkliche Antwort auf die Frage.

159. Unsere Frage lautet: „Was ist der Nutzen des Denkens?" Wir haben schon bemerkt, daß allein das Argument der ursprüngliche und unmittelbare Gegenstand des logisch Guten und Schlechten ist. Wir müssen daher fragen, was der Zweck der Beweisführung ist, wozu sie letzten Endes führt.

160. Die Deutschen, die dazu neigen, alles subjektiv zu sehen und das Element der Erstheit überzubewerten, behaupten, daß der Gegenstand lediglich der ist, das eigene logische Gefühl zu befriedigen und daß das Gute des Schließens allein in dieser ästhetischen Befriedigung besteht.[i]) Das ginge an, wenn wir Götter und nicht der Macht der Erfahrung unterworfen wären.

Oder wenn die Macht der Erfahrung nur blinder Zwang wäre und wir vollkommen Fremde in der Welt wären, dann könnten wir wieder genauso gut daran denken, uns selbst zu befriedigen; weil wir dann unser Denken nie zur Übereinstimmung mit dieser reinen Zweitheit bringen könnten.

Aber die rettende Wahrheit ist, daß es eine Drittheit in der Erfahrung gibt, ein Element der Vernünftigkeit, mit dem übereinzustimmen wir unsere Vernunft mehr und mehr erziehen können. Wenn das nicht der Fall wäre, könnte es so etwas wie logisch Gutes oder Schlechtes nicht geben; und daher brauchen wir nicht zu warten, bis es bewiesen ist, daß es eine in der Erfahrung wirkende Vernunft gibt, der sich unsere eigene annähern kann.[j]) Wir sollten zugleich hoffen, daß es so ist, da in dieser Hoffnung die einzige Möglichkeit irgendeiner Erkenntnis liegt.

161. Es gibt drei Typen des Schließens: Deduktion, Induktion und Abduktion.[k]) Bei der Deduktion oder dem notwendigen Schließen gehen wir von einem hypothetischen Zustand der Dinge aus, den wir in bestimmter, abstrakter Hinsicht definieren. Zu den Eigenschaften, denen wir in diesem Modus des Arguments keine Aufmerksamkeit zollen, gehört die, ob die Hypothese unserer Prämissen mit dem Zustand der Dinge in der äußeren Welt mehr oder weniger übereinstimmt oder nicht. Wir betrachten diesen hypothetischen Zustand der Dinge und werden veranlaßt zu schließen, daß, wie es mit dem Universum in anderer Hinsicht auch immer sein mag, wo immer und wann immer die Hypothese realisiert werden kann, dann etwas anderes, das in der Hypothese nicht explizit vorausgesetzt wurde, unveränderlich wahr sein wird. Unsere Folgerung ist gültig, dann und nur dann, wenn es wirklich eine solche Relation zwischen dem in den Prämissen vorausgesetzten Zustand der Dinge und dem in der Konklusion festgestellten Zustand der Dinge gibt. Ob das wirklich so ist oder nicht, ist eine Frage der Realität und hat überhaupt nichts damit zu tun, wie zu denken wir geneigt sein mögen. Wenn eine bestimmte Person unfähig ist, die Verbindung zu sehen, ist das Argument nichtsdestoweniger gültig, vorausgesetzt, diese Relation realer Tatsachen besteht wirklich. Wenn die ganze menschliche Rasse unfähig wäre, die Verbindung zu sehen, würde

das Argument nichtsdestoweniger vernünftig sein, obwohl es menschlich nicht klar sein würde. Sehen wir genau, wie wir uns der Realität der Verbindung versichern. Hier, wie überall in der Logik, ist die Untersuchung der Relative von größtem Nutzen gewesen. Die einfachen Syllogismen, die allein von den alten, ungenauen Logikern betrachtet wurden, sind so rudimentäre Formen, daß es praktisch unmöglich ist, in ihnen die wesentlichen Züge des deduktiven Schlusses zu unterscheiden, ehe unsere Aufmerksamkeit auf diese Züge in höheren Formen der Deduktion gelenkt wurde.

162. Alles notwendige Schließen ist ausnahmslos diagrammatisch.[l]) Das heißt, wir konstruieren ein *Icon* unseres hypothetischen Zustandes der Dinge und beobachten es weiter. Diese Beobachtung führt uns zu der Vermutung, daß etwas wahr ist, das wir mit Genauigkeit zu formulieren vermögen oder nicht, und wir untersuchen weiter, ob es wahr ist oder nicht. Zu diesem Zweck ist es notwendig, einen Forschungsplan auszuarbeiten, und das ist der schwierigste Teil der ganzen Operation. Wir müssen nicht nur die Merkmale des Diagramms auswählen, denen Aufmerksamkeit zu widmen sachdienlich ist, sondern es ist auch von großer Wichtigkeit, immer wieder zu bestimmten Merkmalen zurückzukehren. Obwohl unsere Konklusionen richtig sein können, werden sie sonst nicht die besonderen Konklusionen sein, auf die wir abzielen. Aber der größte Kunstgriff besteht in der Einführung passender *Abstraktionen*. Damit meine ich eine solche Umformung unserer Diagramme, daß Eigenschaften eines Diagramms in einem anderen als Dinge erscheinen können. Ein vertrautes Beispiel haben wir dort, wo wir in der Analyse Operationen selbst als Gegenstand von Operationen behandeln. Ich möchte sagen, daß es eine große Lebensaufgabe wäre, eine Darstellung der Operation zu geben, wie man einen mathematischen Beweis[m]) plant. Verschiedene sporadische Maximen sind unter den Mathematikern in Um-

lauf und verschiedene verdienstvolle Bücher sind über dieses Thema geschrieben worden, aber nichts Umfassendes und Meisterhaftes. Mit den modernen reformierten Mathematikern und mit meinen eigenen und anderen logischen Ergebnissen als Grundlage ist eine solche Theorie des Beweisplanes nicht länger eine übermenschliche Aufgabe.

163. Nachdem der Plan des Schließens so bestimmt ist, gehen wir zum Schließen selbst über, und ich habe festgestellt, daß dieses auf drei Arten von Schritten reduziert werden kann.[n]) Der erste besteht im Verbinden getrennter Sätze zu einem verknüpften Satz. Der zweite besteht im Weglassen von etwas aus einem Satz, ohne ihn dadurch fehlerhaft machen zu können. Der dritte besteht im Einfügen von etwas in einen Satz, ohne ihn fehlerhaft zu machen.

164. Sie können unter dem Stichwort Symbolic Logic[o]) in Baldwins *Dictionary* genau sehen, welches die elementaren Schritte der Folgerung sind. Als ein Beispiel dafür, wie sie aussehen, können Sie folgendes nehmen:

A ist ein braunes Pferd,
Also ist A ein Pferd.

Wenn man sich fragt, wie man weiß, daß dies sicher ist, antwortet man wahrscheinlich, daß man sich ein braunes Pferd vorstellt und beim Betrachten der Vorstellung sieht, daß es ein Pferd ist. Aber das trifft nur auf die einzelne Vorstellung zu. Ein wie großes Pferd repräsentiert diese Vorstellung? Wäre es dieselbe bei einem Pferd ganz verschiedener Größe? Wie alt war das repräsentierte Pferd, war sein Schweif gestutzt? Würde es ebenso sein, wenn es den Koller hätte, und wenn das der Fall wäre, wären Sie sicher, es würde ebenso sein, welche der zahlreichen Pferdekrankheiten es auch plagte? Wir sind vollkommen sicher, daß keiner dieser Umstände die Frage im geringsten beeinflussen könnte. Man kann leicht ein Dutzend Gründe dafür formulieren; aber die Schwierigkeit ist, daß sie alle miteinander weit weniger evident sind als die ursprüngliche Folgerung. Ich sehe nicht, daß der Logiker etwas besseres tun kann, als zu sagen, daß er *wahrnimmt,* daß, wenn eine Satzverknüpfung gegeben ist, wie „A ist ein Pferd und A hat eine braune Farbe", jedes Glied der Verknüpfung weggelassen werden könnte, ohne aus dem wahren Satz einen falschen zu machen. Im psychologischen Sinn bin ich bereit, dem Psychologen zuzustimmen, wenn er sagt, daß eine solche allgemeine Wahrheit nicht *wahrgenommen* werden kann. Aber was können wir besseres in der Logik tun?

165. Jemand kann antworten, daß der verknüpfte Satz die Konjunktion „und" oder etwas Äquivalentes enthält, und daß es die genaue *Bedeutung* von diesem „und" ist, daß die ganze Verknüpfung dann und nur dann wahr ist, wenn jedes der Glieder einzeln wahr ist; so daß in der genauen *Bedeutung* des verknüpften Satzes involviert ist, daß jedes Glied weggelassen werden kann.

Dem stimme ich von ganzem Herzen zu. Aber was bedeutet das schließlich? Es sind nur andere Worte, wenn man sagt, daß das, was wir die *Bedeutung* eines Satzes nennen, jede offensichtlich notwendige Deduktion aus ihm umfaßt. Betrachtet man das als Anfang einer Analyse dessen, was die Bedeutung des Wortes „Bedeutung" ist, ist es eine wertvolle Bemerkung. Aber ich frage, wie sie uns hilft, unseren Übergang von einem allgemein anerkannten Urteil A zu einem anderen Urteil C zu verstehen, dem wir nicht nur gleicherweise vertrauen, sondern dessen wir uns tatsächlich gleicherweise sicher *sind,* indem wir einen möglichen Fehler, der, sobald die Aufmerksamkeit auf ihn gelenkt wäre, berichtigt werden könnte, ausschließen, der einen anderen äquivalenten Fehler ausschließt?

Dem könnte der Verteidiger der Erklärung mittels des Begriffs der „Bedeutung" antworten: das ist *gemeint,* was beabsichtigt oder bezweckt ist; daß ein Urteil ein Willensakt ist; und es nicht unsere Absicht ist, die Form des Urteils A zu benützen, außer für die Interpretation von Vorstellungen, auf die Urteile angewendet werden können, die in der Form mit C übereinstimmen.

166. Vielleicht findet sich der Psychologe mit der Zulassung der Urteile, die Allgemeinheit enthalten, ab, wenn ihm gesagt wird, daß sie Wahrnehmungsurteile sind, die

unsere eigenen Ziele betreffen. Ich glaube sicher, daß die Bestimmtheit reiner Mathematik und allen notwendigen Schließens dem Umstand verdankt wird, daß sie sich auf Objekte bezieht, die Schöpfungen unseres eigenen Geistes sind, und daß mathematisches Wissen zusammen mit dem Wissen von unseren eigenen Zielen klassifiziert werden muß. Wenn wir in der reinen Mathematik auf ein überraschendes Ergebnis stoßen, wie wir es so oft tun, weil ungenaues Schließen uns veranlaßt hatte, es für unmöglich zu halten, ist dies wesentlich dieselbe Art des Phänomens, wie wenn wir beim Verfolgen eines Zieles dazu gebracht werden, etwas zu tun, dessen Tun uns selbst überrascht, weil es einem schwächeren Ziel konträr oder anscheinend konträr ist.

Aber wenn man annimmt, daß jede solche Überlegung irgendeine logische Rechtfertigung ursprünglicher logischer Prinzipien liefert, muß ich sagen, daß man im Gegenteil bestenfalls *einer Entscheidung ausweicht*, indem man Prämissen voraussetzt, die viel weniger gesichert sind als die Konklusion, die gezogen werden soll.

3. Induktives Schließen[p])

167. Anderthalb Generationen evolutionärer Richtungen der Philosophie haben nicht ausgereicht, das Feuer der Bewunderung für John Stuart Mill – diesen sehr tüchtigen, aber philisterhaften Philosophen, der sich durch seine Inkonsequenz so gut dazu eignete, der Führer einer populären Schule zu werden – zu löschen, und daher wird es immer jene geben, die vorschlagen, die allgemeinen Prinzipien der formalen Logik, von denen jetzt ausreichend gezeigt wurde, daß sie mathematische Prinzipien sind, mittels der Induktion zu erklären. Von jedem, der diesen Gesichtspunkt heute vertritt, kann angenommen werden, daß er einen sehr schwachen Begriff von Induktion hat; so daß alles, was er wirklich meint, darin besteht, daß die allgemeinen in Frage stehenden Prinzipien aus den Vorstellungsbildern mittels eines Prozesses abgeleitet werden, der grob gesprochen der Induktion analog ist. Wenn man ihn so versteht, stimme ich

ihm von Herzen zu. Aber er darf 1903 von mir nicht erwarten, daß ich mehr als historische Bewunderung für die Vorstellungen von Induktion habe, die 1843 ein glänzendes Licht auf den Gegenstand warfen. Induktion ist so offenkundig inadäquat, für die Gewißheit dieser Prinzipien verantwortlich zu sein, daß es reine Zeitverschwendung sein würde, eine solche Theorie zu erörtern.

168. Es ist nun jedoch an der Zeit, daß ich zur Betrachtung des induktiven Schließens übergehe. Wenn ich sage, daß ich mit induktivem Schließen ein Verfahren experimenteller Forschung meine, verstehe ich das Experiment nicht in dem engen Sinne einer Operation, mit der man die Bedingungen eines Phänomens fast so, wie es einem gefällt, verändert. Wir hören Studenten der Naturwissenschaft, die nicht in diesem engen Sinne experimentieren, oft klagen, daß ihnen in ihrem Gebiet diese Hilfe versagt ist. Zweifellos ist diese Klage ziemlich berechtigt, und doch ist diesen Leuten keineswegs versagt, dieselbe logische Methode genau zu verfolgen, wenn auch nicht mit derselben Freiheit und Leichtigkeit. Ein Experiment, sagt Stöckhardt in seiner ausgezeichneten *Schule der Chemie,*[*]) ist eine an die Natur gestellte Frage. Wie jede Frage gründet sie sich auf eine Vermutung. Wenn diese Vermutung richtig ist, kann unter bestimmten Umständen, die geschaffen werden können oder wenigstens eintreten können, ein bestimmtes, wahrnehmbares Ergebnis erwartet werden. Die Frage ist: Wird dies das Ergebnis sein? Wenn die Natur mit „Nein!" antwortet, hat der Experimentator ein wichtiges Stück Erkenntnis gewonnen. Wenn die Natur „Ja!" sagt, bleiben die Ideen des Experimentators genauso, wie sie waren, nur etwas tiefer verwurzelt. Wenn die Natur zu den ersten zwanzig Fragen „Ja!" sagt, obwohl sie so ersonnen waren, daß sie die Antwort so überraschend wie möglich machten, wird der Experimentator darauf vertrauen, daß er auf der richtigen Spur ist, da 2^{20} eine Million übersteigt.

169. Laplace[101]) war der Meinung, daß die bestätigenden Experimente der Theorie eine bestimmte Wahrscheinlichkeit verleihen; und diese Lehre wird in den meisten Büchern über Wahrscheinlichkeit bis heute gelehrt, obwohl sie zu

den lächerlichsten Ergebnissen führt und in sich selbst widersprüchlich ist. Sie beruht auf einem sehr verworrenen Begriff dessen, was Wahrscheinlichkeit ist. Wahrscheinlichkeit bezieht sich auf die Frage, ob eine spezifizierte Art von Ereignis auftreten wird, wenn gewisse vorher bestimmte Bedingungen erfüllt sind; und es ist das Verhältnis der Anzahl der Fälle auf lange Sicht, in welchen schließlich dieses spezifizierte Ergebnis auf die Erfüllung jener Bedingungen folgen würde, zu der Gesamtsumme der Fälle, in welchen diese Bedingungen im Verlauf des Experiments erfüllt wurden. Sie bezieht sich im wesentlichen auf einen Verlauf der Erfahrung oder wenigstens auf wirkliche Ereignisse, weil reine Möglichkeiten nicht gezählt werden können. Sie können zum Beispiel fragen, was die Wahrscheinlichkeit dafür ist, daß eine gegebene Art von Gegenstand rot sein wird, vorausgesetzt, Sie definieren rot ausreichend. Es ist einfach das Verhältnis der Anzahl der Gegenstände jener Art, die rot sind, zu der Gesamtzahl der Gegenstände jener Art. Aber abstrakt zu fragen, was die Wahrscheinlichkeit dafür ist, daß ein Farbton rot sein wird, ist Unsinn, weil Farbtöne keine Individuen sind, die gezählt werden können. Sie können fragen, was die Wahrscheinlichkeit dafür ist, daß das nächste chemische Element, das entdeckt wird, ein Atomgewicht haben wird, das hundert übersteigt. Aber Sie können nicht fragen, was die Wahrscheinlichkeit dafür ist, daß das Gesetz der universalen Anziehungskraft das der umgekehrten Quadratzahl sein soll, bis Sie mit der Statistik der Eigenschaften möglicher Universen eine Bedeutung verbinden können. Wenn Leibniz sagte, daß diese Welt die beste der möglichen ist, kann er einen Schimmer von der Bedeutung gehabt haben, aber wenn Quételet[102]) sagt, daß, wenn ein Phänomen bei m Gelegenheiten beobachtet wurde, die Wahrscheinlichkeit, daß es sich bei der $(m+1)^{ten}$ Gelegenheit ereignen wird, gleich $\frac{m+1}{m+2}$ ist, sagt er ausgesprochenen Unsinn. Herr F. Y. Edgeworth[103]) behauptet, daß von allen Theorien, die aufkamen, eine Hälfte richtig ist. Das ist kein Unsinn, sondern lächerlich falsch. Denn von den Theorien, die man ernsthaft erörtern könnte, gibt es im Durchschnitt für jedes allgemeine Phänomen, das erklärt werden soll, mehr als zwei. Poincaré[104]) scheint andererseits zu meinen, daß alle Theorien falsch sind, und daß es nur fraglich ist, wie falsch sie sind.

170. Induktion besteht darin, daß man mit einer Theorie beginnt, daraus Voraussagen der Phänomene ableitet und diese Phänomene dann beobachtet, um zu sehen, *wie genau* sie mit der Theorie übereinstimmen. Die Berechtigung für die Überzeugung, daß eine erfahrungsbezogene Theorie, die einer Anzahl von experimentellen Tests unterworfen wurde, in der nahen Zukunft ebenso gut wie bisher von weiteren solchen Tests bestätigt werden wird, besteht darin, daß wir bei stetigem Verfolgen dieser Methode auf lange Sicht herausfinden müssen, wie sich die Sache wirklich verhält. Daß wir das tun müssen, wird dadurch begründet, daß unsere Theorie, wenn sie selbst als eine Theorie zulässig ist, einfach in der Annahme besteht, daß solche Experimente auf lange Sicht Ergebnisse von bestimmtem Charakter haben werden. Aber wohlgemerkt, ich meine nicht, daß Erfahrung ausgeschöpft werden kann oder daß sie auch nur annähernd ausgeschöpft werden kann. Ich meine, daß, wenn es eine Reihe von Gegenständen gibt, sagen wir Kreuze und Kreise, und diese Reihe einen Anfang, aber kein Ende hat, dann jede beliebige Anordnung oder das Fehlen von Anordnung dieser Kreuze und Kreise in der ganzen unendlichen Reihe bis zu einem unbestimmten Approximationsgrad entdeckbar sein muß, wenn man eine ausreichende endliche Anzahl sukzessiver Reihen untersucht, indem man am Anfang der Reihe beginnt. Dies ist ein Theorem, das genau bewiesen werden kann. Das Prinzip des Beweises lautet, daß das, was kein Ende hat, keinen anderen Seinsmodus als den eines Gesetzes haben kann, und daher jede allgemeine Beschaffenheit, die es auch immer haben kann, beschreibbar sein muß. Die einzige Art, eine endlose Reihe zu beschreiben, ist aber die, das Gesetz der Nachfolge eines Terminus auf einen anderen explizit oder implizit festzusetzen. Jeder solche Terminus hat jedoch von Anfang an einen endlichen Stellenwert und zeigt daher, wenn er von Anfang an eine Regelmäßigkeit für alle endlichen Folgen zeigt, überall die gleiche

Regelmäßigkeit. So hängt die Gültigkeit der Induktion von der notwendigen Relation zwischen dem Allgemeinen und dem Singulären ab. Genau das ist die Stütze des Pragmatismus.

4. Instinkt und Abduktion[q])

171. Hinsichtlich der Gültigkeit der abduktiven Folgerung kann wenig gesagt werden, obwohl das Wenige für das Problem, das wir behandeln, zweckdienlich ist.

Abduktion ist der Prozeß, eine erklärende Hypothese zu bilden. Es ist die einzige logische Operation, die irgendeine neue Idee einführt; denn Induktion determiniert nur einen Wert und Deduktion entwickelt nur die notwendigen Folgen aus einer reinen Hypothese.

Deduktion beweist, daß etwas sein *muß*; Induktion zeigt, daß etwas *tatsächlich* wirkt; Abduktion legt nur nahe, daß etwas *sein kann.*

Ihre einzige Rechtfertigung besteht darin, daß Deduktion aus ihrer Vermutung eine Voraussage machen kann, die mit Hilfe der Induktion getestet werden kann und daß, wenn wir je etwas lernen oder Phänomene überhaupt verstehen können, dies nur durch Abduktion zustandegebracht werden kann.

Soweit ich entdecken kann, kann überhaupt kein Grund für sie angegeben werden; und sie braucht keinen Grund, da sie nur Vermutungen anbietet.

172. Man muß völlig verrückt sein, wenn man leugnet, daß die Wissenschaft viele wahre Entdeckungen gemacht hat. Doch jeder einzelne Punkt einer wissenschaftlichen Theorie, die heute feststeht, wird der Abduktion verdankt.

Aber wie kommt es, daß diese ganze Wahrheit immer von einem Prozeß erhellt wurde, in dem es keinerlei Zwang noch irgendeine Tendenz zum Zwang gibt? Ist das Zufall? Bedenken Sie die vielen Theorien, die vermutet worden sein könnten. Ein Physiker begegnet einem neuen Phänomen in seinem Laboratorium. Woher weiß er, daß nicht die Konjunktionen der Planeten etwas damit zu tun haben oder daß es vielleicht deshalb nicht so ist, weil die Kaiserinwitwe von China zur selben Zeit im Vorjahr zufällig ein Wort von mystischer Kraft ausgesprochen hat oder vielleicht ein unsichtbarer Dschin[105]) anwesend sein kann? Denken Sie an die vielen Millionen und Abermillionen von Hypothesen, die gemacht werden könnten, von denen nur eine wahr ist; und doch trifft der Physiker nach zwei oder drei oder höchstens einem Dutzend Vermutungen ziemlich genau die richtige Hypothese. Aus Zufall hätte er das wahrscheinlich die ganze Zeit über, seit sich die Erde verfestigte, nicht getan. Sie mögen mir sagen, daß man zuerst zu astrologischen und magischen Hypothesen seine Zuflucht nahm und daß wir erst nach und nach bestimmte allgemeine Naturgesetze gelernt haben, infolge derer der Physiker die Erklärung seines Phänomens innerhalb der vier Wände seines Laboratoriums sucht. Aber wenn Sie die Sache etwas genauer ansehen, wird die Sache auf diese Weise nicht sehr gut erklärt. Beurteilen Sie die Sache großzügig. Der Mensch hat sich nicht mehr als etwa 20 Tausend Jahre lang mit wissenschaftlichen Problemen abgegeben. Doch verzehnfachen Sie das, wenn Sie wollen. Aber das ist nicht ein Hunderttausendstel der Zeit, in der vielleicht von ihm erwartet wurde, daß er nach seiner ersten wissenschaftlichen Theorie suchte.

Sie mögen diese oder jene ausgezeichnete, psychologische Erklärung von der Sache geben. Aber lassen Sie mich Ihnen sagen, daß die ganze Psychologie der Welt das logische Problem genau da läßt, wo es war. Ich könnte Stunden zubringen, diesen Punkt zu entwickeln. Ich muß ihn übergehen.

Sie mögen sagen, daß die Evolution[r]) die Sache erklärt. Ich zweifle nicht, daß es Evolution ist. Aber um Evolution aus dem Zufall zu erklären, ist nicht genug Zeit verstrichen.

173. Wie auch immer der Mensch seine Fähigkeit, die Wege der Natur zu erraten, erworben haben mag, es geschah bestimmt nicht mittels selbstkontrollierter und kritischer Logik. Selbst heute kann er keinen exakten Grund

für seine besten Vermutungen angeben. Mir scheint, daß es die klarste und von aller fragwürdigen Beimischung freieste Feststellung ist, die wir von der logischen Situation machen können, wenn wir sagen, daß der Mensch eine gewisse Einsicht, die nicht stark genug ist, um häufiger richtig als falsch zu sein, aber stark genug, um nicht sehr viel häufiger falsch als richtig zu sein, in die Drittheit, die allgemeinen Elemente der Natur besitzt. Ich nenne sie eine Einsicht, weil sie auf dieselbe allgemeine Klasse von Operationen bezogen werden muß, zu der Wahrnehmungsurteile gehören. Diese Fähigkeit ist gleichzeitig von der allgemeinen Natur des Instinktes, die den Instinkten der Tiere insofern ähnlich ist, als sie die allgemeinen Kräfte unserer Vernunft übersteigt und uns lenkt, als ob wir im Besitz von Tatsachen wären, die völlig außerhalb der Reichweite unserer Sinne liegen. Sie ähnelt auch dem Instinkt aufgrund ihrer geringen Anfälligkeit für den Irrtum; denn obwohl sie häufiger falsch als richtig ist, ist doch die relative Häufigkeit, mit der sie richtig ist, im ganzen das Wundervollste unserer Konstitution.

174. Noch eine kleine Bemerkung, und ich verlasse das Thema. Wenn Sie einen Forscher fragen, warum er nicht diese oder jene tolle Theorie ausprobiert, wird er sagen: „Sie scheint nicht *vernünftig*." Es ist merkwürdig, daß wir dieses Wort selten benützen, wo die strenge Logik unseres Verfahrens klar gesehen wird. Wir sagen [nicht], daß ein mathematischer Irrtum nicht vernünftig ist. Wir nennen jene Meinung vernünftig, deren einzige Stütze der Instinkt ist . . .

5. Die Bedeutung eines Arguments

175. Wir haben schon einen Grund für die Behauptung gesehen,[s]) daß die Idee der *Bedeutung* einen Bezug zu einem *Zweck* involviert. Aber Bedeutung wird allein den Repräsentamen zugeschrieben, und die einzige Art des Repräsentamens, das einen deutlich erklärten Zweck hat, ist ein „Argument". Der erklärte Zweck eines Arguments ist es, eine Annahme seiner Konklusion zu determinieren, und es

stimmt ziemlich mit dem allgemeinen Gebrauch überein, die Konklusion eines Arguments seine Bedeutung zu nennen. Aber ich kann anmerken, daß das Wort Bedeutung bisher nicht als ein technischer Terminus der Logik anerkannt wurde, und wenn ich ihn als einen solchen vorschlage (was zu tun ich ein Recht habe, da ich eine neue Vorstellung zum Ausdruck bringe, nämlich die Konklusion eines Arguments als seines intendierten Interpretanten), sollte ich ein begründetes Recht haben, die allgemein anerkannte Bedeutung des Wortes „Bedeutung" leicht zu verändern, so daß es als Ausdruck einer wissenschaftlichen Vorstellung geeignet ist. Es scheint natürlich, das Wort *Bedeutung* zu benutzen, um den intendierten Interpretanten eines Symbols zu bezeichnen.

176. Ich darf annehmen, daß Sie alle mit Kants ständiger Beharrlichkeit vertraut sind, daß notwendiges Schließen nur die *Bedeutung* seiner Prämissen erklärt.*) Kants Vorstellung von der Natur notwendigen Schließens wird mit der Relationenlogik deutlich als Irrtum aufgezeigt, und seine Unterscheidung zwischen analytischen und synthetischen Urteilen, die er sonst anders und besser *explikatorische (erläuternde)* und *ampliative (erweiternde)* Urteile nennt, die sich auf eben diese Vorstellung gründet, ist so überaus verworren, daß es schwierig oder vollkommen unmöglich ist, irgend etwas damit anzufangen.[106]) Aber nichtsdestoweniger denke ich, daß wir sehr gut daran tun, Kants Diktum anzunehmen, daß notwendiges Schließen für die Bedeutung der Termini der Prämissen nur erläuternd ist, indem wir nur den Gebrauch, der davon gemacht wird, verändern. Anstatt nämlich die Vorstellung der Bedeutung von den Wolffschen Logikern zu übernehmen, wie er es tut, und mit diesem Diktum auszudrücken, was notwendiges Schließen leisten kann, worin er sich sehr irrte, werden wir gut daran tun, notwendiges Schließen so zu verstehen, wie Mathematik und die Relationenlogik es uns zu verstehen zwingen, und das Diktum zu gebrauchen, daß notwendiges Schließen nur die Bedeutungen der Termini der Prämissen erläutert, um unsere Ideen hinsichtlich dessen zu festigen, was wir unter der *Bedeutung* eines Terminus verstehen werden.

177. Kant und die Logiker, deren Schriften allein er kannte – er war weit davon entfernt, ein sorgsamer Erforscher der Logik zu sein, ungeachtet seiner großen natürlichen Fähigkeit als Logiker –, vernachlässigten beständig die Relationenlogik; und die Folge war, daß die einzige Erklärung, die sie von der Bedeutung eines Terminus abgeben konnten, seine „Signifikation“, wie sie es nannten, die war, daß sie sich aus all den Termini zusammensetzte, die von diesem Terminus essentiell ausgesagt werden konnten. Folglich mußte entweder die Analyse der Signifikation imstande sein, grenzenlos weiter und weiter vorangetrieben zu [werden] – eine Meinung, die Kant,*) [107]) in einem sehr bekannten Absatz formulierte, die er aber nicht entwickelte – oder, was üblicher war, man erreichte bestimmte, absolut einfache Vorstellungen wie Sein, Qualität, Relation, Tätigkeit, Freiheit etc., die als absolut ungeeignet angesehen wurden, definiert zu werden, und im höchsten Maße als einleuchtend und klar. Es ist erstaunlich, was für eine Gefolgschaft diese Meinung, daß diese äußerst abstrakten Vorstellungen selbst in höchstem Maße einfach und leicht wären, ungeachtet ihres Widerspruchs zum gesunden Menschenverstand, erhielt. Einer der vielen wichtigen Dienste, die die Relationenlogik geleistet hat, war derjenige, zu zeigen, daß diese sogenannten einfachen Vorstellungen, ungeachtet ihres Unbeeinflußtseins von der besonderen Art der Kombination, die in der nicht-relativen Logik erkannt wurde, dennoch zur Analyse geeignet sind, da sie verschiedene Beziehungsarten implizieren. Zum Beispiel sind keine Vorstellungen einfacher als die der Erstheit, Zweitheit und Drittheit; aber das hat mich nicht gehindert, sie zu definieren und das in der wirksamsten Weise, da alle Behauptungen, die ich in bezug auf sie machte, aus diesen Definitionen abgeleitet worden sind.

178. Eine andere Wirkung der Vernachlässigung der Relationenlogik bestand darin, daß Kant meinte, alles notwendige Schließen wäre vom Typ eines Syllogismus in *Barbara.* Nichts könnte lächerlicher im Widerspruch zu wohlbekannten Tatsachen stehen.†) Denn wäre dies der Fall gewesen, würde jedermann mit gutem logischen Verstand so-

fort sehen können, ob eine gegebene Konklusion aus gegebenen Prämissen folgte oder nicht; und überdies würde die Anzahl der Konklusionen aus einer kleinen Anzahl von Prämissen sehr niedrig sein. Nun ist es wahr, daß, als Kant schrieb, Legendre[108]) und Gauss[109]) nicht gezeigt hatten, welche zahllose Mächtigkeit von Theoremen aus den wenigen Prämissen der Arithmetik ableitbar sind. Ich nehme an, wir müssen ihn daher entschuldigen, daß er dies nicht wußte. Aber es ist schwierig zu verstehen, wie die Geisteshaltung von Logikern, die gleichzeitig Mathematiker waren, wie Euler[110]), Lambert [111]) und Ploucquet,[112]) in diesem Punkt gewesen sein könnte. Euler erfand die logischen Diagramme, die seinen Namen tragen, denn die Ansprüche, die zugunsten von Vorläufern gemacht worden sind, können als grundlos angesehen werden;[u]) und Lambert benutzte ein äquivalentes System.[*]) Ich brauche nicht zu sagen, daß diese beiden Männer Mathematiker von großer Befähigung waren. Man ist einfach verblüfft, daß sie zu sagen scheinen, daß alles mathematische Schließen auf eine solche Weise dargestellt werden könnte. Man kann annehmen, daß Euler der Logik nie viel Aufmerksamkeit zollte. Aber Lambert schrieb ein großes zweibändiges Werk über diesen Gegenstand, und es ist eine ziemlich oberflächliche Angelegenheit. Man kann nur schwer erkennen, daß sein Autor derselbe Mann war, der der Entdeckung der nicht-euklidischen Geometrie so nahe kam. Die Relationenlogik kann das mathematische Schließen jetzt in streng logischer Form darlegen. Sie finden ein Beispiel davon — obgleich ein zu einfaches, um alle Merkmale deutlich sichtbar zu zeigen — in dem Kapitel[**]) von Schröders Logik, in dem er das Schließen Dedekinds[113]) in dessen Broschüre *Was sind und was sollen die Zahlen?* neu gestaltet; und wenn eingewendet wird, daß diese Analyse hauptsächlich die Arbeit von Dedekind war, der den Mechanismus der Relationenlogik nicht einsetzte, erwidere ich, daß Dedekinds ganzes Buch nichts als die Ausarbeitung eines Aufsatzes ist, den ich einige Jahre zuvor im

American Journal of Mathematics[v]) veröffentlichte. Dieser Aufsatz war das unmittelbare Ergebnis meiner logischen Untersuchungen. Diese Analysen zeigen, daß, obwohl die meisten Schritte des Schließens beträchtliche Ähnlichkeit mit Barbara haben, doch der Unterschied in der Wirkung tatsächlich sehr groß ist.

179. Im großen und ganzen ist dann, wenn wir unter der *Bedeutung* eines Terminus, Satzes oder Arguments den ganz allgemeinen, intendierten Interpretanten verstehen, die Bedeutung eines Arguments explizit. Sie ist seine Konklusion; während die Bedeutung eines Satzes oder Terminus alles das ist, was Satz oder Terminus zu der Konklusion eines beweiskräftigen Arguments beitragen könnten. Aber wenn diese Analyse auch nützlich gefunden wird, so reicht sie überhaupt nicht aus, allen Unsinn auszuschalten oder uns zu befähigen, die Maxime des Pragmatismus zu beurteilen. Was wir brauchen, ist eine Erklärung der *letzten* Bedeutung eines Terminus. Diesem Problem müssen wir uns widmen.

VORLESUNG VII[a])

Pragmatismus und Abduktion

1. Die drei Schleifsteinsätze

180. Am Ende meiner letzten Vorlesung hatte ich drei Sätze aufgestellt, die, wie mir scheint, dem Pragmatismus seinen besonderen Charakter verleihen. Um mich heute abend knapp auf sie beziehen zu können, nenne ich sie einstweilen meine Schleifsteinsätze. *Cos, cotis* ist der Schleifstein. Sie scheinen mir die Maxime des Pragmatismus zu verschärfen.

181. Diese *Schleifstein*sätze lauten wie folgt:

(1) *Nihil est in intellectu quod non prius fuerit in sensu.*[114]) Ich fasse dies in einem etwas anderen Sinn auf, als Aristoteles es meinte.*). Unter *intellectus* verstehe ich die Bedeutung jeder Repräsentation in jeder Erkenntnisart, sei sie virtuell, symbolisch oder sonstwie. Berkeley**) und Nominalisten seines Schlages leugnen, daß wir überhaupt irgendeine Idee eines Dreiecks im allgemeinen haben, das weder gleichseitig noch gleichschenklig noch ungleichseitig ist. Aber er kann nicht leugnen, daß es Sätze über Dreiecke im allgemeinen gibt, die entweder wahr oder falsch sind; und so lange dies der Fall ist, ist es mir als Logiker gleichgültig, ob wir im psychologischen Sinne eine *Idee* von einem Dreieck haben oder nicht. Wir haben einen *intellectus,* eine Bedeutung, von der das Dreieck im allgemeinen ein Element ist. Den anderen Terminus, *in sensu,* fasse ich im Sinne von *in einem Wahrnehmungsurteil* auf, er ist der Anfangspunkt oder die erste Prämisse allen kritischen und kontrollierten Denkens. Ich werde gleich darlegen, was ich mir unter der Evidenz der Wahrheit dieses ersten Schleifsteinsatzes vorstelle. Aber ich beginne lieber damit, Ihnen alle drei ins Gedächtnis zurückzurufen.

(2) Der zweite lautet, daß Wahrnehmungsurteile allgemeine Elemente enthalten, so daß universale Sätze aus ihnen auf die Weise ableitbar sind, wie die Relationenlogik zeigt, daß partikuläre Sätze gewöhnlich, um nicht zu sagen ständig, zulassen, daß man universale Sätze notwendig aus ihnen folgert. Das habe ich in meiner letzten Vorlesung ausreichend begründet. Heute abend nehme ich seine Wahrheit als erwiesen an.

(3) Der dritte Schleifsteinsatz lautet, daß abduktives Schließen allmählich, ohne scharfe Trennungslinie, in ein Wahrnehmungsurteil übergeht; oder mit anderen Worten, unsere ersten Prämissen, die Wahrnehmungsurteile, müssen als ein extremer Fall abduktiven Schließens angesehen werden, von dem sie sich dadurch unterscheiden, daß sie absolut jenseits der Kritik sind. Die abduktive Vermutung kommt uns blitzartig. Sie ist ein Akt der *Einsicht*, obwohl von außerordentlich trügerischer Einsicht. Es ist wahr, daß die verschiedenen Elemente der Hypothese zuvor in unserem Geist waren; aber die Idee, das zusammenzubringen, von dem wir nie zuvor geträumt hätten, es zusammenzubringen, läßt blitzartig die neue Vermutung in unserer Kontemplation aufleuchten.

Das Wahrnehmungsurteil ist seinerseits das Ergebnis eines Prozesses, obgleich eines Prozesses, der nicht bewußt genug ist, um kontrolliert zu werden, oder, um es genauer zu sagen, nicht kontrollierbar und daher nicht voll bewußt ist. Wenn wir diesen unterbewußten Prozeß der logischen Analyse unterwerfen müßten, würden wir finden, daß er in dem endet, was diese Analyse als einen abduktiven Schluß repräsentieren würde, der auf dem Ergebnis eines ähnlichen Prozesses beruht, den eine ähnliche logische Analyse so repräsentieren würde, als würde er von einer ähnlichen abduktiven Folgerung beendet, und so weiter *ad infinitum*. Diese Analyse wäre genau analog dem, was der Sophismus von Achilles und der Schildkröte auf die Jagd Achills nach der Schildkröte anwendet, und würde aus demselben Grund den wirklichen Prozeß nicht repräsentieren können. Gerade wie Achilles nämlich nicht die Reihe der verschiedenen Anstrengungen machen muß, die er angeblich macht, so muß dieser Prozeß des Bildens des Wahrnehmungsurteils, da er unterbewußt und daher der logischen Kritik nicht unterwerfbar ist, nicht getrennte Akte der Folgerung erzeugen, sondern seinen Akt in einem kontinuierlichen Prozeß vollziehen.

2. Abduktion und Wahrnehmungsurteile

182. Ich habe meine Zusammenfassung zugunsten meines zweiten Schleifsteinsatzes schon vorgelegt, und für das, was ich sagen will, sehe ich das als hinreichend bewiesen an. Bei seiner Begründung vermied ich alle Zuflucht zu so etwas wie speziellen Phänomenen, auf denen meiner Meinung nach die Philosophie überhaupt nicht ruhen sollte. Doch ist es kein Schaden, besondere Beobachtungen in einer nur abduktiven Weise zu benutzen, um die auf andere Weise festgelegten Lehren zu erhellen und dem Geist zu helfen, sie zu erfassen; und es gibt einige Phänomene, meine ich, die uns zu sehen helfen, was mit der Behauptung gemeint ist, daß Wahrnehmungsurteile allgemeine Elemente enthalten, und die natürlich auch zu einer Betrachtung des dritten Schleifsteinsatzes überleiten werden.

183. Ich will Ihnen eine Figur zeigen, die, wie ich mich erinnere, mein Vater [Benjamin Peirce] in einer seiner Vorlesungen zeichnete. Ich erinnere mich nicht, was gezeigt werden sollte; aber ich kann mir nicht vorstellen, daß es etwas anderes gewesen sein könnte als mein Schleifsteinsatz Nr. 2. Wenn es so ist, trete ich mit dem Behaupten dieses Satzes wirklich in seine Fußstapfen, obwohl er zweifellos den Satz in eine von der meinen ganz verschiedene Form gebracht hätte. Das hier ist die Figur (obwohl ich sie nicht so geschickt zeichnen kann, wie er es tat). Sie besteht aus einer Schlangenlinie. Aber wenn sie vollständig gezeichnet ist, scheint sie eine Steinmauer zu sein. Der springende Punkt ist, daß es zwei Auffassungsweisen der Sache gibt. Bitte

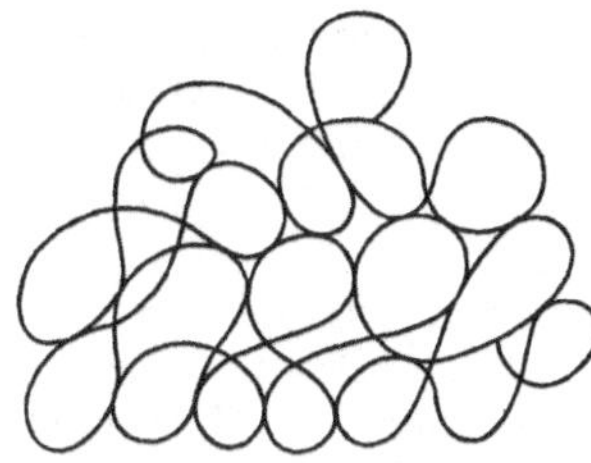

beachten Sie, daß beide *allgemeine Arten der Klassifikation der Linie sind,* allgemeine Klassen, unter die die Linie subsumiert wird. Aber die sehr bestimmte Bevorzugung einer Art des Klassifizierens des Perzepts durch unsere Wahrnehmung zeigt, daß die Klassifizierung im Wahrnehmungsurteil enthalten ist. So ist es auch mit jener bekannten, schattenlosen Umrißzeichnung eines Stufenpaares in perspektivischer Sicht. Zuerst scheinen wir von oben auf die Stufen zu sehen; aber ein unbewußter Bereich des Geistes scheint bei dieser Auslegung zu ermüden, und plötzlich scheinen wir die Stufen von unten zu sehen. So scheinen sich das wahrnehmende Urteil und das Perzept selbst ständig von einem allgemeinen Gesichtspunkt zu einem anderen und wieder zurück zu verschieben.

Bei solchen optischen Täuschungen, von denen zwei oder drei Dutzend wohlbekannt sind, ist das Verblüffendste das, daß eine bestimmte Theorie der Interpretation der Figur ganz den Anschein hat, in der Wahrnehmung gegeben zu sein. Wird sie uns das erste Mal gezeigt, scheint sie ebenso vollständig jenseits der Kontrolle rationaler Kritik zu sein, wie es jedes Perzept ist; aber nach vielen Wiederholungen des nun vertrauten Experiments verliert sich die Täuschung, indem sie zuerst weniger deutlich wird und zuletzt vollständig verschwindet. Dies zeigt, daß diese Phänomene echte Verbindungsglieder zwischen Abduktionen und Wahrnehmungen sind.

184. Wenn das Perzept oder das Wahrnehmungsurteil ganz beziehungslos zur Abduktion wären, würde man erwarten, daß das Perzept vollkommen frei von jeglichen Beschaffenheiten wäre, die den *Interpretationen* eigen sind, während es kaum solche Beschaffenheiten haben könnte, wenn es nur eine kontinuierliche Reihe dessen wäre, was einzeln und bewußt ausgeführt Abduktionen wären. Wir haben hier dann eine ziemlich strenge Prüfung meines drit-

ten Schleifsteinsatzes. Wie liegen also die Dinge? Es ist eine Tatsache, daß man über die gewöhnlichen Beobachtungen des gewöhnlichen Lebens nicht hinausgehen muß, um eine Mannigfaltigkeit der verschiedenen Arten, in denen die Wahrnehmung interpretativ ist, zu finden.

185. Die ganze Reihe hypnotischer Phänomene, von denen so viele in das Reich gewöhnlicher alltäglicher Beobachtung fallen – so wie unser Erwachen dem Zeitpunkt, an dem wir aufwachen wollen, viel näher ist, als unser waches Selbst es vermuten könnte –, involvieren die Tatsache, daß wir das wahrnehmen, auf dessen Interpretation wir eingestellt[115]) sind, obwohl es viel weniger wahrnehmbar ist, als wir es mit irgendeiner besonderen Anstrengung wahrnehmen könnten; während wir das, zu dessen Interpretation unsere Einstellungen nicht passen, nicht wahrnehmen können, obgleich es viel intensiver ist als das, was wir mit größter Leichtigkeit wahrnehmen würden, wenn wir uns überhaupt um seine Interpretation kümmerten. Es ist für mich etwas Wunderbares, daß die Uhr in meinem Arbeitszimmer jede halbe Stunde auf die hörbarste Weise schlägt und ich sie doch niemals höre. Ich wüßte überhaupt nicht, ob das Schlagwerk geht, es sei denn, daß es in Unordnung ist und die falsche Stunde schlägt. Wenn es die falsche Stunde schlägt, bin ich ganz sicher, es zu hören. Es ist eine weitere vertraute Tatsache, daß wir Gegenstände verschieden von dem, wie sie wirklich sind, wahrnehmen oder wahrzunehmen scheinen, indem wir sie ihrer offenbaren Intention anpassen. Korrektoren verdienen viel, weil gewöhnliche Leute Druckfehler nicht finden, da ihre Augen sie verbessern. Wir können den *Sinn* einer Unterhaltung wiederholen, aber wir täuschen uns oft hinsichtlich der Wörter, die geäußert wurden. Manche Politiker halten es für schlau, eine Idee zu vermitteln, die sie sorgfältig vermeiden, in Worten darzulegen. Das Ergebnis ist, daß ein Reporter bereit ist, ernsthaft zu beschwören, daß ein Politiker etwas zu ihm sagte, was der Politiker sorgfältig zu sagen vermied.[116])

Ich würde Sie ermüden, wenn ich weiter bei besonders jedem Psychologen so Vertrautem wie dem Interpretativen des Wahrnehmungsurteils verweilen würde. Es ist einfach nichts anderes als der extremste Fall des abduktiven Urteils.

186. Wenn dieser dritte Schleifsteinsatz zugelassen wird, muß der zweite, daß das Wahrnehmungsurteil allgemeine Elemente enthält, zugelassen werden; und was den ersten betrifft, daß alle allgemeinen Elemente in der Wahrnehmung gegeben sind, büßt dieser das meiste seiner Bedeutung ein. Denn wenn ein allgemeines Element anders als im Wahrnehmungsurteil gegeben wäre, könnte es zuerst nur in einer abduktiven Vermutung erscheinen, und dies läuft im wesentlichen auf dasselbe hinaus, wie wir jetzt sehen. Ich meine jedoch nicht nur, daß jedes allgemeine Element jeder Hypothese, wie wirr oder raffiniert sie vielleicht auch sein mag, irgendwo in der Wahrnehmung gegeben [ist], sondern wage sogar zu behaupten, daß jede allgemeine *Form* des Zusammenbringens von Begriffen in ihren Elementen in der Wahrnehmung gegeben ist. Um zu entscheiden, ob das so ist oder nicht, muß man einen klaren Begriff des genauen Unterschieds zwischen abduktivem Urteil und Wahrnehmungsurteil, das sein Grenzfall ist, bilden. Daß wir nicht die geringste Vorstellung dessen bilden können, was es heißen würde, das Wahrnehmungsurteil zu verneinen, ist das einzige Symptom, durch das die beiden unterschieden werden können. Wenn ich ein Wahrnehmungsbild als rot beurteile, kann ich mir das eines anderen vorstellen, der nicht dasselbe Perzept hat. Ich kann mir ebenso vorstellen, daß er dieses Perzept hat, aber daß er nie darüber nachgedacht hat, ob es rot ist oder nicht. Ich kann mir vorstellen, daß, obwohl Farben zu seinen Sinneswahrnehmungen gehören, er niemals seine Aufmerksamkeit auf sie gelenkt hat. Oder ich kann mir vorstellen, daß anstelle der Röte eine etwas verschiedene Vorstellung in seinem Geist entstände; daß er zum Beispiel urteilen würde, daß dieses Perzept die Wärme einer Farbe hat. Ich kann mir vorstellen, daß die Röte meines Perzepts äußerst matt und verschwommen ist, so daß man kaum sicher ausmachen kann, ob es rot ist oder nicht. Aber daß irgend jemand ein Perzept hätte, das dem meinen ähnlich ist, und sich selbst die Frage stellte, ob dieses Perzept *rot* ist, was implizieren würde, daß er schon *manches*

Perzept als rot beurteilt hätte und daß er nach sorgfältiger Berücksichtigung dieses Perzepts erklärte, daß dieses bestimmt und deutlich *nicht* rot ist, obwohl ich es als auffallend rot beurteile, *das* kann ich überhaupt nicht verstehen. Eine abduktive Vermutung ist jedoch etwas, dessen Wahrheit fraglich sein oder sogar geleugnet werden *kann*.

187. So kommen wir zum *Test der Undenkbarkeit* als dem einzigen Mittel der Unterscheidung zwischen einer Abduktion und einem Wahrnehmungsurteil. Ich stimme all dem völlig zu, was Stuart Mill so nachdrücklich in seiner *Examination of Hamilton*[117]) hinsichtlich der äußersten Unzuverlässigkeit des Tests der Undenkbarkeit sagte.*) Das, was für uns heute undenkbar ist, kann sich morgen als denkbar und selbst als wahrscheinlich erweisen; so daß wir niemals ganz sicher sein können, daß ein Urteil ein Wahrnehmungsurteil und kein abduktives Urteil ist. Dies kann scheinbar eine Schwierigkeit für die Art und Weise, wie wir uns davon überzeugen, daß der erste Schleifsteinsatz wahr ist, ergeben.

Ich würde Ihnen leicht zeigen, daß diese Schwierigkeit, obwohl äußerst theoretisch, sich praktisch auf wenig oder nichts für jemanden beläuft, der in der Durchführung solcher Untersuchungen erfahren ist. Aber das ist unnötig, da der darauf begründete Einwand überhaupt keine logische Gültigkeit hat.

188. Was den ersten Schleifsteinsatz betrifft, so folgt [dieser Satz] zweifellos als notwendige Konsequenz aus der Möglichkeit, daß das, was wirklich Abduktionen sind, fälschlich für Wahrnehmungen gehalten wurde. Denn es ist die Frage, ob das, was wirklich ein abduktives Ergebnis ist, Elemente enthalten kann, die seinen Prämissen fremd sind. Es muß daran erinnert werden, daß Abduktion, obwohl sie sehr wenig von logischen Regeln behindert wird, dennoch logisches Folgern ist, das seine Konklusion tatsächlich nur problematisch oder konjektural behauptet, aber dennoch eine vollkommen bestimmte logische Form besitzt.

189. Lange bevor ich Abduktion zum ersten Mal als eine Folgerung klassifizierte, war es den Logikern bekannt, daß die Operation des Einführens einer erklärenden Hypothese

– genau das ist Abduktion – bestimmten Bedingungen unterworfen war. Die Hypothese kann nämlich so lange nicht zugelassen werden, selbst nicht als Hypothese, bis von ihr angenommen wird, daß sie die Tatsachen oder einige von ihnen erklärt. Die Form der Folgerung ist daher folgende:

Die überraschende Tatsache C wird beobachtet;
aber wenn A wahr wäre, würde C eine Selbstverständlichkeit sein;
folglich besteht Grund zu vermuten, daß A wahr ist.

Daher kann A erst abduktiv gefolgert werden, oder wenn Sie den Ausdruck bevorzugen, abduktiv konjiziert werden, wenn sein ganzer Inhalt in der Prämisse „Wenn A wahr wäre, würde C eine Selbstverständlichkeit sein" vollständig gegenwärtig ist.

190. Ob dies eine richtige Erklärung der Sache ist oder nicht, ihre bloße Vermutung als eine Möglichkeit zeigt, daß die Tatsache allein, daß Abduktionen fälschlich für Wahrnehmungen gehalten werden können, nicht notwendig die Stärke eines Arguments berührt, zu zeigen, [daß] ganz neue Vorstellungen aus der Abduktion nicht gewonnen werden können.

191. Aber wenn die gerade gegebene Erklärung der Abduktion als Beweis dafür vorgebracht wird, daß alle Vorstellungen im wesentlichen in der Wahrnehmung gegeben sein müssen, erheben sich drei Einwände. Erstens kann nämlich gesagt werden, daß, selbst wenn dies die normative Form der Abduktion ist, die Form, mit der Abduktion übereinstimmen *sollte*, es doch sein kann, daß neue Vorstellungen in einer Weise entstehen, die den Regeln der Logik trotzen. Zweitens kann, stellt man diesen Einwand zurück, gesagt werden, daß das Argument zuviel beweisen würde; denn wenn es gültig wäre, würde folgen, daß keine Hypothese so phantastisch sein könnte, daß sie sich nicht in der Erfahrung ganz präsentiert hätte. Drittens kann gesagt werden, daß, wenn man zuläßt, daß die abduktive Konklusion „A ist wahr" auf der Prämisse „Wenn A wahr ist, ist C wahr" beruht,[118]) es doch im Gegensatz zum allgemeinen Wissen stände zu behaupten, daß die Antezedenzien aller

konditionalen Urteile in der Wahrnehmung gegeben sind, und so bleibt es ziemlich sicher, daß manche Vorstellungen einen verschiedenen Ursprung haben.

192. Um auf den ersten dieser Einwände zu antworten, muß gesagt werden, daß es nur in der Deduktion keinen Unterschied zwischen einem *gültigen* Argument und einem *starken* gibt. Ein Argument ist gültig, wenn es die Art der Stärke besitzt, die es zum Ausdruck bringt, und auf die Aufstellung der Konklusion in der Weise abzielt, wie es dies zu tun vorgibt. Aber die Frage seiner Stärke betrifft nicht den Vergleich zwischen der erwarteten Wirkung des Arguments und seinen Ansprüchen, sondern einfach, wie groß seine erwartete Wirkung ist. Ein Argument ist trotz seiner Schwäche nichtsdestoweniger logisch, vorausgesetzt, es gibt nicht eine Stärke vor, die es nicht besitzt. Ich vermute, daß die besten modernen Logiker außerhalb der englischen Schule aus diesem Grunde niemals etwas über Trugschlüsse sagen. Sie nehmen an, daß es so etwas wie ein an sich unlogisches Argument nicht gibt. Ein Argument ist nur insoweit trügerisch, als irrtümlich, obwohl nicht unlogisch, aus ihm gefolgert wurde, das ausgedrückt zu haben, was es nicht darstellte. Vielleicht kann man sagen, daß, wenn all unser Schließen mit den Gesetzen der Logik übereinstimmt, dies auf jeden Fall nichts als ein psychologischer Satz ist, den anzuerkennen mich meine Prinzipien hindern sollten. Aber ich bringe ihn nicht nur als psychologisches Prinzip vor. Denn ein psychologisches Prinzip ist eine kontingente Wahrheit, während dies, wie ich behaupte, eine notwendige Wahrheit ist. Wenn nämlich ein Trugschluß in seiner Konklusion nichts involviert, das nicht in seinen Prämissen war, das heißt nichts, das nicht in einer vorausgehenden Kenntnis war, die ihn zu vermuten half, dann werden uns die Formen der Logik unveränderlich und notwendig befähigen, ihn logisch so zu erklären, als würde er einem Fehler, der aus einer logischen, aber schwachen Argumentation entstand, verdankt.[b]) In den meisten Fällen wird er einer Abduktion verdankt. Die Konklusion einer Abduktion ist problematisch oder konjektural, sie ist aber nicht notwendig die schwächste Art von Vermutung, und was wir assertorische

Urteile nennen, sind genau genommen problematische Urteile einer äußerst vielversprechenden Art. Es besteht daher keine Schwierigkeit für die Behauptung, daß Trugschlüsse bloß Fehlern verdankt werden, die logisch gültig, obwohl schwache Argumentationen sind. Wenn jedoch ein Trugschluß etwas in der Konklusion enthält, das überhaupt nicht in den Prämissen war, das heißt in keiner vorausgehenden Kenntnis war oder keiner, die das Ergebnis beeinflußte, dann ist wiederum ein Fehler gemacht worden, der wie zuvor schwacher Folgerung verdankt wurde, nur daß in diesem Fall der Fehler darin besteht, das als eine Folgerung anzuerkennen, was hinsichtlich dieses neuen Elementes überhaupt keine Folgerung ist. Jener Teil der Konklusion, der das gänzlich neue Element einführt, kann vom Rest abgetrennt werden, mit dem er weder eine logische Verbindung noch den Anschein einer logischen Verbindung hat. Die erste Emergenz dieses neuen Elementes im Bewußtsein muß als ein Wahrnehmungsurteil betrachtet werden. Wir werden unwiderstehlich dazu geführt zu urteilen, daß wir uns dessen bewußt sind. Aber die Verbindung dieser Wahrnehmung mit anderen Elementen muß eine gewöhnliche logische Folgerung sein, die wie alles Folgern dem Irrtum unterworfen ist.

193. Was den zweiten Einwand betrifft, daß jede Hypothese gemäß meiner Erklärung der Abduktion, wie phantastisch sie auch ist, sich ganz in der Wahrnehmung präsentiert haben muß, möchte ich nur sagen, daß dies allein in einem in der Relationenlogik ganz ungeübten Geiste entstehen konnte, der offensichtlich jedem anderen Schlußmodus als dem der Abduktion gegenüber ganz blind war. Deduktion leistet zunächst die einfache logische Verbindung verschiedener Wahrnehmungsurteile zu einem kopulativen Ganzen und kann dann, mit oder ohne die Hilfe anderer Schlußmodi, diesen kopulativen Satz so umformen, daß er bestimmte seiner Teile in eine engere Verbindung bringt.

194. Aber der dritte Einwand ist wirklich ernst. In ihm liegt die ganze Schwierigkeit der Frage; und seine volle Widerlegung würde eine ganze Abhandlung ausmachen. Wenn das Antezedens nicht in einem Wahrnehmungsurteil

gegeben ist, dann muß er zuerst in der Konklusion einer Folgerung auftauchen. An diesem Punkt sind wir gezwungen, den Unterschied zwischen der Materie und der logischen Form zu machen.[119]) Mit Hilfe der Relationenlogik könnte leicht gezeigt werden, daß die ganze logische Materie einer Konklusion jeder Art von Folgerung stückweise in den Prämissen enthalten sein muß. Letzten Endes muß sie daher aus dem unkontrollierten Bereich des Geistes stammen, weil eine Reihe von kontrollierten Handlungen ein Erstes haben muß. Aber was die logische *Form* betrifft, wäre es auf jeden Fall äußerst schwierig, über sie in derselben Weise zu verfügen. Eine Induktion folgert zum Beispiel ein Häufigkeitsverhältnis; aber es gibt keineswegs irgendein solches Verhältnis in den einzelnen Beispielen, auf denen sie begründet ist. Woher kommen die Vorstellungen von deduktiver Notwendigkeit, induktiver Wahrscheinlichkeit, abduktiver Erwartung? Woher kommt die Vorstellung der Folgerung selbst? Das ist die einzige Schwierigkeit. Selbstkontrolle ist jedoch die Beschaffenheit, die das Schließen von den Prozessen unterscheidet, durch die Wahrnehmungsurteile gebildet werden, und Selbstkontrolle jeder Art ist nur *hemmend*. Sie schafft nichts. Daher können die fraglichen formalen Vorstellungen nicht im Akt der Annahme einer Folgerung, in der Erklärung, daß sie vernünftig ist, zuerst auftauchen. Beim ersten Wahrnehmen müßte man so vernünftig schließen können. Aber was ist seine Natur? Ich sehe, daß ich das Phänomen instinktiv als ein „Wahrnehmen" beschrieben habe. Ich will nicht von Wörtern aus argumentieren; aber ein Wort kann eine wertvolle Anregung liefern. Was kann unsere erste Bekanntschaft mit einer Folgerung anderes sein, wenn sie noch nicht angenommen ist, als eine Wahrnehmung der Welt der Ideen? In ihrer ersten Vermutung muß die Folgerung als eine Folgerung gedacht werden, weil es, wenn sie angenommen ist, immer die Überlegung gibt, daß man in einer ganzen Klasse von Fällen so schließen könnte. Aber der bloße Akt der Hemmung kann diese Vorstellung nicht einführen. Die Folgerung muß dann als eine Folgerung in ihrer ersten Vermutung gedacht werden. Wenn nun eine Folgerung *als* eine

Folgerung gedacht wird, wird die Vorstellung der Folgerung ein Teil der Denk*materie*. Daher paßt dasselbe Argument, das wir hinsichtlich der Materie im allgemeinen benützen, zu der Vorstellung der Folgerung. Aber ich kann nun im einzelnen zeigen – was ich in der Tat eigentlich gezeigt habe –, daß alle Formen der Logik auf Kombinationen der Vorstellung der Folgerung, der Vorstellung des Andersseins und der Vorstellung einer Beschaffenheit[c]) reduziert werden können. Das sind offensichtlich einfache Formen der Drittheit, Zweitheit und Erstheit, von denen die beiden letzteren fraglos in der Wahrnehmung gegeben sind. Folglich ist also die ganze logische Form des Denkens in seinen Elementen gegeben.

3. Pragmatismus – die Logik der Abduktion

195. Es scheint mir, daß ich meine drei Schleifsteinsätze hinreichend begründet habe. Da andere sie jedoch nicht als so sicher ansehen können wie ich, schlage ich vor, sie vorerst nicht zu beachten und zu zeigen, daß, selbst wenn sie als zweifelhaft beiseite gelegt werden, eine Maxime, die sich praktisch in den meisten ihrer Anwendungen wenig von der des Pragmatismus unterscheidet, anerkannt und befolgt werden sollte; und nachdem dies getan ist, will ich zeigen, wie die Anerkennung der Schleifsteinsätze die Sache beeinflußt.

196. Wenn Sie das Problem des Pragmatismus sorgfältig betrachten, werden Sie sehen, daß es nichts anderes ist als das Problem der Logik der Abduktion. Das heißt, der Pragmatismus stellt eine bestimmte Maxime auf, die, wenn sie vernünftig ist, jede weitere Regel unnötig machen muß, was die Zuverlässigkeit, Hypothesen als Hypothesen zu klassifizieren, das heißt als Erklärungen von Phänomenen, die für hoffnungsvolle Vermutungen gehalten werden, betrifft; und überdies ist das *alles,* was die Maxime des Pragmatismus wirklich zu tun vorgibt, wenigstens so weit sie auf Logik begrenzt und nicht als ein psychologischer Satz verstanden wird. Denn die Maxime des Pragmatismus lautet,

daß eine Vorstellung keine logische Wirkung oder Bedeutung haben kann, die von der einer zweiten Vorstellung verschieden ist, es sei denn, daß sie zusammen mit anderen Vorstellungen und Absichten unsere praktische Lebensführung denkbar verschieden von dieser zweiten Vorstellung modifizieren könnte. Es ist nun unbestreitbar, daß keine Regel der Abduktion von *irgendeinem* Philosophen zugelassen würde, die aus irgendwelchen formalistischen Gründen irgendeine Untersuchung dessen verhindern würde, wie wir unsere praktische Lebensführung folgerichtig gestalten sollten. Deshalb benötigt eine Maxime, die nur auf mögliche praktische Überlegungen achtet, keine Ergänzung, um irgendwelche Hypothesen als unzulässig auszuschließen. Die Hypothesen, die sie zuläßt – und darin würden alle Philosophen übereinstimmen –, müssen zugelassen werden. Wenn es andererseits wahr ist, daß nur solche Überlegungen irgendeine logische Wirkung oder Bedeutung haben, ist es klar, daß die Maxime des Pragmatismus keine Art der Hypothese weglassen kann, die zugelassen werden sollte. So *deckt* die Maxime des Pragmatismus, wenn sie wahr ist, die ganze Logik der Abduktion vollständig. Es bleibt zu fragen, ob diese Maxime nicht eine *weitere* logische Wirkung haben kann. Wenn ja, muß sie auf irgendeine Weise induktives oder deduktives Folgern beeinflussen. Aber daß Pragmatismus nicht mit Induktion in Konflikt geraten kann, ist offensichtlich, weil Induktion uns einfach lehrt, was wir als Ergebnis des Experimentierens zu erwarten haben, und es ist klar, daß jede solche Erwartung die praktische Lebensführung denkbar betreffen *kann.* In gewissem Sinn *muß* er *Deduktion* beeinflussen. Alles, was der Abduktion eine Regel gibt und somit die zulässigen Hypothesen begrenzt, verringert die *Prämissen* der Deduktion und macht daher eine *reductio ad absurdum* und andere äquivalente Formen der Deduktion möglich, die anders nicht möglich gewesen wären. Doch hier können drei Bemerkungen gemacht werden. Erstens, die *Prämissen* der Deduktion zu beeinflussen, heißt nicht, die Logik der Deduktion zu beeinflussen. Denn in den Prozeß der Deduktion selbst ist keine Vorstellung eingeführt, gegen die der Pragmatismus vermutlich Einwendungen machen könnte, außer gegen Akte der Abstraktion. Ich habe aber in dieser Hinsicht nur Zeit zu sagen, daß Pragmatismus keine Einwände dagegen erheben sollte. Zweitens kann keine Wirkung des Pragmatismus, die *aus seiner Wirkung auf Abduktion folgt*, zeigen, daß Pragmatismus mehr ist als eine Lehre, die die Logik der Abduktion betrifft. Wenn drittens Pragmatismus die Lehre ist, daß jede Vorstellung eine Vorstellung denkbarer praktischer Wirkungen ist, läßt er Vorstellung weit über das Praktische hinaus reichen. Er erlaubt jeden Flug der Imagination, vorausgesetzt, daß diese Imagination schließlich eine mögliche praktische Wirkung erhellt; und daher scheinen viele Hypothesen auf den ersten Blick durch die pragmatische Maxime ausgeschlossen zu werden, die nicht wirklich ausgeschlossen werden.

197. Wenn wir dann zugeben, daß die Frage des Pragmatismus die Frage der Abduktion ist, wollen wir sie unter dieser Form betrachten. Was ist gute Abduktion? Was sollte eine erklärende Hypothese sein, um als Hypothese klassifiziert werden zu können? Natürlich muß sie die Tatsachen erklären. Aber was für andere Bedingungen sollte sie erfüllen, um gut zu sein? Die Frage des Guten von etwas ist die Frage, ob das Ding seinen Zweck erfüllt. Was ist dann der Zweck einer erklärenden Hypothese? Ihr Zweck ist es, mittels der Unterwerfung unter den experimentellen Test zur Vermeidung aller Überraschung und zur Festsetzung einer Gewohnheit positiver Erwartung, die nicht enttäuscht werden soll, zu führen. Jede Hypothese kann daher zulässig sein, wenn besondere dagegensprechende Gründe fehlen, vorausgesetzt, daß sie experimentell verifizierbar ist, und nur insoweit sie so verifizierbar ist. Dies ist in etwa die Lehre des Pragmatismus. Aber gerade hier stellt sich uns eine große Frage. Was sollen wir unter experimenteller Verifikation verstehen? Die Antwort darauf involviert die ganze Logik der Induktion.

198. Ich möchte Ihnen die verschiedenen Meinungen vorlegen, die man tatsächlich zu diesem Thema heute vertritt – vielleicht nicht folgerichtig, aber in der Annahme, man vertrete sie. Erstens finden wir diejenigen, die behaup-

ten, daß keine Hypothese, auch nicht als eine Hypothese, weiter zugelassen werden sollte, als ihre Wahrheit oder Falschheit unmittelbar wahrgenommen werden *kann*. Dies hatte, soweit ich feststellen kann, Auguste Comte[d]) im Sinn,[120]) von dem allgemein angenommen wird, er habe diese Maxime zuerst formuliert. Natürlich setzt diese Maxime der Abduktion voraus, daß wir, wie man sagt, „nur glauben müssen, was wir tatsächlich sehen"; und es gibt bekannte Autoren, und Autoren von nicht geringer intellektueller Kraft, die behaupten, es sei unwissenschaftlich, Voraussagen zu machen – folglich unwissenschaftlich, irgend etwas zu erwarten. Man sollte seine Meinungen auf das beschränken, was man tatsächlich wahrnimmt. Ich muß wohl kaum sagen, daß dieser Standpunkt nicht folgerichtig behauptet werden kann. Er widerlegt sich selbst, denn *er selbst* ist eine Meinung, die sich auf mehr bezieht, als sich tatsächlich im Feld der momentanen Wahrnehmung befindet.

199. Zweitens gibt es diejenigen, die behaupten, daß von einer Theorie, die eine Anzahl experimenteller Prüfungen bestanden hat, erwartet werden kann, daß sie eine Anzahl anderer ähnlicher Prüfungen besteht und daß sie eine allgemeine, approximative Wahrheit besitzt. Sie wird dadurch gerechtfertigt, daß sich diese Art der Folgerung auf lange Sicht als richtig erweisen muß, wie ich in einer früheren Vorlesung darlegte.[e]) Aber diese Logiker weigern sich zuzulassen, daß wir jemals ein Recht haben, definitiv zu schließen, daß eine Hypothese *exakt* wahr ist, das heißt, daß sie fähig sein müßte, experimentelle Prüfungen in unendlicher Reihe zu bestehen; denn sie machen geltend, daß keine Hypothese einer unendlichen Reihe von Prüfungen unterworfen werden kann. Sie wollen, daß wir eine Theorie wahr nennen, weil, da alle unsere Ideen mehr oder weniger unbestimmt und approximativ sind, das, was wir meinen, wenn wir sagen, daß eine Theorie wahr ist, nur heißen kann, daß sie der Wahrheit sehr nahe kommt. Aber sie werden uns nicht gestatten zu sagen, daß das, was als eine Antizipation der Erfahrung vorgebracht wird, Genauigkeit beanspruchen dürfte, weil Genauigkeit in der Erfahrung

Erfahrungen in unendlicher Reihe implizieren würde, was unmöglich ist.

200. Drittens behaupten die meisten Wissenschaftler, daß es zu viel ist, wenn man sagt, daß Induktion auf das beschränkt werden muß, für das es *positive* experimentelle Evidenz geben kann. Sie machen geltend, daß die logische Grundlage der Induktion, wie sie von den Logikern der zweiten Gruppe selbst verstanden wird, uns berechtigt, eine Theorie zu vertreten, vorausgesetzt, daß sie so beschaffen wäre, daß, wenn sie irgendeine Falschheit enthielte, das Experiment diese Falschheit eines Tages entdecken müßte. Wir haben daher ein Recht, werden sie sagen, zu schließen, daß etwas *nie* geschehen wird, vorausgesetzt, daß es so beschaffen wäre, daß es sich nicht ereignen könnte, ohne entdeckt zu werden.

201. Ich will in dieser Vorlesung vermeiden, solche Punkte *zu erörtern*, weil das Wesentliche aller vernünftigen Argumentation über Pragmatismus, wie ich ihn verstehe, schon in früheren Vorlesungen gegeben wurde; und es gibt unendlich viele Formen, in denen er dargestellt werden könnte. Ich muß von dieser Feststellung jedoch die logischen Prinzipien ausschließen, die ich in der Vorlesung morgen abend über Menge und Kontinuität[f]) darzustellen beabsichtige. Aber weil ich die Beziehung zwischen diesem dritten Standpunkt und dem vierten und fünften klarmachen will, muß ich ein bißchen von dem vorwegnehmen, was ich morgen weiter darlegen werde.

202. Was sollten diejenigen, die diesen dritten Standpunkt vertreten, zum Sophismus von Achilles sagen? Oder vielmehr ... was müßten sie zu Achilles sagen, der die Schildkröte überholt (Achilles und die Schildkröte sind geometrische Punkte), wenn wir annehmen, daß unsere Erkenntnis allein aus Beobachtungen der relativen Positionen von Achilles und der Schildkröte an jenen Stellen der Vorwärtsbewegung, die der Sophismus annimmt, abgeleitet wird, und wenn wir annehmen, daß sich Achilles wirklich

doppelt so schnell wie die Schildkröte bewegt? Sie müßten sagen, daß, *wenn* es nicht passieren könnte, daß Achilles an einer dieser Stellen seiner Vorwärtsbewegung schließlich eine bestimmte, endliche Entfernung hinter der Schildkröte erreicht, die er nicht halbieren könnte, wir dann ein Recht hätten zu schließen, *ohne daß wir diese Tatsache erkennen*, daß er *jede* Entfernung halbieren könnte und daß er folglich seine Entfernung hinter der Schildkröte kleiner machen könnte als *alle* Brüche, die eine Potenz von zwei im Nenner haben. Vorausgesetzt, daß diese Logiker eine kleinere als irgendeine meßbare Entfernung annehmen müssen, was ihren Prinzipien widersprechen würde, wären sie daher gezwungen zu sagen, daß Achilles seine Entfernung hinter der Schildkröte auf *Null* reduzieren könnte.

203. Warum es ihren Prinzipien widersprechen würde, irgendeine Entfernung, kleiner als eine meßbare Entfernung, zuzulassen, ist darin begründet, daß ihre Art, die Induktion zu vollziehen, impliziert, daß sie sich von den Logikern der zweiten Klasse darin unterscheiden, daß diese Logiker der dritten Klasse zulassen, daß wir einen Satz, der eine unendliche Mächtigkeit impliziert, und damit die Realität der unendlichen Mächtigkeit selbst impliziert, folgern können, während ihre Art der Rechtfertigung der Induktion jede unendliche Mächtigkeit ausschließen würde, außer der unendlichen Mächtigkeit niedrigster Stufe, nämlich der Mächtigkeit aller ganzen Zahlen. Weil es hinsichtlich einer größeren Mächtigkeit als dieser nicht wahr sein würde, daß das, was nicht an einer finiten bestimmten Stelle in einer Reihe aufträte, nicht irgendwo innerhalb der unendlichen Reihe auftreten könnte – was die einzige Begründung für induktives Schließen ist, das sie zulassen.

Aber nun wollen wir uns etwas anderes ansehen, das diese Logiker zulassen müßten. Nehmen Sie zum Beispiel irgendein regelmäßiges Polygon an, dessen Eckpunkte mit dem Mittelpunkt durch Radien verbunden sind. Wenn es eine bestimmte endliche Anzahl von Seiten mit derart gezogenen Radien für ein regelmäßiges Polygon gäbe, die die singuläre Eigenschaft hätten, daß es unmöglich wäre, alle Winkel durch neue, den anderen gleiche Radien zu halbieren und die Endpunkte jedes dieser neuen Radien mit den beiden benachbarten Radien zu verbinden, um ein neues Polygon mit der doppelten Anzahl von Winkeln zu bilden –, wenn, sage ich, es irgendeine *endliche Anzahl* von Seiten gäbe, bei denen dies nicht gemacht werden könnte –, dann muß zugegeben werden, daß wir fähig sein müßten, dies herauszufinden. Die Frage, die ich vorbringe, unterstellt willkürlich, daß sie das zulassen. Daher müßten diese Logiker der dritten Klasse zulassen, daß alle solche Polygone ihre Seiten verdoppeln könnten, und daß es folglich ein Polygon mit unendlich vielen Seiten geben würde, das nach ihren Prinzipien nichts anderes als der Kreis sein könnte. Aber es ist leicht zu beweisen, daß der Umkreis dieses Polygons, das heißt der Kreisumfang des Kreises, inkommensurabel sein würde, so daß ein inkommensurables Maß reell ist, und daraus folgt leicht, daß alle solche Strecken real oder möglich sind. Aber diese übertreffen an Mächtigkeit die einzige Menge, die jene Logiker zulassen. Dasselbe Ergebnis könnte man ohne Geometrie erhalten, wenn man nur annimmt, man hätte eine unendlich oft durch zwei teilbare Größe.

204. Wir kommen infolgedessen zu einer vierten, unter Mathematikern sehr verbreiteten, Ansicht. Sie behaupten im allgemeinen, daß jede irrationale reelle Größe (sagen wir zum Beispiel der Strecke), ob sie in ihrem allgemeinen Ausdruck algebraisch oder transzendent ist, genauso möglich und zulässig ist wie jede rationale Größe. Sie schließen aber im allgemeinen, daß, wenn die Entfernung zwischen zwei Punkten kleiner ist als jede angebbare Größe, das heißt kleiner als jede endliche Größe, sie dann überhaupt nichts ist. Wenn das der Fall ist, können wir mit mathematischer Genauigkeit einen Zustand der Dinge erkennen, für dessen tatsächliche Realität es scheinbar kein mögliches vernünftiges Argument, auch nicht das schwächste geben kann. Zum Beispiel können wir erkennen, daß die Diagonale eines Quadrats inkommensurabel mit seinen Seiten ist. Das heißt, wenn Sie zuerst irgendeine Strecke kommensurabel mit der Seite nennen, wird sich die Diagonale davon durch eine endliche Größe (und eine kommensurable Größe) unterscheiden, doch wie genau wir die Diagonale eines vor uns

liegenden Quadrates auch messen, es wird immer eine Grenze für unsere Genauigkeit geben, und das Maß wird demnach immer kommensurabel sein. Daher könnten wir nie einen Grund haben, es anders zu denken. Und wenn es darüber hinaus, wie sie zu behaupten scheinen, keine anderen Punkte auf einer Geraden gibt, als solche, die in bis zu unendlicher Approximation angebbaren Entfernungen liegen, folgt daraus, daß, wenn eine Gerade ein äußerstes Ende hat, dieser Endpunkt als beseitigt gedacht werden kann, damit die Gerade keine äußerste Grenze hat, während alle anderen Punkte genauso bleiben, wie sie waren. In diesem Fall sind alle Punkte diskret und separiert; und die Gerade könnte an einer beliebigen Zahl von Stellen auseinandergerissen werden, ohne die Relationen der Punkte zueinander zu stören. Unter diesem Gesichtspunkt hat jeder Punkt seine eigene unabhängige Existenz und keiner kann in einem anderen aufgehen. Es gibt keine Kontinuität der Punkte in dem Sinne, in dem Kontinuität Allgemeinheit impliziert.

205. Fünftens kann behauptet werden, daß wir berechtigt sein können, wahre Allgemeinheit, wahre Kontinuität zu folgern. Aber ich sehe nicht, auf welche Weise wir je berechtigt sein können, dies zu tun, außer wir lassen die Schleifsteinsätze zu und vor allem den, daß solche Kontinuität in der Wahrnehmung gegeben ist; das heißt, was immer der zugrundegelegte psychische Prozeß sein mag, scheinen wir einen genuinen Zeitfluß wahrzunehmen, derart, daß Zeitpunkte ohne getrennte Individualität ineinander verschmelzen.

Ich hätte es nicht nötig, eine psychische Theorie zu leugnen, die dies in [einem] solchen Sinn illusorisch machen würde, wie [man sagen könnte], daß etwas jenseits aller logischen Kritik illusorisch ist, aber ich gestehe, daß ich eigentlich stark vermuten müßte, daß eine solche psychologische Theorie einen logischen Widerspruch involvierte; und bestenfalls überhaupt nichts zur Lösung der logischen Frage beitragen könnte.

4. Die zwei Funktionen des Pragmatismus

206. Es gibt zwei Funktionen, von denen wir eigentlich fordern können, daß sie der Pragmatismus erfüllen sollte, oder Pragmatismus sollte, was auch immer die wahre Lehre der Logik der Abduktion sein mag, diese beiden folgenden Dienste tun.

Er sollte uns nämlich erstens schnell von allen wirklich unklaren Ideen befreien. Zweitens sollte er wirklich klaren Ideen, die mehr oder weniger schwierig zu erfassen sind, Unterstützung gewähren und helfen, sie deutlich zu machen, und vor allem sollte er eine befriedigende Haltung dem Element der Drittheit gegenüber einnehmen.

207. Von diesen beiden Aufgaben des Pragmatismus braucht man heute die erste nicht so brennend notwendig wie vor einem Vierteljahrhundert, als ich die Maxime formulierte. Der Zustand des logischen Denkens hat sich sehr gebessert. Vor dreißig Jahren,[g]) als ich infolge meines Studiums der Relationenlogik den Philosophen sagte, daß alle Vorstellungen, mit der einzigen Ausnahme der vertrauten, konkreten Vorstellungen des täglichen Lebens, definiert werden sollten, wurde meine Meinung in jeder Schule als äußerst unverständlich betrachtet. Die Lehre war damals, wie sie es auch in neunzehn von zwanzig logischen Abhandlungen, die heutzutage erscheinen, geblieben ist, daß es kein Mittel gibt, einen Begriff zu definieren, außer durch Aufzählen aller seiner universalen Prädikate, von denen ein jedes abstrakter und allgemeiner ist als der definierte Begriff. Sofern also dieser Prozeß nicht endlos weitergehen kann, was eine wenig befolgte Lehre war, muß die Erklärung eines Begriffs bei solchen Ideen wie Reines Sein, Kraft, Substanz und ähnlichen aufhören, die für so vollkommen einfache Ideen gehalten wurden, daß für sie überhaupt keine Erklärung gegeben werden konnte. Diese groteske Lehre wurde von der Relationenlogik zerschlagen, die zeigte, daß die einfachsten Vorstellungen wie Qualität, Relation und Selbstbewußtsein definiert werden konnten, und daß solche Definitionen bei ihrer Behandlung[h]) den größten

Dienst leisten würden. Obwohl wenige die Relationenlogik erforschten, trifft man heute selten einen Philosophen, der weiterhin der Meinung ist, daß die meisten allgemeinen Relationen in jedem außer in einem technischen Sinne besonders einfach sind, und natürlich hat man nur die eine Alternative, die praktisch angewandten Begriffe des täglichen Lebens als die einfachsten zu betrachten. Wir würden heute kaum einen Wissenschaftler vom Range Kirchhoffs[121]) finden, der sagte, daß wir zwar genau wissen, was Energie *tut*, aber überhaupt nicht wissen, was Energie *ist.*[*]) Denn die Antwort würde sein, daß, da Energie ein Terminus in einer dynamischen Gleichung ist, wir, wenn wir wissen, wie diese Gleichung zu verwenden ist, damit auch wissen, was Energie ist, obwohl wir vielleicht den Verdacht haben, daß es ein fundamentaleres Gesetz gibt, das den Bewegungsgesetzen zugrundeliegt.

208. In der heutigen Lage der Philosophie ist es viel wichtiger, daß Drittheit mit unserer logischen Maxime der Abduktion adäquat behandelt würde. Die nachdrückliche Wichtigkeit des Problems der Drittheit in diesem Augenblick, in dem die agnostische Ruhe beendet ist, und wir sehen, daß sich Philosophen hauptsächlich hinsichtlich des Umfangs, bis zu dem sie Elementen der Drittheit einen Platz in ihren Theorien einräumen, unterscheiden, ist zu offenkundig, um darauf insistieren zu müssen.

209. Ich nehme es als erwiesen an, daß ich hinreichend gezeigt habe, daß, soweit wie *Denken* reicht, Drittheit ein Element ist, das nicht auf Zweitheit und Erstheit reduzierbar ist. Aber selbst wenn so viel erwiesen ist, können drei Haltungen eingenommen werden:

(1) Daß Drittheit, obwohl ein Element des geistigen Phänomens, in keiner Theorie des Wirklichen zugelassen werden sollte, weil sie experimentell nicht verifizierbar ist;

(2) Daß Drittheit experimentell verifizierbar ist, das heißt durch Induktion ableitbar ist, obwohl sie nicht unmittelbar wahrgenommen werden kann;

(3) Daß sie unmittelbar wahrgenommen wird, wovon die anderen Schleifsteinsätze kaum abgetrennt werden können.

210. Wer den ersten Standpunkt einnimmt, dürfte eigent-

lich kein allgemeines Gesetz als real wirkend zulassen. Vor allem dürfte er daher das Gesetz der Gesetze, das Gesetz der Gleichförmigkeit der Natur, nicht zulassen. Er sollte sich aller Voraussage enthalten, auch wenn sie durch ein Zugeständnis der Fehlbarkeit qualifiziert ist. Aber dieser Standpunkt kann praktisch nicht behauptet werden.

211. Wer den zweiten Standpunkt einnimmt, wird behaupten, daß die Drittheit eine Ergänzung ist, die die Operation der Abduktion zusätzlich zu dem, was ihre Prämissen auf jeden Fall enthalten, einführt, und daß dieses Element ferner *durch* das Experiment gerechtfertigt ist, obwohl es nicht im Experiment wahrgenommen wurde. Dann muß seine Vorstellung von Realität so beschaffen sein, daß sie das Reale von der Wahrnehmung vollständig trennt; und es wird für ihn ein Rätsel sein, warum der Wahrnehmung solche Autorität hinsichtlich dessen, was real ist, zugestanden werden sollte.

Ich glaube nicht, daß er folgerichtig behaupten kann, daß es für ein Ereignis einen Zeitraum zwischen zwei beliebigen Ereignissen, die zeitlich getrennt sind, gibt. Aber selbst wenn er es könnte, würde er (wenn er die Gründe erfassen könnte) anerkennen müssen, daß die Zeitinhalte aus getrennten, unabhängigen, unveränderlichen Zuständen und nichts anderem bestehen. Es würde nicht einmal eine bestimmte Ordnung der Aufeinanderfolge unter diesen Zuständen geben. Er könnte darauf bestehen, daß eine bestimmte Ordnung der Aufeinanderfolge von uns bereitwilliger aufgegriffen würde; aber nichts weiter. Jedermann ist völlig davon überzeugt, daß es so etwas wie Wahrheit gibt, sonst würde er keine Frage stellen. *Diese* Wahrheit besteht in einer Übereinstimmung mit etwas, das *unabhängig davon ist, daß er denkt, es müsse so sein,* oder von irgend jemandes Meinung über diesen Gegenstand. Aber für den, der diese zweite Meinung behauptet, würde die einzige Realität, die es geben könnte, die Übereinstimmung mit dem endgültigen Ergebnis der Untersuchung sein. Aber es gäbe keinen möglichen Verlauf der Untersuchung außer in dem Sinne, daß es leichter für ihn wäre, das Phänomen zu interpretieren; und schließlich wäre er gezwungen zu sagen, daß es überhaupt keine Realität gab, außer daß er jetzt, in diesem Augenblick, eine bestimmte Denkweise leichter findet als jede andere. Aber dies verletzt die eigentliche Idee von Realität und Wahrheit.

212. Wer den dritten Standpunkt einnimmt und die Schleifsteinsätze gelten läßt, wird mit unerschütterlichem Begreifen an der Erkenntnis festhalten, daß logische Kritik auf das beschränkt ist, was wir kontrollieren können. Künftig können wir vielleicht fähig sein, mehr zu kontrollieren, aber wir müssen überlegen, was wir jetzt kontrollieren können. Einige Elemente können wir in beschränktem Maße kontrollieren. Aber der Inhalt des Wahrnehmungsurteils kann jetzt nicht vernünftig kontrolliert werden, noch besteht eine begründete Hoffnung, daß er es jemals werden kann. Mit diesem ganz unkontrollierbaren Bereich des Geistes haben logische Grundsätze so wenig zu tun wie mit dem Wachsen des Haares und der Nägel. Wir mögen nur schwach sehen können, daß es teilweise von den zufälligen Ereignissen des Augenblicks abhängt; teilweise von dem Persönlichen oder Rassischen; teilweise von dem, was allen richtig regulierten Organismen, deren Gleichgewicht ein beschränktes Maß an Stabilität hat, gemeinsam ist; teilweise von dem, was aus unermeßlichen Mengen unabhängiger, verschiedener Elemente zusammengesetzt ist; teilweise von dem, was wirkt und teilweise von dem, was irgendeinen Seinsmodus hat. Aber die Summe von all dem ist, daß unser logisch kontrolliertes Denken einen kleinen Bereich des Geistes ausmacht, nur die Blüte eines weiten Komplexes, den wir den instinktiven Geist nennen können. Er wird nicht sagen, daß er an ihn *glaubt,* weil das die Denkbarkeit des Mißtrauens involviert, sondern daß er auf ihn baut als auf die alleinige Tatsache, hinsichtlich derer es die ganze Aufgabe seiner Logik ist, wahr zu sein.

Daß er mit der Drittheit keine Schwierigkeit haben wird, ist hinreichend klar, weil er behaupten wird, daß die Übereinstimmung der Aktion mit allgemeinen Intentionen ebenso in der Wahrnehmung gegeben ist wie das Element der Aktion selbst, das wirklich von so allgemeiner Zweckmäßigkeit geistig nicht abgetrennt werden kann. Es kann keinen

Zweifel geben, daß er Hypothesen den ganzen Rang zugesteht, den man ihnen zugestehen sollte. Das einzige Problem wird sein, ob es ihm gelingt, alles Unklare und Unsinnige aus den Hypothesen auszuschließen. Man wird fragen, ob er nicht eine schreckliche Neigung für anthropomorphe Vorstellungen hat. Ich fürchte, ich muß gestehen, daß er dazu neigen wird, ein anthropomorphes oder sogar ein zoomorphes, wenn nicht physiomorphes Element in all unseren Vorstellungen zu sehen. Aber gegen unklare und unsinnige Hypothesen, welcher Ägide auch immer [wird er geschützt sein]. Pragmatismus wird für ihn aus dem Grunde wesentlich wichtiger sein als für jeden anderen Logiker, weil logische Energie in der Aktion zu den unkontrollierten und unkritisierbaren Bereichen des Geistes zurückkehrt. Seine Maxime wird folgende sein:

Die Elemente eines jeden Begriffs treten in das logische Denken durch das Tor der Wahrnehmung ein und verlassen es durch das Tor zweckvoller Handlung; und was seinen Paß an diesen beiden Toren nicht vorzeigen kann, wird von der Vernunft als nicht autorisiert festgenommen.

Die Verarbeitung solchen Denkens ist langsam, meine Damen und Herren; aber wenn Sie künftig über all das nachdenken, was ich gesagt habe, vertraue ich darauf, daß Sie die sieben Stunden, die Sie damit zugebracht haben, diesen Ideen zuzuhören, nicht als völlig verschwendet ansehen werden.

ANMERKUNGEN

von Peirce und den Herausgebern der CP.

Vorlesung I

a) (21) Vgl. 2.661 f. <The Doctrine of Chances, PSM, 12 (1878) 604–615; (W) 79–92>.

°) (22) D.h. er erhält $(-2)^{n_2}$ Cents, wenn n Wappen zwischen zwei aufeinander folgende Zahlen treten.

b) (23) Siehe 5.19.

c) (23) Vgl. 1.88 <History of Science, MS 1886>, 2.647 <The Doctrine of Chances, Anm. v. 1910>.

d) (27) Vgl. 5.394 ff. <How to Make our Ideas Clear, PSM 12 (1978); (W) 62 ff. (A1) 326 ff.; (Oe) 36 ff.>.

e) (29) Vgl. 2.334 <That Categorical and Hypothetical Propositions are one in Essence, with some Connected Matters, Ms. 1895>, 2.435 ff. <Short Logic, MS 1893>.

f) (30) Vgl. 2.332 ff. <s.o.>, 3.432 f. <The Regenerated Logic, The Monist, 7 (1896) 19–40.

g) (32) Vgl. 3.203 f. <On the Algebra of Logic, AJM, 3 (1880) 15–57>, 3.539, 3.541 <The Logic of Relatives, The Monist, 7 (1897) 161–217>.

h) (34) Vgl. 5.108 f. <Vorlesung IV>, 1.191 <A Syllabus of Certain Topics of Logic, Alfred Mudge & Son, Boston 1903>, 1.574 <Basis of Pragmatism, Ms. 1906>, 1.611 f. <Lowell Lectures of 1903, Ms.>.

°) (36) Vergleiche seine *Grammar of Science*, Einleitung, S. 26–27, wo er zu sagen scheint, daß die Gesellschaft einer schlechten Art nicht erlauben darf fortzubestehen.

°) (36) Henry Rutgers Marshalls *Instinct and Reason*, S. 569, Macmillan Co. (1898).

i) (37) Siehe Bd. 1, Buch III zwecks detaillierter Untersuchung der Phänomenologie.

j) (38) Vgl. 5.43 <Vorlesung II>, 1.525 <Lowell Lectures of 1903, Vorlesung 3, Degenerated Cases, Ms.>.

k) (49) Vgl. 4.232 f. <Minute Logic, Kap. 3, The Simplest Mathematics, Ms. dat. Jan./Febr. 1903>.

Vorlesung II

a) (41) Zweite Fassung. Auf die erste Seite schrieb Peirce: „Das reicht nicht aus; es muß neu geschrieben werden." Es fand sich aber keine spätere Fassung dieses Teils. Die dritte Fassung wird in 59–65 gegeben.

b) (41) Vgl. 1.300 ff. <The List of Categories: A Second Essay, Ms. 1894>.

c) (42) Vgl. 1.43 <History of Science, Ms. 1896>.

d) (45) Vgl. 1.322 ff. <Vorlesung II, erste Fassung>.

*) (45) Vgl. seine *Philosophiae Naturalis Principia Mathematica*, liber I, def. IV <1687>[19]).

e) (45) Vgl. 1.321 <Pragmatism, Fragment 2, Ms. 1910>, 3.363 <A Contribution to the Philosophy of Notation, AJM, 7, 2, (1885) 180–202>, 3.527 <The Logic of Relatives, The Monist, 7 (1897) 161–217>, 4.157 <Recreations in Reasoning. A Theory about Quantity, Ms. 1897>.

f) (47) Vgl. 1.121 <History of Science, Ms. 1896>, 1.316 <Vorlesung IV>, 2.750 <Studies in Logic by Members of the Johns Hopkins University, Hsg. C. S. Peirce, Boston 1883. Beitrag von Peirce: A Theory of Probable Inference>.

*) (47) s.S. 29 unten.

g) (52) Vgl. 1.334 <Ego and Non-Ego, aus: Phaneroscopy or the Natural History of Concepts. Ms. 1905>.

h) (54) Vgl. 5.115 ff. <Vorlesung IV>, 5.151 ff. <Vorlesung VI>, 4.539, 4.541 <Prolegomena to an Apology for Pragmaticism, The Monist, 16 (1906) 492–546; dt. Graphen und Zeichen. Prolegomena zu einer Apologie des Pragmatizismus, Text 44, Edition Rot, Stuttgart 1971>.

i) (57) 57 und 58 stehen als Teil einer Abschweifung am Ende von Vorlesung IV. Dieser Teil des Notizbuches wiederholt vieles vom Vorhergehenden und ist mit Ausnahme des Folgenden nicht veröffentlicht worden.

j) (59) Dritte Fassung. Vgl. 1.337 ff. <Fragment, Third, Ms. 1875>.

k) (60) Vgl. 1.635 <Detached Ideas on Vitally Important Topics, Vorlesung I: Philosophy and the Conduct of Life, Ms. 1898>.

l) (64) Aber vergleiche Wrights *Philosophical Discussions*, ed. von C. E. Norton (1877).

m) (64) Asa Gray, der berühmte Botaniker der Harvard-Universität.

Vorlesung III

a) (66) Es gab zwei Fassungen dieser Vorlesung. Es ist schwer zu entscheiden, welche die endgültige ist. Der folgende Text ist aus der Fassung b.

b) (66) Vgl. 1.527 ff. <Lowell Lectures von 1903, Vorlesung III: Degenerated Cases, Ms. 1903>.

c) (67) Vgl. 4.218 ff. <Multitude and Number, Ms. 1897>.

*) (71) s.S. 46 unten.

d) (71) Siehe CP Bd. 7 <Science and Philosophy>.

e) (73) Vgl. CP Bd. 2, Buch II, Kap. 2 und 3 <2.227-308, Division of Signs, The Icon, Index and Symbol>.

*) (75) Vgl. „Aesthetics in Washington“ in A Memorial of Horatio Greenough von Henry T. Tuckerman, (1853) 82 [49]).

f) (77) s.S. 50f. unten.

g) (82) 82–87 sind aus der Fassung „a“; 88–93 folgen auf 81 nach einem unveröffentlichten Abschnitt, der eine Wiederholung des meisten von 82–87 ist.

h) (84) Vgl. 3.641 <Relatives, Dict. of Philos. and Psych., 3 (1901) 447–50>, 4.51 f. <Grand Logic, Kap. 6: The Essence of Reasoning, Ms. 1893>, 4.85 <Grand Logic, Kap. 17: The Logic of Quantity, Ms. 1893>.

i) (85) Vgl. 3.63 <Description of a Notation for the Logic of Relatives, Resulting from an Amplification of the Conceptions of Boole's Calculus of Logic, MAA, 9 (1870) 317–78; Neudruck Cambridge, Mass. 1870>, 3.421 f. <The Reader is Introduced to Relatives, The Open Court, 6 (1892) 3416–18>, 3.468 ff. <The Logic of Relatives, The Monist, 7 (1897) 161–217>.

j) (85) Logic, § 3, 1; vgl. auch 2.19–20 <Minute Logic, Kap. 3: Different Methods in Logic, Ms. 1902>, 2.151 ff. <Minute Logic, Kap. 2: Prelogical Notions, 2. Sektion: Why Study Logic? Ms. 1902>.

Vorlesung IV

a) (93) Was hier veröffentlicht wird, folgt im Manuskript kurz nach der Anmerkung zu 77 in Vorlesung III.

b) (102) Vgl. 5.151 ff. <Vorlesung VI>.

c) (102) Vgl. 2.367 <Universal, Dict. of Philos. and Psychol., 2 (1901) 737–749>.

d) (103) Vgl. 3.547 f. <Studies in Logic by Members of the Johns Hopkins University, Note B: The Logic of Relatives, Boston 1883>.

e) (106) Vgl. 5.119.

f) (108) Vgl. 2.186 f. <Minute Logic, Kap. 2: Prelogical Notions, Ms. 1902>.

g) (108) Vgl. 5.34 ff. <Vorlesung I>, 5.440 <Issues of Pragmaticism, The Monist 15 (1905) 481–99>.

h) (110) Vgl. 2.39 ff. <Minute Logic, Kap. 1: Intended Characters of this Treatise, Ms. 1902>.

*) (111) *Introduction to Ehtics* von T. S. Jouffroy[81]), übersetzt von William H. Channing.

i) (111) Dr. James Walker <Präsident der Harvard Universität und Professor der Moral- und Vernunftphilosophie>.

j) (111) Wahrscheinlich *The Elements of Morality, including Polity.*[82])

k) (112) Vgl. 1.333 <Phaneroscopy or the Natural History of Concepts, Ego and Non Eg, Ms. 1905>.

l) (115) Vgl. 5.151 ff. <Vorlesung VI>, 5.568 <Truth and Falsity and Error, Dict. of Philos. and Psychol., 2 (1901) 718–20>, 4.539 f. <Prolegomena to an Apology for Pragmaticism, The Monist. 16 (1906) 492–546; dt. Graphen und Zeichen. Prolegomena zu einer Apologie des Pragmatizismus, Text 44, Edition Rot, Stuttgart 1971>.

m) (118) § 9 von Kap. 2, Buch III, Band 1 <1.314 ff.> folgt im Manuskript an dieser Stelle, wurde aber offenbar nicht vorgetragen. 1.314 ff., ist aus Vorlesung IV.

n) (119) Vgl. Band 6, Buch I, A <6.7 ff., Ontology and Cosmology, Scientific Metaphysics, A. Tychism>.

Vorlesung V

a) (120) Die dritte und endgültige Fassung; vgl. Band 1, Buch IV. <1.573 ff., The Normative Sciences>.

b) (120) Vgl. Band 1, Buch II, Kap. 2, § 5 <1.273 ff., Minute Logic, Sektion 1, Kap. 2: The Divisions of Philosophy, Ms. 1902>.

c) (120) Vgl. 5.61 <Vorlesung II>, 1.126 ff. <Sketch of Some Proposed Chapters on the Sect of Philosophy Called Pragmatism, Ms. 1905>.

(125) C. G. Coriolis, *Théorie mathématique des effets du jeu de billard*, Paris 1835.

d) (126) Vgl. 1.247 f. <Minute Logic, Sektion 1, Kap. 2: The Divisions of Philosophy, Ms. 1902>, 4.239 ff. <Minute Logic, Kap. 3: The Simplest Mathematics, Ms. 1902>.

e) (128) Siehe *Œuvres de Descartes*, t. III, lettre 183, ed. A. et P. Tannery, Paris 1897–1910.

f) (129) Vgl. 1.573 ff. <Basis of Pragmatism, Ms. 1906>, 2.196 f. <Minute Logic, Sektion 1, Kap. 2: Pre-logical Notions, Ms. 1902>.

g) (130) Vgl. 2.186 f. <Minute Logic, Sektion 2, Kap. 2: Why Study Logic?, Ms. 1902>.

h) (138) Vgl. 2.317 n <Syllabus, Ms. 1902>, 2.393 <Upon Logical Comprehension and Extension, PAAAS, 7 (Nov. 13, 1867) 416–32>.

i) (144) Band 2, Buch III, Kap. 2, Teil III <2.508–516, On the Natural Classification of Arguments, Teil III. Induction and Hypothesis, PAAAS, 7 (April 9, 1867) 261–87>.

j) (144) Kap. 25, Buch II <2.618, Insolubilia, Dict. of Philos. and Psychol., 1 (1901) 554>.

k) (147) Vgl. 4.571 <Prolegomena to an Apology for Pragmaticism, The Monist, 16 (1906) 492–546; dt. Graphen und Zeichen. Prolegomena zu einer Apologie des Pragmatizismus, Text 44, Edition Rot, Stuttgart 1971>.

l) (149) Vgl. seine Logik, Buch II, Kap. 4, § 4.

Vorlesung VI

a) (151) Vgl. 2.367 f. <Universals, Dict. of Philos. and Psychol., 2 (1901) 737–40>.

b) (151) Vgl. 2.440 <Short Logic, The Grammatical Theory of Judgment and Inference, Ms. 1893>.

c) (153) Vgl. 5.448n <Basis of Pragmaticism, Ms. 1906>, 4.539 <Prolegomena . . . >.

d) (153) Vgl. 2.287n <Short Logic, Ms. 1893>.

e) (154) Vgl. 2.324 <Syllabus, Ms. 1902>, 2.357 <Subject, Dict. of Philos. and Psychol., 2 (1901) 609–10>.

f) (155) Vgl. 3.532 <The Logic of Relatives, The Monist, 7 (1897) 161–217>, wo ein Strich über dem zweiten l angebracht werden muß.

g) (156) Vgl. 3.532, wo das obige als ein Beispiel für Subalternation interpretiert wird.

h) (157) Vgl. 3.562 B <unveröffentlichter Teil des Artikels: The Logic of

Mathematics in Relation to Education, Educational Review (1898) 209–16>.

i) (160) Vgl. 2.152 f. <Minute Logic, Ms. 1902>[100])

j) (160) Vgl. 2.654 f. <The Doctrine of Chances, PSM, 12 (1878) 604–15; (W) 79–92; (A_1) 359–65>.

k) (161) Vgl. 2.100 f. <Minute Logic, Ms. 1902>, 2.266 f. <Nomenclature and Divisions of Triadic Relations, as far as they are Determined, Ms. 1903>, 2.619 f. <Deduction, Induction, and Hypothesis, PSM, 13 (1878) 470–82; (W) 127 ff.; (A_1) 373 ff.>.

l) (162) Vgl. Band 4, Buch II <4.347–585, Existential Graphs> wegen einer detaillierten Untersuchung von Diagrammen.

m) (162) Vgl. 3.363 f. <A Contribution of the Philosophy of Notation, AJM, 7,2 (1885) 180–202>, 3.559 <The Logic of Mathematics in Relation to Education, Educational Review (1898) 209–16>, 4.233 <Minute Logic, Kap. 3: The Simplest Mathematics, Ms. 1902>.

n) (163) Vgl. 5.579 <Detached Ideas on Vitaly Important Topics, Vorlesung III: The First Rule of Logic, Ms. 1898>, 2.442 ff. <Short Logic, Ms. 1893>, 4.505 ff. <Logical Tracts No. 2, On Existential Graphs, Euler's Diagrams, and Logical Algebra, Ms. 1903>, 4.565 ff. <Prolegomena . . .>.

o) (164) Vgl. Band 4, Buch II, Kap. 2 <4.372–94, Existential Graphs, Symbolic Logic>.

p) (167) Vgl. Band 2, Buch III, B <2.619–792, Critical Logic, Ampliative Reasoning>.

*) (168) Siehe: Julius A. Stöckhardt, *Die Schule der Chemie*, Teil 1, § 6.

*) (169) Siehe: *Lettres sur la théorie des probabilités*, 3me lettre.

q) (171) Vgl. 1.118 <History of Science, Ms. 1896>, 2.623 ff. <Deduction, Induction, and Hypothesis, PSM, 13 (1878) 479–82; (W) 127 ff.; (A_1) 373 ff.>, 2.753 f. <Studies in Logic . . . , A Theory of Probable Inference (1883) 126–181>.

r) (172) Vgl. 6.307 ff. <Evolutionary Love, The Monist, 3 (1893) 176–200>.

s) (175) Vgl. 5.166.

*) (176) Siehe z.B., *Kritik der reinen Vernunft*, A7, B 10, 11.

*) (177) Ebd. A 656, B 684.

t) (178) Vgl. 4.427 <Logical Tracts, No. 2, On Existential Graphs, Euler's Diagrams, and Logical Algebra, Ms. 1903>.

u) (178) Vgl. 4.353 <Graphs, Ms. 1903>.

*) (178) Siehe sein *Neues Organon*, Bd. I, S. 111 f.

**) (178) *Vorlesungen über die Algebra der Logik (Exakte Logik)*, Bd. III, S. 12.

v) (178) Siehe Bd. 3, No. VII <3.252–88, On the Logic of Number, AJM, 4 (1881) 85–95>.

Vorlesung VII

a) (180) Es war geplant, daß Peirce sechs Vorlesungen halten sollte; es scheint jedoch, daß er alle sieben gehalten hat.

°) (181) Vgl. *De anima*, Buch III, Kap. 8.

°°) (181) Vgl. *The Principles of Human Knowledge*, § 13 <1710>.

°) (187) Kap. XXI.

b) (192) Vgl. 5.280 ff. <Some Consequences of four Incapacities, JSP, 2 1868) 140–57; (A_1) 195 ff.>.

c) (194) Vgl. 3.63 <Description of a Notation for the Logic of Relatives, Resolving from an Amplification of Conceptions of Boole's Calculus of Logic, MAA, 9 (1870) 317–78>.

d) (198) Vgl. Cours de philosophie positive, 28me leçon <1830–42>.

e) (199) Vgl. 5.170 <Vorlesung VI>.

f) (201) Es gibt einen Bericht über die fünfte Lowell-Vorlesung „The Doctrine of Multitude, Infinity and Continuity", gehalten am 7. Dez. 1903. Aufgrund der verschiedenen Daten ist es wohl unmöglich, daß dies die gemeinte Vorlesung ist, aber eine andere ist nicht gefunden worden. Vgl. jedoch Bd. 4, Buch I, Nr. VI. <4.170 ff. Tatsächlich hielt Peirce am 15. Mai 1903 im Anschluß an diese Reihe eine Vorlesung unter der Schirmherrschaft der Mathematischen Fakultät, deren Ms. verlorengegangen war und später unter der Nr. 316 a im Supplementary Catalogue aufgeführt und auf Mikrofilm erfaßt wurde.>

g) (207) Vgl. 5.400 ff. <How to Make Our Ideas Clear, PSM, 12 (1878) 286–302; (W) 66 ff.; (A_1) 336 ff.; (Oe) 59 ff.>.

h) (207) Vgl. z.B. 3.217 ff. <On the Algebra of Logic, AJM, 3 (1880) 15–57>.

°) (207) Vgl. Kirchhoffs *Vorlesungen über math. Physik*, Bd. I, Vorrede, Leipzig (1874–6).

ANMERKUNGEN

der Herausgeberin zu den Vorlesungen. Die in Klammern stehenden Zahlen bezeichnen den Paragraphen.

Vorlesung I

[1]) (14) *Maxime der Logik.* Peirce spricht nicht von Axiom und Postulat, was im Zusammenhang mit Logik zu erwarten wäre, sondern von Maxime, die nach Kant (*KdrV,* A 812, B 840) ein „praktisches Gesetz ist, sofern es zugleich subjektiver Grund der Handlungen, d. i. subjektiver Grundsatz wird". Da Peirce, wie er es in diesen Vorlesungen darlegt, davon überzeugt ist, daß sich Logik als höchste der drei „Normwissenschaften", deren Graduierung kategorial bestimmt ist, auf Ethik gründet, auf Sittlichkeit bezogen ist, kommt er auch der Auffassung B. Bolzanos nahe, für den es zur Aufgabe des Logikers gehört, „bei der Darstellung der Wissenschaften in eigenen Lehrbüchern" so zu verfahren, „wie es die Gesetze der Sittlichkeit fordern, und folglich so, daß die größtmögliche Summe des Guten (die möglichgrößte Beförderung des allgemeinen Wohles) daraus hervorgehe". (Vgl. Bolzano, *Wissenschaftslehre,* 1837, § 392, Neudruck von [2]1930 Scientia Verlag, Aalen 1970.) Für Peirce wie für Bolzano erschöpft sich Logik nicht im Formalen, sondern stellt die eigentliche Vermittlung zwischen Denken (vieler Denker) und Welt dar und ist sowohl sozial als auch operational zu verstehen. (Vgl. auch Kant, *KdU,* 1799).

[2]) *Lebensführung.* Neben den rein wissenschaftlichen, theoretischen und experimentellen, Zielen hat nach Peirce die praktische Seite des Lebens, die eigene Lebensführung nicht nur einen untergeordneten, sondern gleichberechtigten Anspruch auf Berücksichtigung in Philosophie und Wissenschaft. Mit dem Begriff der Lebensführung scheint Peirce vor allem auch eine Verbindung mit dem Begriff des Verhaltens (behavior) und dem der Gewohnheit (habit) (bei ihm in erster Linie als Denkgewohnheit zu verstehen) seiner Mit-Pragmatisten James, Royce, Schiller und Dewey geschaffen zu haben. Man darf diesen Begriff bei Peirce jedoch nicht lebensphilosophisch im Sinne Bergsons oder existenzphilosophisch im Sinne Kierkegaards, sondern muß ihn im Sinne Kants (vgl. Kant, *Anthropologie in pragmatischer Hinsicht,* 1798 und *KdU,* 1790, u. a. Schriften) und im Sinne Humes (z. B. *Eine Untersuchung über den menschlichen Verstand,* V. Abschnitt, Hamburg 1964) verstehen.

[3]) (17) Es handelt sich um den Artikel *How to Make Our Ideas Clear,* der im Januar 1878 in the Popular Science Monthly, vol. 12, pp. 286–302 erschien und von Peirce auf der Überfahrt von Amerika nach Europa, als er als offizieller Vertreter Amerikas an der Internationalen Geodätischen Konferenz in Stuttgart vom 27. 9. bis 2. 10.

1877 teilnahm, in französischer Sprache niedergeschrieben worden war. Unter dem Titel *Comment rendre nos idées claires* erschien er in der Revue Philosophique, 7 (Januar 1879) 39—57. Da dieser Artikel zu den berühmtesten Peirce-Schriften gehört, ist er nunmehr auch in drei deutschen Übersetzungen erschienen: 1) *Wie wir Ideen klar machen* in Ch. S. Peirce, *Die Festigung der Überzeugung und andere Schriften*, ed. Elisabeth Walther, Agis-Verlag, Baden-Baden 1967; 2) *Wie unsere Ideen zu klären sind* in Ch. S. Peirce, *Schriften I*, ed. Karl-Otto Apel, Suhrkamp-Verlag, Frankfurt 1967; 3) *Über die Klarheit unserer Gedanken*, Einzelschrift, ed. Klaus Oehler, Vittorio Klostermann-Verlag, Frankfurt 1968.

4) (18) Peirce definiert hier die *Gewohnheit* derart, daß sie einmal von der Wahrnehmung, die als „Anreiz zur Handlung" verstanden wird, und dann von der Wahrnehmung, die als „Ziel jeder Handlung" ein „wahrnehmbares Resultat" verlangt, abhängt. Demnach hat die Gewohnheit als Denkgewohnheit ihre Wurzel immer in der Wahrnehmung. Trotz der Betonung der Rolle der Wahrnehmung kann Peirce nicht als Empirist oder gar Sensualist verstanden werden, was er im Verlauf der Vorlesungen verdeutlicht, da für ihn schon die Wahrnehmung „Allgemeines" (begriffliche, logische und semiotische Motivationen) enthält.

5) (19) *Wahrscheinlichkeitsrechnung*. Die Einbeziehung wahrscheinlichkeitstheoretischer Überlegungen in die philosophische und wissenschaftliche Arbeit, die bei Peirce vor allem die kosmologischen, logischen und pragmatistischen Vorstellungen begleiten, ist natürlich nicht neu, auch wenn Peirce feststellt, daß die Erforschung der Wahrscheinlichkeit, vor allem von seiten der Logiker, zu sehr vernachlässigt worden sei. Schon im 17. Jahrhundert wurden im Zusammenhang mit dem Glücksspiel derartige praktische Überlegungen mit philosophischen und theologischen Vorstellungen verbunden, z. B. bei Pascal (vgl. seine „Wette" in den *Pensées* (1669), die *Lettres provinicales* (1657), in denen er die Jesuiten wegen ihres Probabilismus angreift, und dem Briefwechsel mit Fermat) und bei Fermat, der als einer der Begründer der Wahrscheinlichkeitsrechnung gilt. Die Untersuchungen von Peirce gehören demnach der Geschichte der Wahrscheinlichkeitsrechnung an, die übrigens ein etwas vernachlässigter Zweig der Geschichte der Mathematik ist. Zum Beispiel bleibt die Wahrscheinlichkeitsrechnung in der *Geschichte der Mathematik* von O. Becker und J. E. Hofmann (1951) fast unberücksichtigt! Nachdem die Mängel des klassischen intuitiven Wahrscheinlichkeitsbegriffs, der Wahrscheinlichheit als Quotienten zwischen der Zahl der günstigen und der Zahl der möglichen Fälle definierte, erkannt wurden (z. B. die in diesem Begriff enthaltene Voraussetzung, daß die möglichen Fälle als gleichwahrscheinlich betrachtet werden), versuchte man im 19. und 20. Jahrhundert eine Neufassung. Zwei Interpretationen ersetzten vor allem den intuitiven Begriff der Wahrscheinlichkeit: einmal die bis auf A. Cournots *Exposition de la théorie des chances et des probabilités* (1843) und John Venns *A logic of chance* (1866) zurückgehende Diskussion der Wahrscheinlichkeit als Häufigkeit bzw. als Grenzwert der Häufigkeit in Kol-

lektiven, und dann die auf Bolzanos *Wissenschaftslehre* (1837) und *Was ist Philosophie?* (1849) zurückreichende und von J. M. Keynes in *Über Wahrscheinlichkeit* (1920) und H. Reichenbachs in *Die Kausalstruktur der Welt und der Unterschied von Vergangenheit und Zukunft*, Ber. d. bayr. Ak. d. Wiss. (1925) und *Wahrscheinlichkeitslehre* (1935) weiterentwickelte aussagentheoretische Konzeption, daß Wahrscheinlichkeit eine Beziehung zwischen Aussagen darstellt, die die logische Implikation als Spezialfall enthält.
Die hier bei Peirce auftretende Wahrscheinlichkeitsvorstellung enthält sowohl Spuren der häufigkeitstheoretischen als auch der aussagenlogischen Begriffsbildung, die zweifellos von Cournot und Venn (vielleicht sogar von Bolzano) beeinflußt sind. R. Carnap (und W. Stegmüller) weisen auf die wahrscheinlichkeitstheoretischen Konzeptionen von Peirce hin. (Vgl. R. Carnaps Erörterung der „problems of the reliability of a value of degree of confirmation" in *Logical Foundation of Probability* (1950) 554/55.) H. Reichenbach zitiert im Zusammenhang der wahrscheinlichkeitslogischen Implikation und des Multiplikationstheorems in seiner *Wahrscheinlichkeitslehre* (1935) die von M. Cohen unter dem Titel *Chance, Love and Logic* 1923 publizierte erste Anthologie Peircescher Schriften. Keynes verweist in seinem Werk *Über Wahrscheinlichkeit* (1920) an zwei Stellen auf Peirce: einmal im Zusammenhang mit dem Begriff des Zufalls als solchem (p. 244) und dann in Bezug auf die Zufälligkeit in Bodes Gesetz über die approximierten Planetenabstände. Keynes bezieht sich dabei vor allem auf die 1883 in den *Studies in Logic* erschienene Arbeit von Peirce *A Theory of Probable Inference* (p. 162 ff.), die auch als wichtiger Beitrag zur Relationenlogik angesehen wird.
Die vor allem von A. Kolmogoroff in *Grundbegriffe der Wahrscheinlichkeitsrechnung* (1933) durchgesetzte Axiomatisierung der Wahrscheinlichkeitstheorie über den Begriffen „Ereignis" und „Wahrscheinlichkeitsfeld" in endlichen und unendlichen Mengen ist offenbar in den Peirceschen Vorstellungen nicht vorgebildet. Mit Sicherheit kann man darüber aber erst urteilen, wenn die mathematischen Schriften von Peirce veröffentlicht worden sind. Carolyn Eisele bereitet eine mehrbändige Ausgabe vor.

6) (26) *Ockhams Rasiermesser:* Entia non sunt multiplicanda praeter necessitatem. ⟨Die Entitäten dürfen nicht vervielfacht werden, wenn keine Notwendigkeit besteht.⟩
Wilhelm von Ockham (1300–1349 oder 1350), einer der bedeutendsten Vertreter des Nominalismus und englischer Scholastiker ist vor allem als Logiker wichtig. Das angeführte Zitat sollte in der Wissenschaft durch die Beschränkung auf rational notwendige Entitäten zu klaren Einsichten führen. Hauptwerk: *Summa totius logicae*, Parisiis 1488, Bononiae 1498, u. ö. Vgl. auch (60) und G. Martin, *Wilhelm von Ockham*, 1949.

7) (27) Peirce stellt hier, wie in seinen Artikeln von 1878/79, die Begriffe *Zweifel* und *Überzeugung* einander gegenüber und formuliert sie gegen Descartes' Begriffspaar *Zweifel* und *Beweis*. Zweifel und Überzeugung drücken geistige Zustände aus und sind deshalb mit den

gleichen Mitteln darzulegen, wogegen Zweifel mit Beweis nichts gemein hat, da der Beweis kein geistiger Zustand, sondern eine objektive Operation ist, die von anderen überprüft werden kann. Die Editoren der CP machen darauf aufmerksam, daß Peirce und andere Mitglieder des „Metaphysical Club" der siebziger Jahre, was Zweifel und Überzeugung betrifft, von Alexander Bain beeinflußt wurden, der deshalb von ihnen auch „Großvater des Pragmatismus" genannt wurde.

8) (28) Peirce weist hier nachdrücklich, wie auch an späteren Stellen in den Vorlesungen, die *psychologische Begründung der Wahrheit* und die *Abhängigkeit der Logik von Psychologie* zurück. Er stimmt in dieser antipsychologischen Einstellung mit so voneinander verschiedenen Logikern wie B. Bolzano, G. Frege und E. Husserl überein. Wenn er seine ehemals (gemeint ist die von 1878/79) vertretene psychologische Begründung zitiert und ablehnt, um sie durch eine pragmatische zu ersetzen, so ist für ihn „pragmatisch" zunächst ein undefinierter Begriff, der erst im Verlauf der Vorlesungen dahingehend präzisiert wird, daß Pragmatismus eine logische Methode, nämlich die Abduktion ist. Abduktion muß innerhalb einer Semiotik, die Grammatik, Logik und Rhetorik umfaßt, erklärt werden. Die Betonung der Wichtigkeit der Abduktion beruht auf ihrer Eigenschaft, die eigentliche Erfindungskunst darzustellen, da weder aus der Deduktion, noch aus der Induktion Neues gefolgert werden kann. Innovation, Originalität, neue Erkenntnis werden nur durch Abduktion gewonnen. (Vgl. auch die Ausführungen dazu in der Einleitung.)

9) (32) *Simon Newcomb* (1835–1909) war amerikanischer Astronom und Mathematiker. Da er 1857/58 beim Vater von Peirce Mathematik studierte und für weitere drei Jahre in Cambridge als Graduierter blieb, lernte er den vier Jahre jüngeren Charles Peirce im Haus des Vaters kennen. Benjamin Peirce nahm die beiden jungen Leute bei der Expedition der „Coast Survey" 1870 nach Sizilien zur Beobachtung der Sonnenfinsternis mit. 1877 wurde Newcomb Leiter des „Nautical Almanac Office". Von 1876 bis 1883 war er Lektor für Mathematik, von 1884 bis 1893 und von 1898 bis 1900 war er Professor für Mathematik und Astronomie an der Johns Hopkins Universität in Baltimore. Er korrespondierte mit Peirce über verschiedene mathematische und naturwissenschaftliche Fragen, vor allem zwischen 1871 und 1908. Alle Angaben zu Newcomb entnehmen wir: Carolyn Eisele, *The Charles S. Peirce – Simon Newcomb Correspondence,* Proc. of the American Philosophic Society, 101 (1957) 409–433. C. Eisele bemerkt, daß Peirce Newcomb erstaunlicherweise richtig eingeschätzt habe, nämlich als guten praktischen Astronomen, aber weniger bedeutenden Mathematiker.

Die Klärung des Begriffs inkommensurabel, die Peirce hier mit der pragmatischen Methode versucht, das heißt durch die Frage nach den praktischen Konsequenzen des Begriffs, führt ihn zu der Feststellung, daß es einen objektiven praktischen Unterschied zwischen kommensurabel und inkommensurabel nicht gibt. Die Editoren der CP machen in 5.3 darauf aufmerksam, daß damit auch die Überlegungen von Weierstraß hinfällig werden.

[10]) (36) *Karl Pearson* (1857–1936), englischer Mathematiker und Biologe. Er versuchte eine statistische Verifikation biologischer Beobachtungen, was er Biometrie nannte. Die von ihm begründete Zeitschrift *Biometrica* erschien ab 1901. Werke: *The Grammar of Science*, 1892; *The Chances of Death and other Studies in Evolution*, 2 Bde., 1897; *On the Influence of Past Experience on Future Expectation*, Phil. Mag., 13 (1907).

[11]) (36) *Henry Rutgers Marshall* (1852–1927), Architekt, Psychologe und Schriftsteller, interessierte sich vor allem für Ästhetik. Außer dem von Peirce zitierten Werk *Instinct and Reason* veröffentlichte er u. a.: *Pain, Pleasure and Aesthetics*, 1894; *Aesthetic Principles*, 1895; *The Relation of Aesthetics to Psychology and Philosophy*, 1905; *The Beautiful*, London 1924.

[12]) (37) G. W. Hegel, *Die Phänomenologie des Geistes* (1807).

[13]) (38) G. W. Hegel, *Enzyklopädie der Wissenschaften* (1817).

[14]) Peirce nannte Hegel den „König der Philosophen" und drückte damit seine Hochachtung für Hegel aus, andererseits verachtete er ihn aber wegen seiner geringen mathematischen Interessen und Kenntnisse.

[15]) (40) *Reine Mathematik* als konditionale hypothetische Wissenschaft, das heißt eine Wissenschaft ohne Bezug auf erfahrbare Wirklichkeit, eine mögliche Wissenschaft oder Wissenschaft idealer (nominaler) Objekte, ist nach Peirce die Grundlage der positiven Wissenschaft der Phänomenologie (später Phaneroskopie genannt) und der ebenfalls positiven Normativen Wissenschaften: Ästhetik, Ethik und Logik. Das Allgemeine, Mögliche, Ideale stellt die Grundlage des Positiven, Erfahrbaren, Wirklichen dar. Läßt man mit Russell die Reine Mathematik mit den logischen Untersuchungen von George Boole beginnen, so befindet sich Peirce mit seiner Auffassung in der Nachbarschaft des englischen Denkers. Allerdings muß hier angemerkt werden, daß Peirce im Gegensatz zu Russell nicht Mathematik auf Logik begründen will, sondern gerade umgekehrt die Logik von der Reinen Mathematik abhängig macht.

Vorlesung II

[16]) (43) *Prädikamente* sind bei Aristoteles Kategorien, die nach Kants Meinung „aufgerafft wurden, wie sie ihm aufstießen", da er „kein Prinzipium hatte" und „deren er zuerst zehn auftrieb" (*KdrV*, A 81, B 107).

[16a]) (43) *Prädikabilien* sind nach Aristoteles die fünf logischen Gattungsbegriffe: Definition, Genus, Differenz, essentielle Eigenschaft und akzidentielle Eigenschaft. Porphyrius und spätere Logiker ersetzten Definition durch Spezies.

[17]) Bei Kant sind die *Kategorien* als reine Verstandesbegriffe in der *Tafel der Kategorien* in § 10 *Von den reinen Verstandesbegriffen oder Kategorien* (KdrV, A 80, B 106) aufgeführt. Die zwölf Begriffe, die Peirce die partikulären Kategorien Kants nennt, sind die Unterteilun-

gen von Quantität, Qualität, Relation und Modalität, die Peirce wie seine eigenen Kategorien Erstheit, Zweitheit und Drittheit als universale Kategorien ansieht. Kant versucht, seine Kategorien mit Hilfe einer transzendentalen Deduktion als reine Verstandesbegriffe abzuleiten und nicht, wie er es Aristoteles vorwirft, aufzuraffen. Peirce gibt eine relationale Begründung seiner Kategorien an verschiedenen Stellen seines Werkes, zuerst in *A New List of Categories*, PAAAS, 7 (14. 5. 1867) 287-298.

18) (44) *Quality of feeling* übersetzen wir mit Empfindungsqualität, weil uns Gefühlsqualität zu psychologisch erscheint und zu einseitig auf das subjektive Gefühl abstellt. Da Peirce die Empfindungsqualität kategorisch versteht, scheint uns dieser Begriff besser geeignet zu sein. Auch bei Kant wird Empfindung in der doppelten Bedeutung von subjektivem Gefühl und objektiver Sinnenwahrnehmung verwendet (*KdU*, 8 ff.).

19) (45) Das Werk von Isaac Newton, *Philosophiae Naturalis Principia Mathematica*, erschien 1687. Buch I hat den Titel *Bewegung der Körper*, Def. IV lautet: „Zugeführte Kraft ist die auf einen Körper ausgeübte Aktion zur Änderung seines Zustands, sei es der Ruhe oder der geradlinigen gleichförmigen Bewegung. Die zugeführte Kraft ist verschiedenen Ursprungs, etwa aus einem Stoß, aus einem Druck, aus einer Zentralkraft." (Zitiert nach der Ausgabe, ed. Florian Cajori, University of California Press, Berkeley 1934, [3]1947.) Newton, *Opera quae exstant omnia*, ed. S. Horsley, 5 Bde., London 1779–85.

20) (46) *Nous*, griech., Geist, Intellekt, bei Aristoteles die denkende Seele, die den Menschen vor dem Tier auszeichnet.

21) (46) Zum Begriff der *Gleichförmigkeit* bei Peirce vgl. *The Order of Nature*, Popular Science Monthly, 13 (1878) 203–217, CP 6.395–427, dt. (W) 110–126. Vgl. auch Karl Marbe, *Die Gleichförmigkeit in der Welt*, Bd. I, 1916, Bd. II, 1919.

22) (47 Anm. 1)) *Paul Carus* (1852–1919), ein Deutscher, der als Katholik wegen zu liberaler Anschauungen gezwungen war, aus Dresden zu fliehen. 1885 erschien sein erstes Buch *Monism and Meliorism*. Er wurde 1887 Herausgeber der Zeitschriften *The Open Court* und später *The Monist*, in denen auch Peirce verschiedene Artikel veröffentlichte. Einen Überblick über sein eigenes Werk gab Carus in *Philosophy as a Science. A Synopsis of the Writings of Paul Carus*, Chicago 1909.

23) (50) Eine *tabula-rasa-Lehre* vertrat zum Beispiel John Locke (1632–1704), der annahm, daß die Seele vor aller Erfahrung eine leere unbeschriebene Tafel sei. Die Bezeichnung stammt von Albertus Magnus (1193–1280). Das Problem wurde schon in der frühen griechischen Philosophie behandelt.

24) (53) Peirce selbst brachte philosophisch seine Phänomenologie nur mit der Hegels in Zusammenhang. Auf eine Beziehung Peirce–Husserl macht Marvin Faber in seinem Buch *L'activité philosophique contemporaine en France et aux Etats-Unis*, Vol. I, Paris 1950, p. 68 aufmerksam: „Si l'on prend la phénoménologie dans le sens de ‚philosophie descriptive de l'expérience', on doit reconnaître qu'elle a eu

aux Etats-Unis son histoire propre, tout à fait indépendante de l'influence exercée récemment par Husserl ... et son (Peirce's) esquisse de la ‚phanéroscopie' ou phénoménologie, fait également de lui un prédécesseur de Husserl. ... La phanéroscopie de Peirce offre des ressemblances avec le Husserl de la première période, celui de *Logische Untersuchungen*, et non . . . de l'idéalisme transcendental." Zitiert nach William Paul Haas, O. P., *The Conception of Law and the Unity of Peirce's Philosophy*, Diss. Fribourg/Suisse, The University Press Fribourg, 1964. Vgl. auch Herbert Spiegelberg, *Husserl's and Peirce's Phenomenologies: Coincidence or Interaction*, Phil. and phen. research, 17, 2 (1956) 164–85.

25) Wir führen nach Max Bense den Begriff *Perzept* für das „Wahrgenommene" oder den „wahrgenommenen Gegenstand" oder das „wahrgenommene Objekt" ein, weil seine Handhabung einfach, seine Bedeutung eindeutig und der Akt der Wahrnehmung als Perzeption seit Leibniz gebräuchlich ist.

26) Das *non-ego* darf hier nicht als alter-ego, der andere, das andere Ich aufgefaßt werden, sondern als das dem Ich Entgegenstehende, das Ob-jekt. Es handelt sich bei Peirce hier um eine Ich-Welt-Beziehung, nicht um Kommunikation zwischen Ichs.

27) (56) Die *absurde Theorie der göttlichen Hilfe* von Descartes besagt, daß der Mensch, der an allem zweifelt, zwar nicht an sich selbst zweifeln kann, aber die Welt nur erkennt, wenn er voraussetzt, daß Gott ihn über die Welt nicht täuscht. Gott wird nach Descartes gefolgert, weil es unmöglich ist, daß es außer einem dem Irrtum unterworfenen Wesen nichts geben sollte, das sich nicht irrt, das heißt vollkommen ist.

28) Die *prästabilierte Harmonie* von Leibniz ist die Lehre von der Harmonie zwischen Denken und Welt, die aber nicht ohne einen Schöpfer der Welt und die angenommene Entsprechung des Denkbaren oder Möglichen und des Erkennbaren oder Wirklichen existieren könnte. Gott schafft beide Welten, die wirkliche und die mögliche, wie zwei gleichgehende Uhren (Uhrengleichnis). Auch Leib, Seele und Geist des Menschen existieren in einer solchen prästabilierten Harmonie. Vgl. z. B. G. W. Leibniz, *Monadologie*, ed. Köhler, 1720.

29) (59) *Common sense*, der gesunde, allgemeine Menschenverstand wird von uns abkürzend mit Normalverstand übersetzt. Philosophy of common sense oder auch common-sensism wird von Peirce als mit dem Pragmatismus verwandt angesehen. Wir haben auch common-sensism mit Philosophie des Common-sense übersetzt.

30) (61) Paul Weiß, der mit Charles Hartshorne die ersten sechs Bände der CP herausgab und in *Prespectives on Peirce*, ed. Richard J. Bernstein, Yale University Press, New Haven and London 1965, einen Beitrag mit dem Titel *Charles S. Peirce, Philosopher* veröffentlicht hat, bemerkt zu dieser Einstellung, daß Philosophie „eine positive theoretische Wissenschaft" sein solle: „Though many moderns would applaud this program, nothing, I think, could be more disastrous for the future of thought. Philosophy is not and ought not to aspire to be a science." (Obwohl viele moderne Denker diesem

Programm zustimmen würden, glaube ich, daß nichts für die Zukunft des Denkens verhängnisvoller sein könnte. Philosophie ist nicht und darf nicht beanspruchen, eine Wissenschaft zu sein.) Peirce teilt mit seiner Auffassung die Ansichten von Philosophen wie Descartes, Bolzano, Husserl u. a., aber vielleicht sieht Weiß „science" zu sehr als „Naturwissenschaft" an, denn er fügt hinzu: „It (philosophy) is one of the humanities." (p. 131) (Sie ist eine der Geisteswissenschaften.) Wie könnte die Philosophie, eingeschränkt auf Geisteswissenschaft, aber Grundlagenwissenschaft der Naturwissenschaft sein? Weiß scheint Philosophie nicht als Grundwissenschaft, sondern als Hermeneutik anzusehen und damit einen geistesgeschichtlichen, spekulativen Philosophiebegriff zu vertreten.

31) Philosophie als *praktische Wissenschaft* ist nach Kant die „Sittenlehre" (vgl. z. B. Kant, *KdU*, Einleitung XIII).

32) (62) Wenn die Ideen, die der menschliche Geist hervorbringt, das sind, was „Gott nicht als wirkliche Objekte erschaffen konnte", müßte es einen Bereich, nämlich die Welt der Ideen, geben, die der Mensch und nicht Gott geschaffen hat. Doch bei Leibniz denkt auch Gott „mögliche Welten" und erschafft diejenige, die Extremalprinzipien (Maximum an Gutem bei einem Minimum an Schlechtem) genügt, das heißt die „beste der möglichen" darstellt. Peirce kann also nicht behaupten, daß Leibniz Gott die Fähigkeit des Denkens, mindestens nicht der Planung und Entscheidung, abspricht. Hier macht sich der Einfluß des Voluntarismus von Duns Scotus auf Peirce bemerkbar, der in bezug auf Gott gegen Ockham primär von einem wollenden, nicht einem denkenden Wesen gesprochen hat. Vgl. Leibniz, *Theodizee*, 1710; *Monadologie*, 1720.

33) (63) Die *Lehre von der Erhaltung der Energie* stammt von Julius Robert Mayer, der den quantitativen Zusammenhang zwischen Wärme und Arbeit auf einer Südseereise 1848 entdeckt hat.

34) *Gustav Theodor Fechner* (1801–1887) erweiterte das von E. H. Weber 1834 entdeckte Grundgesetz der Psychophysik, wonach die Empfindungsintensitäten in arithmetischer Progression (1, 2, 3, ...) wachsen, wenn die Reize im geometrischen Verhältnis (1, 2, 4, 8, ...) an Stärke zunehmen. Er begründete damit den psychophysischen Parallelismus bzw. die Psychophysik. Weber-Fechnersches Gesetz: $S = C \log R$ (S = Sinnesempfindung, R = Reiz, C = Konstante). In der informationtheoretischen Begründung der Wahrnehmungslehre von A. A. Moles spielt dieses Gesetz eine aktuelle Rolle.

35) (64) *Charles Darwins "The Origin of Species by means of Natural Selection"*, 1859, dt. 1860 löste nicht nur eine Revolution in der Biologie aus, sondern wirkte auf Wissenschaften und Philosophie insofern ein, als nun die Evolution wieder größere Beachtung fand.

36) *Chauncey Wright* (1830–1875) war ein enger Freund von Peirce, Mitglied des ersten „Metaphysical Club", Mathematiker, Zoologe und Philosoph. 1877 erschien sein Buch *Philosophical Discussions* in New York, 1878 die *Letters* in Cambridge. Er war ein begeisterter Anhänger Darwins, mit dem er einen umfangreichen Briefwechsel führte. Vgl. *Letters of Chauncey Wright*, ed. Norton, Cambridge,

1878 und Philip P. Wiener, *Chauncey Wright, Darwin and Scientific Neutrality*, The Journal of the History of Ideas, 6 (1945) 34 f.

37) *William Hamilton* (1788–1856) (Peirce: „Dieses dumme Zeug") gehört zu den Philosophen der „Schottischen Schule". Hauptwerk: *Lectures on Metaphysics and Logic*, 4 Bde., 1859–60.

38) *John Stuart Mill* (1806–1873), englischer Empirist und Positivist, ein Anhänger Hamiltons (*Examination of Sir W. Hamilton's Philosophy*, 1865, dt. 1908), gilt neben Comte als bedeutendster Positivist des 19. Jahrhunderts. Peirce griff ihn wegen seiner Logik aber auch wegen seines Nominalismus an. Hauptwerk: *System of Logic, Ratiocinative and Inductive*, 1843.

39) Peirce hatte recht, als er Wright gegenüber das Ende der *Assoziationstheorie* voraussagte, die von Hartley, Priestley, Hume und J. S. Mill vertreten wurde. Die Assoziationstheorie wurde vor allem durch die Gestalttheorie von Christian von Ehrenfels verdrängt.

40) *Agnostizismus*, die Lehre von der Unerkennbarkeit der bewußtseinstranszendenten Wirklichkeit, leugnet die Möglichkeit einer wissenschaftlichen Metaphysik.

41) (65) *Herbert Spencer* (1820–1903), englischer Philosoph und Hauptvertreter des Evolutionismus. Hauptwerk: *A System of Synthetic Philosophy*, 10 Bde, 1862–96.

42) *Edward L. Youmans* (1821–1887), Anhänger des Evolutionismus, Herausgeber der Zeitschriften: Popular Science Monthly seit 1872; Intentional Scientific Series seit 1872. Werke: *The Measure Demanded by Modern Life*, 1868, *Herbert Spencer on the Americans and the Americans on H. Spencer*, 1882.

43) Peirce zeigt an diesem Beispiel, daß die mechanische Begründung, die auf den drei Bewegungsgesetzen beruht, nicht zur Erklärung der Links- oder Rechtsdrehung optisch aktiver Moleküle herangezogen werden kann, da in diesen Gesetzen zwar die geradlinige Bewegung, aber nicht die Bewegung nach rechts oder links berücksichtigt wird. Er will damit beweisen, daß es auch in der Physik Phänomene gibt, die nicht durch die Gesetze der Mechanik begründet werden können.

Vorlesung III

44) (71) Peirce gibt in diesem Beispiel der *Landkarte* eine Erklärung der Repräsentation, die er auch hinsichtlich des Diagramms gegeben hat. (Übrigens hat er sich auch topologisch, hinsichtlich der Farbgebung, mit Landkarten beschäftigt.) Hier kommt es ihm darauf an zu zeigen, daß das Zeichen (die Karte), das mit dem bezeichneten Gegenstand gewisse Ähnlichkeit oder einen Punkt gemeinsam hat (also ein Icon ist), wie jedes Zeichen iterierbar ist, so daß das Icon des Icons, das Icon des Icons des Icons usw. entsteht. Jedes Icon repräsentiert das Objekt, aber jede Reproduktion des Icons oder jede Interpretation des Icons ist ein zweites Icon des ersten Icons. Das Zeichen präsentiert sich selbst als Mittel und repräsentiert sein Objekt

durch die Bezeichnung. Es ist selbst zwar Objekt, suggeriert aber als Zeichen unmittelbar seine Objekt- und Interpretantenbeziehung.

45) (71 Anm. 1) *Josiah Royce* (1855–1916) war neben James einer der besten Freunde von Peirce. Er verarbeitete vor allem semiotische Überlegungen von Peirce und baute sie zur Lehre vom sozialen Gebrauch der Zeichen aus, da ihn Kommunikationsprobleme zwischen Menschen, aber auch zwischen Mensch und Gott interessierten. Als Professor an der Harvard Universität hatte er mit James und Münsterberg die vorliegenden Vorlesungen von Peirce veranlaßt. Werke: *The Conception of God,* 1897; *The World and the Individual,* Bd. I 1900, Bd. II 1902; *Problem of Truth,* 1908; *The Sources of Religious Insight,* 1912; *Problem of Christ,* 1913.

46) (73) Peirce formuliert hier sehr knapp die Vorstellung, daß ein Zeichen oder Repräsentamen eine *genuine* Form hat, indem es sein Objekt unabhängig von diesem bezeichnet und in seinem Zeichen-Sein nur vom Interpretanten abhängt oder — wie er sich hier ausdrückt – indem es „als ein Repräsentamen interpretiert wird". Ein solches Zeichen ist ein Symbol. Icon und Index dagegen sind degenerierte Formen: Das Icon repräsentiert eine Eigenschaft, selbst wenn es ein Objekt mit dieser Eigenschaft gar nicht gibt und hängt somit nur von einer Qualität ab, die es selbst erfüllt; der Index hat eine faktische Verbindung mit dem Objekt, das er bezeichnet. Peirce sagt hier nicht, jedenfalls nicht explizit, daß er das Zeichen nur im Objektbezug betrachtet und von Mittel- und Interpretantenbezug absehen will.

47) (74) Die *Unterteilung,* von der Peirce in diesem und den beiden nächsten Paragraphen spricht, geschieht mit Hilfe seiner Kategorien. Da das *Icon* zur Erstheit gehört und die degenerierteste Form des Zeichens darstellt, ist keine Degenerierung (bzw. Unterteilung) möglich.

(75) Der *Index,* der zur Zweitheit gehört, hat eine genuine und eine degenerierte Form. Die genuine Form ist kausal (oder faktisch) mit dem Objekt, das sie bezeichnet, verbunden; die degenerierte Form ist indirekt (oder intentional, durch ein involviertes Icon) mit dem Objekt verbunden, d. h. wird als Index interpretiert.

48) (76) Wenn Peirce hier das *Symbol,* die genuine Form des Zeichens im Objektbezug, in Begriff, Satz und Argument gliedert, so muß man erklärend bemerken, daß Begriff, Satz und Argument zum Interpretantenbezug gehören. Peirce will damit sagen, daß sowohl ein Begriff wie auch ein Satz und ein Argument hinsichtlich ihres Objektes ein Symbol sind. Das genuine Symbol entspricht dem Argument, das degenerierte Symbol erster Stufe dem Satz und das degenerierte Symbol zweiter Stufe dem Begriff. Anders ausgedrückt, kann ein *Begriff* ein Icon, ein Index und ein Symbol sein, ein *Satz* kann ein Index und ein Symbol sein, ein *Argument* kann jedoch nur ein Symbol sein. Es stellt die genuine Form im Interpretantenbezug dar. Weitere Ausführungen hierzu in der Einleitung.

49) (75 Anm.) *Horatio Greenough* (1805–1892), amerikanischer Bildhauer, der eine Kollossalstatue von George Washington zur Erinnerung an die Schlacht von Bunkerhill 1775 schuf.

[50]) (77) *„Die sieben Systeme der Metaphysik"* war der Titel, den Peirce seiner Vorlesung IV gegeben hatte, zu der die Anmerkung 1 gehört. Vgl. Editionsbericht.

[51] (78) *Praedicamenta non sunt multiplicanda praeter necessitatem.* (Prädikamente dürfen nicht vervielfacht werden, wenn es nicht notwendig ist.) Dies ist eine Abwandlung von „Ockhams Rasiermesser" Vgl. [6]).

[52]) (79) *Etienne Bonnot de Condillac* (1715–1780), französischer Aufklärer und Enzyklopädist, gilt als Begründer des neueren Sensualismus. Die Sinneswahrnehmungen (sensations) sind die einzige Erkenntnisquelle. Hauptwerk: *Traité des sensations*, 1754.

[53]) *Hermann von Helmholtz* (1821–1894), Arzt, Physiker, Physiologe und Philosoph ist Begründer der Sinnespsychologie. Empfindungen hängen vom erregenden Objekt und vom wahrnehmenden Sinnesapparat ab. Die Empfindung ist kein Abbild des Objekts, sondern ein Symbol, nicht im Sinne der Semiotik, sondern im Sinne einer perzeptiven Empfindungseinheit. Hauptwerke: *Über das Sehen des Menschen*, 1855; *Die Lehre von den Tonempfindungen*, 1863; *Die Tatsachen in der Wahrnehmung*, 1879.

[54]) (80) Gemeint ist wieder „Ockhams Rasiermesser".

[55]) (81) *George Berkeley* (1684–1753), englischer Theologe und Philosoph. Er lehrte, daß das Sein nur im Wahrgenommenwerden besteht (esse est percipi). Hauptwerk: *Treatise Concerning the Principles of Human Knowledge*, 1710, Ausgabe von Fraser, 4 Bde., 1871. Diese letztere wurde von Peirce in The North American Review, 113 (1871) besprochen, und diese Besprechung ist nicht nur eine umfassende Charakteristik der Philosophie Berkeleys, sondern auch ein Panorama der naturphilosophischen Theorien von Berkeley bis Darwin, Helmholtz, u. a. und darüber hinaus eine Darlegung der eigenen Position in Philosophie und Naturwissenschaft. (Vgl. CP 8.7–8.38, *Fraser's Edition of the Works of George Berkeley.)*

[56]) (83) *Karl von Prantl* (1820–1888), Hegelianer, schrieb eine *Geschichte der Logik im Abendlande*, 4 Bde., 1855–70, Neudruck 1927. Heinrich Scholz nimmt in seinem *Abriß der Geschichte der Logik* (1931) einen ähnlich kritischen Standpunkt zu Prantl wie Peirce ein, wenn er in der Vorrede bemerkt: „Für Prantl ist die Nichtexistenz einer exakten formalen Logik zu seiner Zeit dadurch zu einem schweren Verhängnis geworden, daß er für seine Zensurierung des Stoffes, für die Verteilung der Lichter und Schatten, sich ganz auf sich selber verlassen mußte. Die Folge davon ist eine Werturteilsbildung, die, gemessen an den Forderungen des kritischen Standpunktes, auf dem wir heute fußen können, mit den schlimmsten Versehen belastet ist. Diese Werturteile müssen also erst einmal abkorrigiert werden, und der ganze großartige Stoff, den Prantl ausgebreitet hat, muß noch einmal ganz neu durchinterpretiert werden, . . ." (p. VI) Noch schärfer als Scholz kritisiert I. M. Bochénski in *Formale Logik* (1956) 10 ff. das Werk Prantls.

[57]) Die Anhänger des *Euklid von Megara (450–380 v. Chr.)*, die *Megariker*, untersuchten hauptsächlich logische Fragen.

[58]) Die *Byzantinische Philosophie* stand in der platonisch-aristotelischen Überlieferung. Ihr erster Vertreter ist Photios (820–891), als letzter Vertreter wird Nikephoros Blemydes (gestorben 1272) angesehen.

[59]) *Mittelalterliche Philosophie* oder *Scholastik* umfaßt das 9. bis 15. Jahrhundert und wird in Frühscholastik (9. bis 12. Jh.), Hochscholastik (13. Jh.) und Spätscholastik (14. und 15. Jh.) eingeteilt. Hauptvertreter sind u. a.: Hrabanus Maurus, Abälard, Anselm von Canterbury, Thomas von Aquino, Duns Scotus, Roger Bacon, Nikolaus von Kues, Nikolaus von Oresme, Wilhelm von Ockham. Neben logischen Untersuchungen bilden vor allem der Streit zwischen Nominalisten und Realisten (Universalienstreit) und die Trennung von Theologie und Philosophie Hauptprobleme der mittelalterlichen Philosophie.

[60]) *Parva logicalia.* Ein Ausdruck, der bei Prantl *(Geschichte der Logik im Abendlande,* III) hinsichtlich der Bearbeitung logischer Fragen von Duns Scotus und den Scotisten gebraucht, aber nicht definiert wird.

[61]) (84) *Nikolaus Kopernikus* (1473–1543), Astronom und Philosoph, Hauptwerk: *De revolutionibus orbium coelestium,* 1543.

[62]) *Antoine Arnauld* und *Pierre Nicole* sind die Verfasser von *La logique ou l'art de penser* (bekannt geworden als *Logik von Port-Royal),* 1662.

[63]) Interessant ist diese Aufzählung der *lebenswichtigen Wissenschaften* deshalb, weil auch die *Linguistik* zu ihnen gezählt wird, die ja tatsächlich seit etwa 15 Jahren erheblich an Bedeutung gewonnen hat.

[64]) *Niels Hendrik Abel* (1802–1829), dänischer Mathematiker, schuf wichtige Beiträge zur Funktionentheorie. Abelsches Theorem. Werke: *Oeuvres complètes,* 2 Bde., ed. M. M. Sylow und S. Lie, Christiana, 1881 (Neuausgabe).

[65]) *Jakob Steiner* (1796–1863), Schweizer Mathematiker, veröffentlichte Arbeiten über geometrische Probleme. Werke: *Gesammelte Abhandlungen,* 2 Bde., ed. K. Weierstraß, Berlin 1881–82.

[66]) (84) *Evariste Galois* (1811–1832), französischer Mathematiker, wurde durch die nach ihm benannte „Galoissche Theorie" bekannt, die eine Klassifikation für algebraische Gleichungen liefert sowie die Bedingungen ihrer Lösbarkeit angibt. Er fiel im Duell. In der Nacht vor seinem Tode schrieb er die Theorie nieder, die aber erst 1846 von Hermite veröffentlicht wurde. Galois ist für die Entwicklung der modernen Algebra, insbesondere der Gleichungstheorie von großer Bedeutung. Vgl. P. Wolf, *Algebraische Theorie der Galoisschen Algebren,* Berlin 1956.

[67]) *Sadi Carnot* (1796–1832), französischer Pionieroffizier und Mathematiker, Arbeiten auf dem Gebiet der Geometrie, Entdecker des Carnotschen Kreisprozesses (Thermodynamischer Kreisprozeß) und damit einer der Begründer der klassischen Thermodynamik. *Réflexion sur la puissance motrice du feu,* 1824.

[68]) *Hans Vaihinger* (1852–1933), Kantforscher, Begründer der „Kant-Studien" (1897), wurde durch seinen *Kommentar zu Kants Kri-*

tik der reinen Vernunft, 2 Bde., 1881 bekannt. Hauptwerk: *Die Philosophie des Als Ob,* 1911.

69) (85) *Ernst Schröder* (1841–1902), Mathematiker und Logiker, Professor (auch Rektor) an der TH Karlsruhe, von Peirce als „my friend Schröder" erwähnt, publizierte Werke über Algebra der Logik und Relationenlogik, die auf Anregungen von Peirce zurückgehen: *Vorlesungen über die Algebra der Logik. Exakte Logik,* Bd. I, 1890; Bd. II,1, 1891; Bd. II,2, postum 1905 (ed. E. Müller); Bd. III, *Algebra und Logik der Relative,* 1895. Als Rektor in Karlsruhe hielt er 1890/91 eine Antrittsrede mit dem Titel *Über das Zeichen,* die 1890 in Karlsruhe erschien. Im Vorwort zu Bd. I der Vorlesungen heißt es über Peirce: „Seit dem Erscheinen von des Verfassers ‚Operationskreis des Logikkalküls' hat diese Behandlung (exakte Logik) noch höchst bedeutende Fortschritte gemacht: vor allem durch die Arbeiten des Amerikaners Charles S. Peirce und seiner Schule. Namentlich gebürt Herrn Peirce das Verdienst, die Brücke von den älteren blos verbalen Behandlungen jener Disziplin zu der neueren rechnerisch zuwerke gehenden geschlagen zu haben, eine Brücke, welche im Lager der Berufsphilosophen mit Recht vermißt worden und deren Fehlen es wohl zuzuschreiben ist, daß die neue Richtung daselbst zum Teil nur mit Befremden aufgenommen wurde."

70) *Christoph Sigwart* (1830–1904) gilt als Hauptvertreter der psychologischen Logik. Von Peirce, auch von Husserl bekämpft, aber allgemein von großem Einfluß. Hauptwerk: *Logik,* 2 Bde., 1873–78.

71) *Charles Rollin* (1661–1741), französischer Historiker, der vor allem durch seine *Histoire ancienne,* 13 Bde., 1730–38, die englisch in mehreren Auflagen erschien, bekannt wurde. *Werke,* 30 Bde., ed. F. P. G. Guizot, 1827.

72) *George Louis Leclerq, Comte de Buffon* (1707–1788), Zoologe, veröffentlichte zusammen mit anderen eine *Histoire naturelle,* 36 Bde., 1749–89, dt. 40 Bde., 1824–32. Buffon war Mitarbeiter an der *Enzyklopädie* von Diderot und D'Alembert.

73) *Joseph Priestley* (1733–1804), englischer Theologe, Philosoph, Physiker und Chemiker, entdeckte 1771 den Sauerstoff. Er ist zusammen mit Hartley der Begründer der Assoziationspsychologie. Hauptwerk: *Hartley's Theory of Human Mind on the Principles of the Association of Ideas,* 1775.

74) *Jean Baptiste Biot* (1774–1862), französischer Physiker und Astronom, der sich auch mit der Geschichte der Naturwissenschaften beschäftigte. Das Gesetz über polarisiertes Licht ist als Biot'sches Gesetz bekannt. Mit Felix Savart stellte er ein Gesetz über die Wirkung des elektrischen Stroms auf ein Magnetfeld auf: Biot-Savart'sches Gesetz.

75) οἱ πολλοί, griech., die breite Masse.

76) (89) Das *Hyperboloid* ist eine Fläche 2. Ordnung, auf der durch schneidende Ebenen die Kegelschnitte: Hyperbel, Ellipse und Parabel erzeugt werden können. Man unterscheidet einschalige und zweischalige Hyperboloide.

Vorlesung IV

77) (102) *Generale est quod natum aptum est dici de multis* (Allgemein ist das, was von vielen völlig ausreichend ausgesagt werden kann.) Vgl. 97).

78) (105) *Patrick Henry* (1736–1799), amerikanischer Staatsmann und Redner. Seine berühmten Worte lauten: „Give me liberty or give me death!"

79) (107) Das *Prinzip der Individuation* wurde bei Thomas von Aquino, Duns Scotus, Suarez u. a. diskutiert. Es betrifft die Konstitution eines realen Objektes als singuläres Glied einer Art.

80) (108) *Logica utens*, die angewandte Logik, wurde der *Logica docens*, der wissenschaftlichen oder theoretischen Logik, von den scholastischen Logikern gegenübergestellt.

81) (111 Anm.) *Théodore Simon Jouffroy* (1796–1842), französischer Philosoph, Übersetzer von Dugald Stewart und Thomas Reid. Werke: *Esquisse de philosophie morale de Dugald Stewart*, 1826; *Mélanges philosophiques*, 1833; *Cours d'esthétique* (Nachschrift), 1843; *Philosophie de Kant, exposée en 26 leçons, ouvrage traduite de l'allemand*, 1842; u. a.

82) *William Whewell* (1794–1866), englischer Philosoph und Naturwissenschaftler, arbeitete hauptsächlich über induktive Wissenschaften. Werke: *Mechanical Euclid*, 1837; *Astronomy and General Physics, Considered in Reference to Natural Theology*, 1834, dt. 1837; *History of the Inductive Sciences*, 3 Bde., 1837, dt. 1840/42; *History of the Scientific Ideas*, 3 Bde., 1858–61; *The Elements of Morality, Including Polity*, 2 Bde., 1845.

83) (116) *„Wenn die Tatsachen nicht mit der Theorie übereinstimmen wollen, um so schlimmer für sie."* Diese Formulierung steht fast wörtlich in dem Brief von Evangheliste Torricelli (ein Schüler Galileis) an Michelangelo Ricci vom 10. Februar 1646 (*Opera di E. Torricelli*, ed. Loria Vassura, Bd. 3, Faenza 1919, p. 357). Da Peirce diesen Satz nicht als Zitat gibt, ist es unklar, woher er ihn hat. Er ist Ausdruck einer rein theoretisch-platonischen Physik, für die die Theorie im Sinne von hypothetischen Sätzen auch dann gültig ist, wenn es Tatsachen gibt, die ihr widersprechen.

84) (117) ποιηταί, griech., die Dichter, die Erfinder.

85) (119) *Nezessitarier* (von necessitas, lat., Notwendigkeit) sind Anhänger der Theorie, daß jedes Ereignis im Universum durch logische oder kausale Notwendigkeit determiniert ist. Die Theorie schließt Zufall und Freiheit aus. Man unterscheidet Determinismus theologischer, kosmologischer oder anthropologischer Art. Vgl. den Artikel von Peirce *The Doctrine of Necessity Examined*, The Monist, 2 (1892) 321–337; CP 6.35–65; dt. (A_2) 250–272.

86) (119) *Tychismus* (von τύχη, griech., Zufall), ein Begriff, der von Peirce für seine Lehre vom Zufall geprägt wurde. Er spielt neben den Begriffen *Synechismus* (Lehre vom kontinuierlichen logischen Zusammenhang) und *Agapismus* (Lehre von der Liebe als schöpferischer Kraft) eine wichtige Rolle in seiner späten Metaphysik. Die erste

Anthologie Peircescher Schriften, die Morris R. Cohen 1928 herausgab, hatte den Titel *Chance, Love, and Logic,* was Tychismus, Agapismus und Synechismus umgangssprachlich ausdrückt.

Vorlesung V

87) (125) *G. G. Coriolis* (1792–1843), französischer Mathematiker und Physiker, der Klima-Forschungen anstellte. Neben dem von Peirce erwähnten Buch veröffentlichte er u. a.: *Mémoire sur l'établissement de la formule qui donne la figure remous eto,* 1836 und *Traité de la mécanique des corps solides et du calcul de l'effet des machines,* 1829.

88) (129) Peirce begann sein Studium der Philosophie und Mathematik 1855 an der Harvard Universität. Neben der Pflichtlektüre las er u. a. Schillers *Über die ästhetische Erziehung des Menschen in einer Reihe von Briefen,* 1793/94.

89) (144) Gemeint ist *Appelikon aus Teos* (in Ionien). Er hatte zur Zeit des mithridatischen Krieges die Bücher des Aristoteles und seines Schülers Theophrastos in verwahrlostem Zustand gekauft, die Sulla 86 v. Chr. an sich nahm und nach Rom bringen ließ. Der erste Herausgeber war *Andronikos von Rhodos,* der die überlieferten Schriften ordnete und veröffentlichte (1. Jahrhundert v. Chr.). Vgl. auch CSP, *On the Logic of Drawing History from Ancient Documents Especially from Testimonies,* Ms. 1901, CP 7.164–255.

90) ἀπαγωγή, griech., abductio, lat., Wegführung, Abführung, Verhaftung. Bei Peirce als Abduktion neben Induktion und Deduktion die Methode der Logik, die er auch Hypothese genannt hat. Vgl. z. B. *Deduction, Induction, and Hypothesis,* Popular Science Monthly, 13 (1878) 470–482, CP 2.619–644, (W) 127 f., (A_1) 373 f.

91) (147) *Augustus DeMorgan* (1806–1871), englischer Mathematiker und Logiker, gilt als Begründer der Relationenlogik aufgrund seiner Arbeit *On the Syllogism No. IV,* Transactions of the Cambridge Philos. Society, 10 (1860). Hauptwerk: *Formal Logic,* 1847.

92) *Richard Dedekind* (1831–1916), Mathematiker, der wichtige Beiträge zur Begründung der Arithmetik, Analysis und Mengenlehre geliefert hat. Hauptwerke: *Stetigkeit und irrationale Zahlen,* 1872; *Was sind und was sollen die Zahlen?,* 1888, auf das sich Peirce bezieht. Vgl. 113).

93) *Ernst Schröder* vgl. 69)

94) *Giuseppe Peano* (1858–1932), italienischer Mathematiker und Logiker. Beschäftigte sich mit Problemen der Sprache und der formalen Logik. Versuche zu einer „lingua universalis" (Latein ohne Flexionen). Wichtige Schriften: *Calcolo geometrico,* 1888; *Arithmetices Principia,* 1889; *Formulaire de mathématiques,* 1894–1908 (zusammen mit anderen); *Opere scelte,* 3 Bde., 1957/59.

95) (147) *Bertrand Russell* (1872–1969), Philosoph, Mathematiker und Logiker, Verfasser, zusammen mit Alfred North Whitehead, des Standardwerks der mathematischen Logik *Principia Mathematica,* 1910–13. Bis zum Zeitpunkt dieser Vorlesungen hatte Russell ein Buch

über Leibniz *The Philosophy of Leibniz* (1900) veröffentlicht, daneben folgende Artikel, die Peirce veranlaßten, ihn neben DeMorgan, Schröder, Dedekind und Peano zu stellen: *On the Notion of Order,* Mind, 10 (1901) 30–51; *Recent Work on the Principles of Mathematics,* Internat. Monthly, Burlington/Vt., 4 (1901) 83–101; *Sur la logique des relations avec des applications à la théorie des séries,* Revue de math. (Riv. di mat.), 7 (1900–01) 115–148; *On Finite and Infinite Cardinal Numbers* (Section 3 of Whitehead's „On Cardinal Numbers"), AJM, 24 (1902) 378–383; *Théorie générale des séries bien ordonnées,* Revue de math., 8 (1902–06) 12–43. Als Peirce, im Oktober 1903, das Buch von Lady Victoria Welby *What is Meaning?* (1903) in The Nation besprach, erwähnte er Russells *The Principles of Mathematics* von 1903, lobte Russells „Schneid, Intelligenz und Fleiß" und empfahl das Buch seinen Lesern.

96) (149) *Pons asinorum,* lat., Eselsbrücke. Mit diesem Ausdruck ist ein Diagramm des Petrus Tartaretus (um 1480) gemeint, das von ihm konstruiert wurde, um den Studenten das Finden des Mittelbegriffs in einem Syllogismus zu erleichtern. Es wurde angenommen, daß es ebenso schwierig sei, Studenten dazu zu bringen, wie Esel zum Überqueren einer Brücke zu bewegen. (Nach *Dictionary of Philosophy,* ed. Dagobert D. Runes, Totowa, New Jersey, 1968.) Peirce selbst beschäftigte sich mit dem Problem. Vgl. seinen Briefartikel *The 'Pons Asinorum' Again. Mr. Peirce sets forth the History of the Phrase from the Times of Duns Scotus's Followers,* New York Tribune (6. Jan. 1891) 14:5. (entn. aus Studies 2). Vgl. auch I. Bochénski, *Formale Logik* (1956) 164 ff. und die Tafel zwischen 256 und 257.

Vorlesung VI

97) (151) „*Quod aptum natum est praedicare de pluribus*". (Was von vielen völlig ausreichend gesagt werden kann.) Aristoteles, De interpretatione, 7. Vgl. 77), wo das Zitat geringfügig abgewandelt vorkam.

98) (157) *Achilles und die Schildkröte.* Der berühmte Trugschluß des Zeno von Elea (etwa 490–430 v. Chr.), durch den er nachweisen wollte, daß es keine wirkliche Bewegung gibt. Das Problem wurde immer wieder diskutiert. Vgl. u. a. Russell, *Scientific Method in Philosophy* (1914) und Lewis Caroll, *What the Tortoise said to Achilles,* Mind N. S., 4 (Dez. 1894) und in *Logique sans peine,* Paris 1966.

99) (158) *Jeremias Bentham* (1748–1832), englischer Utilitarist. In seiner *Introduction to the Principles of Moral and Legislation* (1870) nennt er als höchstes Ziel des menschlichen Handelns: „das größtmögliche Glück der größtmöglichen Zahl".

100) (159 Anm. 1) Peirce verweist hier auf Sigwart, Wundt, Erdmann, Bergmann, Glogau und Husserl als psychologische Logiker; der letztere verstand sich selbst später als antipsychologischen Philosophen und Logiker.

[101]) (169) *Pierre Simon Marquis de Laplace* (1749–1827, französischer Mathematiker und Astronom, wurde der „französische Newton" genant, er war berühmt vor allem durch seine *Mécanique céleste*, 5 Bde., 1799–1825; *Œuvres complètes*, 14 Bde., 1878–1912.

[102]) *Lambert Adolphe Quételet* (1796–1874), belgischer Mathematiker und Soziologe, übertrug die statistischen Methoden auf die Erfassung soziologischer Erscheinungen. Werke: *Sur l'homme*, 2 Bde., 1835, dt. 1838; *Lettres sur la théorie des probabilités*, 1846; *Du système social*, 1848, dt. 1856.

[103]) *Francis Ysidor Edgeworth* (1845–1926), britischer Ökonom und Logiker. Werke: *Mathematical Psychics*, 1881; *Papers Relating to Political Economy*, 1925.

[104]) *Henri Poincaré* (1854–1912), französischer Mathematiker, Physiker und Philosoph. Mathematische Arbeiten auf den Gebieten der Automorphen Funktionen, der Differentialgleichungen, des Dreikörperproblems und der Topologie. Er ist bekannt wegen seiner Opposition gegen die logistische Methode in der Begründung der Mathematik, wie sie vor allem von Russell und Couturat vertreten wurde. Er veröffentlichte etwa 500 Arbeiten. Hauptwerke: *La science et l'hypothèse*, 1902; *Science et méthode*, 1909; *Dernières pensées*, 1913; *Œuvres*, 11 Bde., ed. Appell u. a., 1916–56.

[105]) (172) *Dschin*, böser Geist, Flaschengeist aus vorislamischem Volksglauben.

[106]) (176) Eine Kritik an Kants synthetischen Urteilen, analytischen Urteilen und synthetischen Urteilen a priori, die ähnlich wie die von Peirce geführt wird, findet man in Bolzanos *Wissenschaftslehre*, 1837, § 305.

[107]) (177) Es handelt sich hier um das *Gesetz der Spezifikation*, das heißt die Unterteilung der Gattung in Arten, der Arten in Unterarten, wobei keine Art als die unterste an sich angesehen werden könne, da sie jederzeit andere Begriffe oder Unterarten enthalten müsse. Wörtlich: „Dieses Gesetz der Spezifikation könnte so ausgedrückt werden: entium varietates non temere esse minuendas." (*KdrV*, A 656, B 684.)

[108]) (178) *Adrien-Marie Legendre* (1752–1833), französischer Mathematiker, der vor allem die Grundlagen der Geometrie untersuchte. Werke: *Géométrie élémentaire*, 1794; *Théorie des nombres*, 1798.

[109]) *Carl Friedrich Gauß* (1777–1855), einer der bedeutendsten europäischen Mathematiker, Astronomen und Physiker. Berühmt sind seine Arbeiten zur Konstruktion des regulären 17-Ecks, seine Untersuchungen zu den imaginären und komplexen Zahlen, insbesondere die Einführung der komplexen Zahlenebene. Seit 1816 bearbeitete er auch Probleme der sogenannten „nichteuklidischen Geometrie", deren Publikation er aber zurückhielt, so daß erst Bolyai und Lobatschewski diese Problematik, die mithalf, die „Grundlagenkrisis der Mathematik" herbeizuführen, bekannt machten. Werke: *Disquisitiones arithmeticae*, 1801; *Disquisitiones circa superficies curvas*, 1827; *Werke* in 12 Bänden, 1863/1930.

[110]) *Leonhard Euler* (1707–1783), Mathematiker, Physiker und Logiker, berühmt vor allem durch seine Diagramme (Euler-Diagramme), mit deren Hilfe er Beziehungen zwischen Klassen darstellte. Werke: *Lettres à une princesse d'Allemagne sur quelques sujets de physique et de philosophie,* 1768–72, dt. 1773–80; *Varia Opuscula,* 1746, 1750, 1751; *Institutionis calculi integralis,* 1768–70; *Opera omnia,* ed. F. Rudio u. a., 1911–56. Heute weiß man, daß Leibniz bereits ähnliche Diagramme zur Lösung logischer Probleme benutzt hat. Vgl. I. Bochénski, *Formale Logik,* 1956.

[111]) *Johann Heinrich Lambert* (1728–1777), Philosoph und Mathematiker, bedeutender Vorgänger Kants. Werke: *Neues Organon oder Gedanken über die Erforschung und Bezeichnung des Wahren,* 2 Bde., 1764; *Sechs Versuche einer Zeichenkunst in der Vernunftlehre* (in: *J. H. Lamberts logische und philosophische Abhandlungen I,* zum Druck bef. v. Joh. Bernoulli, 1782, Nr. 1–6); *Opera mathematica,* ed. A. Speiser, I, 1946, II, 1948; *Briefwechsel zwischen Leonhard Euler und J. H. Lambert,* 1924; *Anlage zur Architectonic, oder Theorie des Ersten und des Einfachen in der philosophischen und mathematischen Erkenntnis,* 2 Bde., 1771.

[112]) *Gottfried Ploucquet* (1716–1790), Philosoph und Logiker, von Leibniz und Wolff beeinflußt, Vorläufer des modernen Logikkalküls. Werke: *Sammlung der Schriften, welche den logischen Calcul des Herrn Professor Plouquet betreffen,* mit neuen Zusätzen hsg. v. Fr. A. Bök, 1766, 1773; *Fundamenta philosophiae speculativae,* 1759; *Institutiones philosophiae theoreticae sive de arte cogitandi,* 1772; *Methodus calculandi in logicis,* 1763; *Principia de substantiis et phaenomenis,* 1753, erweitert mit *Methodus calculandi* ... 1764; *Elementa philosophiae contemplativae, sive de scientia ratiocinandi notionibus disciplinarum fundamentalibus Deo, Universo et speciatim de Homine,* (de calculo logico p. 37–42), 1778.

[113]) Vgl. [92]). In seiner *Anzeige der CP, III–V,* in der Deutschen Literaturzeitung, 4 (26. 1. 1936) 141 bemerkt H. Scholz zu den von Peirce hier geäußerten Worten: „Diese Abhandlung (On the Logic of Number) ist deshalb bemerkenswert, um nicht zu sagen aufregend, weil P. an einer allerdings viel späteren Stelle (5.178) erklärt hat, daß Dedekinds berühmtes Zahlenbüchlein von 1887, das wir alle bisher als die erste exakte Axiomatisierung der Arithmetik unter ausschließlicher Benutzung von logischen Termen angesehen haben, "is nothing but an elaboration of a paper published by me several years previously in the American Journal of Mathematics which paper was the direct result of my logical studies." ... Vgl. ... 4.331 "As for Dedekind, his little book: Was sind und was sollen die Zahlen? is most ingenious and excellent. But it proves no difficult theorem that I had not proved or published years before, and my paper had been sent to him." – Ich kann schon jetzt versprechen, daß wir diese sehr interessanten Behauptungen in Münster gründlich nachprüfen werden." Es ist mir nicht gelungen, weitere Ausführungen der Schule von Münster zu diesem Punkt zu finden, und das heißt zu erfahren, ob Dedekind die Arbeit von Peirce erhalten und gekannt hat. E. Schröder nennt die Schrift im

Literaturverzeichnis zum 1. Bd. seiner *Vorlesungen*. Da die fachliche Kommunikation zwischen Europa und Amerika hervorragend gewesen sein muß, und da das AJM auch hier gelesen wurde, ist anzunehmen, daß, wenn Dedekind die Zusendung von Peirce nicht erhalten hätte, ihm die Zeitschrift trotzdem wohl nicht unbekannt geblieben wäre. Weshalb er Peirce in seinem Buch aber nicht einmal erwähnt, kann von uns nicht geklärt werden.

Vorlesung VII

114) (181) „Nihil est in intellectu quod non prius fuerit in sensu." (Nichts ist im Geist, das nicht vorher in den Sinnen war.) Als Grundsatz des Sensualismus von John Locke (1632–1704) formuliert. Leibniz schränkte den Satz durch die Erweiterung „nisi intellectus ipse" (außer dem Geist selbst) ein.

115) (185) Peirce kommt hier, wie auch an anderen Stellen seines Werks, der Husserlschen „Intentionalität" nahe, auch wenn sein Begriff „adjusted" (eingestellt) lautet. Das Bewußtsein, das „interpretiert", ist bei Peirce wie auch bei Husserl auf das, was bewußt werden soll, „eingestellt" bzw. „ausgerichtet", d. h. hat „Intentionalität". Beiden Philosophen ist eine funktionale, nicht substantielle Auffassung des Bewußtseins gemeinsam. Vgl. auch 24).

116) In Sachregistern stößt man auf dasselbe Phänomen. Wenn man (auch gelegentlich in den CP) ein bestimmtes Wort nachschlagen möchte, findet man an der entsprechenden Stelle nicht dieses Wort, sondern seine Interpretation.

117) (187) *John Stuart Mills Examination of Sir W. Hamilton's Philosophy* erschien 1865, dt. 1908, und enthielt einen scharfen Angriff auf den Rationalismus. Nach Hamilton haben die Gesetze der Identität des Widerspruchs und des ausgeschlossenen Dritten (die J. S. Mill nicht Aristoteles, bei dem sie zuerst formuliert wurden, sondern Hamilton zuschreibt) deshalb Gültigkeit, weil es „undenkbar wäre, daß eines dieser Gesetze nicht zutrifft", weil sie die „Bedingungen des Denkbaren" sind. Für Hamilton sind die „Grundgesetze des Denkens" auch Gesetze des Daseins, sie beziehen sich sowohl auf Phänomene als auch auf Noumena. Mill hingegen meint, daß „die Noumena, wenn sie existieren, uns gänzlich unerkennbar sind, es sei denn phänomenal durch ihre Wirkungen auf uns".

118) (191) Was Peirce hier verbal ausführt, hat folgende formale Gestalt: $[(p \rightarrow q) \rightarrow p] \rightarrow p$. Scholz nannte dieses Theorem das „Peircesche Wahrheitskriterium" (Deutsche Literaturzeitung, 4 (26. 1. 1936) 140). Aus der Formel wird deutlicher als aus der verbalen Fassung, daß p einen gefolgerten, keinen wahrgenommenen Satz darstellt.

119) (194) Peirce spricht hier, wie Bolzano in der Einleitung, § 12, seiner *Wissenschaftslehre*, von *logischer Form* und *logischer Materie*, um festzustellen, daß Logik nicht nur eine formale Wissenschaft ist.

120) (198) *Auguste Comte* (1798–1857), französischer Philosoph, gilt als Begründer und Hauptvertreter des philosophischen Positivismus. Das positivistische Stadium des menschlichen Geistes, das durch

„Theorie und Praxis" bestimmt wird, folgt nach Comte den metaphysischen und theologischen Studien. Sein berühmter *Cours de philosophie positive*, 6 Bde., erschien von 1830 bis 1842, dt. 1907. Comte gilt auch als Begründer der Soziologie, deren praktisches Ziel bei ihm die Organisation der menschlichen Gesellschaft ist.

121) (207) *Gustav Robert Kirchhoff* (1824–1887), deutscher Physiker. Er stellte 1845 das Gesetz über die Verzweigung elektrischer Ströme (Kirchhoffsche Regeln) auf. Mit Bunsen machte er 1859 Untersuchungen des Sonnenspektrums und veröffentlichte mit ihm *Chemische Analyse durch Spektralbeobachtungen*, 1860. Weitere Werke: *Vorlesungen über mathematische Physik*, 1876–94, 4 Bde.; *Emission und Absorption*, 1898; *Abhandlungen über die mechanische Wärmetheorie*, 1898.

BIBLIOGRAPHIE

1. Philosophische Schriften von Peirce

Es existiert bisher keine vollständige Bibliographie aller Schriften (philosophischer und nichtphilosophischer) von Peirce. Wir stützen uns bei dieser Auswahl auf die Bibliographie von Arthur Burks in Bd. VIII der CP und ihre Ergänzung von Max H. Fisch in *Studies* 2.

Über die in der Houghton Library der Harvard Universität archivierten und auf Mikrofilm erfaßten Manuskripte von Peirce gibt der *Katalog* von R. S. Robin Auskunft. Die verlorengegangenen und 1969 wiedergefundenen Manuskripte sind inzwischen ebenfalls auf Mikrofilm erfaßt worden, zu dem R. S. Robin einen *Supplementary Catalogue* 1971 publizierte. Wir haben Katalog und Sup. Katalog nur für den Editionsbericht, nicht für die Bibliographie benutzt.

Abkürzungen:

MAAAS	Memoirs of the American Academy of Arts and Sciences
JSP	Journal of Speculative Philosophy
NAR	The North American Review
PSM	The Popular Science Monthly
MNAS	Memoirs of the National Academy of Sciences
AJM	American Journal of Mathematics
BPSW	Bulletin of the Philosophical Society of Washington
CS	Report of the Superintendent of the United States Coast Survey . . .
JHUC	Johns Hopkins University Circulars
JHUR	Annual Report of Johns Hopkins University
PAAAS	Proceedings of the American Academy of Arts and Sciences
RNA	Report of the National Academy of Sciences

1a) Die zu Lebzeiten publizierten Schriften

Memoranda Concerning the Aristotelian Syllogism, Privatdruck, 1866; CP 2.792–807.

On the Natural Classification of Arguments, PAAAS, 7 (9.4.1867) 261–287; CP 2.461–516.

On a New List of Categories, PAAAS, 7 (14. 5. 1867) 287–298; CP 1.545–559.

Upon the Logic of Mathematics, PAAAS, 7 (10.9. 1867) 402–412; CP 3.20–44.

Upon Logical Comprehension and Extension, PAAAS, 7 (13. 11. 1867) 416–432; CP 2.391–426.

John Venn's The Logic of Chance, North American Review, 105 (July 1867) 317–321; CP 8.1–6.

Nominalism versus Realism, JSP, 2 (1868) 57–61; CP 6.619–624.

What is meant by 'Determined'?, JSP, 2 (1868) 190–191; CP 6.625–630.

Questions Concerning Certain Faculties Claimed for Man, JSP, 2 (1868) 103–114; CP 5.213–263.

Some Consequences of Four Incapacities, JSP, 2 (1868) 140–157; CP 5.264–317.

Grounds of Validity of the Laws of Logic: Further Consequences of Four Incapacities, JSP, 2 (1869) 193–208; CP 5.318–357.

Description of a Notation for the Logic of Relatives, resulting from an Amplification of the Conceptions of Boole's Calculus of Logic, MAAAS, 9 (26. 1. 1870) 317–378; CP 3.45–149.

The Works of George Berkeley, NAR, 113 (Oct. 1871) 449–472; CP 8.7–38.

On the Application of Logical Analysis to Multiple Algebra, PAAAS, ns 2, ws 10 (presented 11 May 1875) 392–394; CP 3.150–151, 3.648.

Logical Contraposition and Conversion, Mind, 1 (July 1876) 424–425; CP 2.550.

Note on Grassmann's Calculus of Extension, PAAAS, ns 5, ws 13 (presented 10 Oct. 1877) 115–116; CP 3.152–153.

The Fixation of Belief, PSM, 12 (Nov. 1877) 1–15; frz. Comment se fixe la croyance, Revue Philosophique, 6 (Déc. 1878) 553–569; CP 5.358–387.

How to make Our Ideas Clear, PSM, 12 (Jan. 1878) 286–302; frz. Comment rendre nos idées claires, Revue Philosophique, 7 (Jan. 179) 39–57; CP 5.388–410.

The Doctrine of Chances, PSM, 12 (March 1878) 604–615; CP 2.645–660.

The Probability of Induction, PSM, 12 (April 1878) 705–718; CP 2.669–693.

The Order of Nature, PSM, 13 (June 1878) 203–217; CP 6.395–427.

Deduction, Induction, and Hypothesis, PSM, 13 (Aug. 1878) 470–482; CP 2.619–644.

On the Algebra of Logic, AJM, 3 (1880) 15–57; CP 3.154–251.

On the Logic of Number, AJM, 4 (1881) 85–95; CP 3.252–288.

Notes and two addenda to Benjamin Peirce's „Linear Associative Algebra" (Das Werk von B. P. wurde neu aufgelegt 1882 bei Nostrand, New York), AJM, 4 (1881) 97–229; CP 3.289–305.

A Brief Description of the Algebra of Relatives, Baltimore (Jan. 1882), mit Nachwort vom 16. Januar 1882, 6 Seiten, Privatdruck; CP 3.294 und 3.306–322.

A Communication from Mr. Peirce, JHUC, 2 (April 1883) 86–88; CP 3.646–648.

A New Rule for Division in Arithmetic, Science, 2 (Dec. 1883) 788–789.

Studies in Logic, By Members of the Johns Hopkins University, edited by C. S. Peirce, Little, Brown and Company, Boston 1883, und University Press, John Wilson and Son, Cambridge/Mass., Beiträge von Peirce: Preface, p. III–VI; A Theory of Probable Inference, p. 126–181; CP 2.694–754; Note A: Extension of the Aristotelian Syllogistic, p. 182–186; CP 2.517–531; Note B: The Logic of Relatives, p. 187–203; CP 3.328–358.

The Numerical Measure of the Success of Predictions, a Letter to the Editor, Science, 4 (Nov. 1884) 453–454.

The ‚Old Stone Mill' at Newport, Science, 4 (Dec. 1884) 512–514.

On Small Differences of Sensation (mit J. Jastrow), MNAS, 3, part I (1884) 73–83; CP 7.21–35.

On the Algebra of Logic: A Contribution to the Philosophy of Notation, AJM 7 (1885) 180–202; CP 3.359–403.

Science and Immortality, The Christian Register, 66 (April 1887) 214 (Beteiligung an einer Rundfrage). Science and Immortality (als Buch) ed. S. J. Barrows, Boston 1887; CP 6.548–556.

Logical Machines. The American Journal of Psychology, 1 (Nov. 1887) 165–170.

Criticism on ‚Phantasms of the Living', An Examination of an Argument of Messrs. Gurney, Myers and Podmore, Proceedings of the American Society for Psychical Research, 1 (Dec. 1887) 150–157; Mr. Peirce Rejoinder, p. 180–215; CP 6.549, 7.597 n3.

Beiträge in The Century Dictionary and Cyclopedia, 6 Vols., The Century Co., New York 1889–91. Artikel unsigniert.

Beiträge in The Century Dictionary Supplement, 2 Vols., 1909, rev. 1911.

The Architecture of Theories, The Monist, 1 (Jan. 1891) 161–176; CP 6.7–34.

The Doctrine of Necessity Examined, The Monist, 2 (April 1892) 321–337; CP 6.35–65.

The Law of Mind, The Monist, 2 (July 1892) 533–559; CP 6.102–163.

Man's Glassy Essence, The Monist, 3 (Oct. 1892) 1–22; CP 6.238–271.

Evolutionary Love, The Monist, 3 (Jan. 1893) 176–200; CP 6.287–317.

Reply to the Necessitarians. Rejoinder to Dr. Carus, The Monist, 3 (July 1893) 526–570; CP 6.588–618.

Pythagorics, The Open Court, 6 (Sept. 1892) 3375–3377.

The Critic of Arguments. I. Exact Thinking, The Open Court, 6 (Sept. 1892) 3391–3394; CP 3.404–414.

The Critic of Arguments. II. The Reader is Introduced to Relatives, The Open Court, 6 (Oct. 1892) 3415–3418; CP 3.415–424.

Dmesis, The Open Court, 6 (Sept. 1892) 3399–3402.

The Marriage of Religion and Science, The Open Court, 7 (Febr. 1893) 3559–3560; CP 6.428–434.

Cogito Ergo Sum, a Letter to the Editor, The Open Court, 7 (June 1893) 3702.

What is Christian Faith?, The Open Court, 7 (July 1893) 3743–3745; CP 6.435–448.

Andrew Dickson White's ‚A History of the Warfare of Science with Theology in Christendom', The American Historical Review, 2 (Oct. 1896) 107–113.

Ernst Schroeder's ‚Algebra und Logik der Relative', Teil I, Band 3, Vorlesungen über die Algebra der Logik (exakte Logik), The Nation, 62 (April 1896) 330–331.

The Regenerated Logic, The Monist, 7 (Oct. 1896) 19–40; CP 3.425–455.

The Logic of Relatives, The Monist, 7 (Jan. 1897) 161–217; CP 3.456–552.

The Logic of Mathematics in Relation to Education, Educational Review, 15 (March 1898) 209–216; CP 3.553–562.

Roger Bacon's ‚Opus Majus', ed. by John Henry Bridges, The American Historical Review, 3 (April 1898) 526–528.

Note on the Age of Basil Valentine, Science, 8 (Aug. 1898) 169–176.

Professor Bunsen, Progressive Age: Gas-Electricity-Water, 17 (1. Sept. 1899) 393–394.

Infinitesimals, a Letter to the Editor, Science, 11 (March 1900) 430–433; CP 3.563–570.

Pearson's Grammar of Science, PSM, 58 (Jan. 1901) 296–306; CP 8.132–156.

Campanus, Science, 13 (May 1901) 809–811.

The Century's Great Men in Science, Annual Report ... of the Smithsonian Institution, ... for the Year Ending June 30, 1900, Govt. Printing Office, Washington, 1901, p. 693–699 (Nachdruck der New York Evening Post, Jan. 12, 1901).

Beiträge zum Dictionary of Philosophy and Psychology, ed. by James Mark Baldwin, 2 Vols., The Macmillan Co., New York, Vol. I, 1901, Vol. II, 1902, Neuaufl. von I und II, 1911.

Henry Stevens's Thomas Hariot, the Mathematician, the Philosopher, and the Scholar, The American Historical Review, 6 (April 1901) 557–561.

A Syllabus of Certain Topics of Logic, Alfred Mudge & Son, Boston, 1903; CP 1.180n, 1.180–202, 2.219–226, 1.202, 4.394–417, 2.226.

Nomenclature and Divisions of Dyadic Relations, Privatdruck, 1903; CP 3.571–587.

French Academy of Science, New York Evening Post, 5 (March 1904).

What Pragmatism Is, The Monist, 15 (April 1905) 161–181; CP 5.411–437.

Issues of Pragmaticism, The Monist, 15 (Oct. 1905) 481–499; CP 5.438–463.

Prolegomena to an Apology for Pragmaticism, The Monist, 16 (Oct. 1906) 492–546, Errata in 17 (Jan. 1907) 160; CP 4.530–572.

Mr. Peterson's Proposed Discussion, The Monist, 16 (Jan. 1906) 147–151, Erratum, 16 (April 1906) 20; CP 5.610–614.

Some Amazing Mazes, The Monist, 18 (April 1908) 227–241; CP 4.585–593, CP 5.610–614.

Some Amazing Mazes (Conclusion), Explanation of Curiosity the First, The Monist, 18 (July 1908) 416–464; CP 4.594–642.

Some Amazing Mazes, A Second Curiosity, The Monist, 19 (Jan. 1909) 36–45; CP 4.643–646.

A Neglected Argument for the Reality of God, The Hibbert Journal, 7 (Oct. 1908) 90–112; CP 6.452–485.

1b) Die postum publizierten Schriften

Collected Papers of Charles Sanders Peirce

Band I–VI hrsg. v. Charles Hartshorne und Paul Weiß, Harvard University Press, 1931–1935.

Band VII, VIII hrsg. v. Arthur W. Burks, Harvard University Press, 1958. 2. Auflage The Belknap Press of Harvard University Press, 1960.

Vol. I/II 1931–32, ²1959, 1960.

Vol. I: Principles of Philosophy.
- Book I : General Historical Orientation.
- Book II : The Classification of the Sciences.
- Book III: Phenomenology.
- Book IV: The Normative Sciences.

Vol. II: Correspondence: Calderoni, Paul Carus, John Dewey, William T. Harris.
- Book I : General and Historical Survey of Logic.
- Book II : Speculative Grammar.
- Book III: Critical Logic.

Vol. III/IV 1933, ²1960.

Vol. III: Exact Logic (Published Papers).

Vol. IV: The Simplest Mathematics.
- Book I : Logic and Mathematics (Unpublished Papers).
- Book II : Existential Graphs.
- Book III: The Amazing Mazes.

Vol. V/VI 1934–35, ²1960.

Vol. V: Pragmatism and Pragmaticism.
- Book I : Lectures on Pragmatism.
- Book II : Published Papers.
- Book III: Unpublished Papers.

Vol. VI: Scientific Metaphysics.
- Book I : Ontology and Cosmology.
- Book II: Religion.

Vol. VII: Science and Philosophy, 1958.
- Book I : Experimental Science.
- Book II : Scientific Method.
- Book III: Philosophy of Mind.

Vol. VIII: Reviews, Correspondence and Bibliography, 1958.
- Book I : Reviews.
- Book II: Correspondence: Calderoni, Paul Carus, John Dewey, William T. Harris, Christine Ladd-Franklin, F. C. S. Schiller, Lady Welby, F. A. Woods.
- Bibliography.

C. S. Peirce, Chance, Love and Logic, ed. Morris R. Cohen, New York 1928, ²1949, ³1956; ital.: Caso, amore e logica, ed. N. Abbagnano, Torino 1956.

The Philosophy of Peirce. Selected Writings, ed. Justus Buchler, New York 1940, ²1950; The Philosophical Writings of Peirce, ³1955.

Charles S. Peirce's Letters to Lady Welby, ed. Irwin C. Lieb, New Haven, Conn. 1953.

C. S. Peirce, 14 Essays in the Philosophy of Science, ed. Vincent Tomas, New York 1957, ²1957.

C. S. Peirce, Values in a Universe of Chance, ed. Philip P. Wiener, New York 1958, ²1966.

Charles S. Peirce, Über Zeichen, übersetzt, mit Nachwort und Anmerkungen versehen von Elisabeth Walther, Text 20, Edition Rot, Stuttgart 1965.

C. S. Peirce, Die Festigung der Überzeugung und andere Schriften, ed. Elisabeth Walther, Baden-Baden 1967.
²1985, Ullstein Materialien, Ullstein Buch Nr. 35230, Frankfurt, Berlin, Wien.

Charles S. Peirce, Schriften I, Zur Entstehung des Pragmatismus, ed. Karl-Otto Apel, Frankfurt 1967.

Charles S. Peirce, Schriften II, Vom Pragmatismus zum Pragmatizismus, ed. Karl-Otto Apel, Frankfurt 1970.

Annotated Catalogue of the Papers of Charles Sanders Peirce, ed. Richard S. Robin, Amherst 1967; Supplementary Catalogue, Cambridge 1971.

Charles S. Peirce, Über die Klarheit unserer Gedanken, ed. Klaus Oehler, Frankfurt 1968.

Charles S. Peirce, Graphen und Zeichen, *Prolegomena zu einer Apologie des Pragmatizismus*, Übersetzung und Vorwort von Friederike Roth, Text 44, Edition Rot, Stuttgart 1971.

Charles S. Peirce, Lectures on Pragmatism – Vorlesungen über Pragmatismus, Mit Einleitung und Anmerkungen herausgegeben von Elisabeth Walther, Hamburg 1973.

Charles S. Peirce, Contributions to The Nation, compiled and annotated by K. L. Ketner and J. E. Cook, Graduate Studies, Texas Tech University, Part One: 1869–1893 (Nr. 10, 1975), Part Two: 1894–1900 (Nr. 16, 1978), Part Three: 1901–1908 (Nr. 19, 1979), Lubbock, Texas.

Charles S. Peirce, The New Elements of Mathematics, ed. by Carolyn Eisele, Mouton, The Hague – Paris and Humanities Press, Atlantic Highlands, N.J. 1976. Vol. I: Arithmetic; Vol. II: Algebra and Geometry; Vol. III/1: Mathematical Miscellanea; Vol. III/2:

Mathematical Miscellanea (Mathematical Correspondence); Vol. IV: Mathematical Philosophy.

Charles S. Peirce, Zur semiotischen Grundlegung von Logik und Mathematik, hrsg. von Max Bense und Elisabeth Walther, aus dem Englischen und Französischen übers. von Gudrun Scholz, Text 52, Edition Rot, Stuttgart 1976.

Semiotic and Significs. The Correspondence between Charles S. Peirce and Victoria Lady Welby, ed. by Charles S. Hardwick, Indiana University Press, Bloomington and London 1977.

Charles S. Peirce, Ecrits sur le signe, rassemblés, traduits et commentés par Gérard Deledalle, Editions du Seuil, Paris 1978.

Charles S. Peirce, Studies in Logic by members of the Johns Hopkins University, Little, Brown, and Co., Boston 1883; authorized facsimile of the original book, University Microfilms International, Ann. Arbor/Mich.-London/England 1981.

Writings of Charles S. Peirce. A Chronological Edition, Vol. 1: 1857–1866, gen. ed. Max H. Fisch, Indiana University Press, Bloomington/Indiana 1982; Vol. 2: 1867–1871, ed. Edward C. Moore, 1984; Vol. 3: 1872–1878, ed. Christian J. W. Kloesel, 1986; Vol. 4: 1879–1884, ed. Christian J.W. Kloesel, 1986.

Charles S. Peirce, Phänomen und Logik der Zeichen, hsg. und übers. v. Helmut Pape, Suhrkamp, Frankfurt/Main 1983.

Charles S. Peirce, Textes anticartésiens, présentation et traduction de Joseph Chenu, Aubier, Paris 1984.

Carolyn Eisele, ed., Historical Perspectives on Peirce's Logic of Science. A History of Science, I und II, Mouton, Berlin-New York-Amsterdam 1985.

Charles S. Peirce, Semiotische Schriften, Bd. I, hrsg. und übers. von Christian Kloesel und Helmut Pape, Suhrkamp, Frankfurt/Main 1986.

Charles S. Peirce, Textes fondamentaux de sémiotique, traduction et notes: Berthe Fouchier-Axelsen, Clara Foz, Meridiens Klincksieck, Paris 1987.

Charles S. Peirce, Naturordnung und Zeichenprozeß, hrsg. v. Helmut Pape, übers. v. Bertram Kienzle, Alano/Rader Publikationen, Aachen 1988.

Elisabeth Walther, Charles Sanders Peirce – Leben und Werk, Agis, Baden-Baden 1989.

NAMENREGISTER

(Die Zahlenangaben beziehen sich auf Paragraphen)

SACHREGISTER

www.ingramcontent.com/pod-product-compliance
Lightning Source LLC
LaVergne TN
LVHW091411190726
843491LV00006B/1378

* 9 7 8 3 7 8 7 3 4 3 1 3 3 *